新法科·法律实务和案例教学系列教材

本书受上海市高水平地方高校建设项目资助

Criminal Procedure Law：Cases, Figures and Tables

刑事诉讼法 案例与图表

第五版

叶 青 主编

法律出版社
LAW PRESS·CHINA
北京

图书在版编目(CIP)数据

刑事诉讼法：案例与图表 / 叶青主编. -- 5 版. -- 北京：法律出版社，2024
ISBN 978 - 7 - 5197 - 9033 - 2

Ⅰ. ①刑… Ⅱ. ①叶… Ⅲ. ①刑事诉讼法－中国 Ⅳ. ①D925.2

中国国家版本馆 CIP 数据核字(2024)第 076059 号

刑事诉讼法:案例与图表(第五版)
XINGSHI SUSONGFA:ANLI YU TUBIAO(DI - WU BAN)

叶 青 主编

责任编辑 陆帅文
装帧设计 臧晓飞

出版发行 法律出版社
编辑统筹 法律教育出版分社
责任校对 王晓萍
责任印制 刘晓伟
经　　销 新华书店

开本 710 毫米×1000 毫米 1/16
印张 18.5　**字数** 310 千
版本 2024 年 8 月第 5 版
印次 2024 年 8 月第 1 次印刷
印刷 涿州市星河印刷有限公司

地址:北京市丰台区莲花池西里 7 号(100073)
网址:www.lawpress.com.cn
投稿邮箱:info@lawpress.com.cn
举报盗版邮箱:jbwq@lawpress.com.cn
销售电话:010 - 83938349
客服电话:010 - 83938350
咨询电话:010 - 63939796

书号:ISBN 978 - 7 - 5197 - 9033 - 2
定价:52.00 元

明德崇法　华章正铸

——华东政法大学"十四五"规划教材系列总序

教材不同于一般的书籍，它是传播知识的主要载体，体现着一个国家、一个民族的价值体系，是教师教学、学生专业学习的重要工具，更是教师立德树人的重要途径。一本优秀的教材，不仅是教师教学实践经验和学科研究成果的完美结合，更是教师展开思想教育和价值引领的重要平台。一本优秀的教材，也不只是给学生打下专业知识的厚实基础，更是通过自身的思想和语言的表达，引导学生全方位地成长。

习近平总书记深刻指出："当代中国的伟大社会变革，不是简单延续我国历史文化的母版，不是简单套用马克思主义经典作家设想的模板，不是其他国家社会主义实践的再版，也不是国外现代化发展的翻版，不可能找到现成的教科书。"新时代教材建设应当把体现党和国家的意志放在首位，要立足中华民族的价值观念，时刻把培养能够承担民族发展使命的时代新人作为高校教师编写教材的根本使命。为此，编写出一批能够体现中国立场、中国理论、中国实践、中国话语的有中国特色的高质量原创性教材，为培养德智体美劳全面发展的社会主义接班人和建设者提供保障，是高校教师的责任。

华东政法大学建校70年以来，一直十分注重教材的建设。特别是1979年第二次复校以来，与北京大学出版社、法律出版社、上海人民出版社等合作，先后推出了"高等学校法学系列教材（北大版）""法学通用系列教材（上海人民版）""法学案例与图表系列教材（法律版）""英语报刊选读系列教材（北大版）""研究生教学系列用书（北大版）""海商法系列教材（北大版）""新世纪法学教材（北大版、上海人民版）"等。其中曹建明教授主编的《国际经济法学概论》、苏惠渔教授主编的《刑法学》等教材荣获了司法部普通高校法学优秀教材一等奖；史焕章研究员主编的《犯罪学概论》、丁伟教授主编的《冲突法论》、何勤华教授与魏琼教授编著的《西方商法史》及我本人主编的《诉讼证据法学》等教材荣获了司法部全国法学教材与科研成果二等奖;苏惠渔教授主编的《刑法学》、何勤华教授主编的《外国法制史》获得了上海市高校优秀教材一等奖;孙潮教授主编的《立法学》获得"九五"普通高等教育国家级重点教材立项;杜志淳教授主编的《司法鉴定实验教程》、何勤华教授主编的《西方法律思想史(第二版)》和《外国法制史(第五版)》、高富平教授与黄武双教授主编的《房地产法学(第二版)》、高富平教授主编的《物权法讲义》、余素青教授主编的《大学英语教程:读写译1、2、3、4(政法类院校版)学生用书》、苗伟明副教授主编的《警察技能实训教程》等先后入选第一批、第二批"十二五"普通高等教育本科国家级规划教材;王立民教授主编的《中国法制史(第二版)》荣获首届全国优秀教材二等奖。1996年以来,我校教师主编的教材先后获得上海市级优秀教材一等奖、二等奖、三等奖共计72项。2021年,由何勤华教授主编的《外国法制史(第六版)》、王迁教授主编的《知识产权法教程(第六版)》、顾功耘教授主编的《经济法教程(第三版)》、王莲峰教授主编的《商标法学(第三版)》以及我本人主编的《刑事诉讼法学(第四版)》等5部教材获评首批上海高等教育精品教材,受到了广大师生的好评,取得了较好的社会效果和育人效果。

进入新时代,我校以习近平新时代中国特色社会主义思想铸魂育人为主线,在党中央"新工科、新医科、新农科、新文科"建设精神指引下,配合新时代背景下新法科、新文科建设的需求,根据学校"十四五"人才培养规划,制定了学校"十四五"教材建设规划。这次的教材规划一方面力求巩固学校优势学科专业,做好经典课程和核心课程教材建设的传承工作,另一方面适应新时代的人才培养需求和教育教学新形态的发展,推动教材建设的特色探索和创新发展,促进教学理念和内容的推陈出新,探索教学方式和方法的改革。

基于以上理念,围绕新文科建设,配合新法科人才培养体系改革和一流学科专业建设,在原有教材建设的基础上,我校展开系统化设计和规划,针对法学专业打造"新法科"教材共3个套系,针对非法学专业打造"新文科"教材共2个套系。

"新法科"教材的3个套系分别是:"新法科·核心课程系列教材""新法科·法律实务和案例教学系列教材""新法科·涉外法治人才培养系列教材"。"新文科"教材的2个套系分别是:"新文科·经典传承系列教材"和"新文科·特色创新课程系列教材"。

"新法科"建设的目标,就是要解决传统法学教育存在的"顽疾",培养与时代相适应的“人工智能+法律”的复合型人才。这些也正是“新法科”3套系列教材的设计初心和规划依据。

“新法科·核心课程系列教材”,以推进传统的基础课程和核心课程的更新换代为目标,促进法学传统的基础和核心课程体系的改革。“新法科”理念下的核心课程系列教材,体现了新时代对法学传统的基础和核心课程建设的新要求,通过对我国司法实践中发生的大量新类型的法律案件的梳理、总结,开阔学生的法律思维,提升学生适用法律的能力。

“新法科·法律实务和案例教学系列教材”,响应国家对于应用型、实践型人才的培养需要,以法律实务和案例教学的课程建设为基础,推进法学实践教学体系创新。此系列教材注重理论与实践的融合,培养真正能够解决社会需求的应用型人才;以“新现象”“新类型”“新问题”为挑选案例的标准和基本原则,以培养学生学习兴趣、提升学生实践能力为导向。通过概念与案例的结合、法条与案例的结合,从具体案情到抽象理论,让更多的学生明白如何在实践中解决疑难复杂问题,体会情、理与法的统一。

“新法科·涉外法治人才培养系列教材”,针对培养具有国际视野和家国情怀、通晓国际规则、能够参与国际法律事务、善于维护国家利益、勇于推动全球治理体系变革的高素质涉外法治人才的培养目标,以涉外法治人才培养相关课程为基础,打造具有华政特色的涉外法治人才培养系列教材。

“新文科·经典传承系列教材”,以政治学与行政学、公共事业管理、经济学、金融学、新闻学、汉语言文学、文化产业管理等专业的基础知识和主干课程为基础。在教材建设上,一方面体现学科专业特色,另一方面力求推动传统学科专业知识体系的现代创新和转型,注重把学科理论与新的社会文化问题、新的时代变局相联结,引导学生学习经典知识体系,以用于分析和思考新问题、解决新问题。

“新文科·特色创新课程系列教材”,以各类创新、实践、融合等课程为基础,体现了“新文科”建设提出的融合创新、打破学科壁垒,实现跨学科、多学科交叉融合发展的理念,在教材建设上突破“小文科”思维,构建“大文科”格局,打造具有华政特色的各类特色课程系列教材。

华东政法大学2022年推出的这5个教材系列,在我看来,都有如下鲜明的特点:

第一,理论创新。系列教材改变了陈旧的理论范式,建构具有创新价值的知识体系,反映了学科专业理论研究最新成果,体现了经济社会和科技发展对人才培养提出的新要求。

第二,实践应用。系列教材的编写紧密围绕社会和文化建设中亟需解决的新问题,紧扣法治国家、法治政府、法治社会建设新需求,探索理论与实践的结合点,让教学实践服务于国家和社会的建设。

第三,中国特色。系列教材编写的案例和素材均来自中国的法治建设和改革开放实践,传承并诠释了中国优秀传统文化,较好地体现了中国立场、中国理论、中国实践、中国话语。

第四,精品意识。为保证本系列教材的高质量出版,我校遴选了各学科专业领域教学经验丰富、理论造诣深厚的学科带头人担任教材主编,选派优秀的中青年科研骨干参与教材的编写,组成教材编写团队,形成合力,为打造出高质量的精品教材提供保障。

当然,由于我校“新文科”“新法科”的建设实践积累还不够丰厚,加之编写时间和编写水平有限,系列教材难免存在诸多不足之处。希望各位方家不吝赐教,我们将虚心听取,日后逐步完善。我希望,本系列教材的出版,可以为我国“新文科”“新法科”建设贡献华政人的智慧。

是为序。

华东政法大学校长、教授　叶青

2022 年 8 月 22 日于华政园

第五版说明

《刑事诉讼法:案例与图表》自2005年6月出版发行至今已更新至第五版了。作为与法学专业核心课程“刑事诉讼法学”配套的新型教材,本书自初版以来因其案例与图表分置、具象可感与条分缕析融合的特色而备受广大师生喜爱。为了始终保持其内容与生效施行的《刑事诉讼法》及相关法律、司法解释一致,其间,我们因应全国人民代表大会及其常务委员会对《刑事诉讼法》《人民法院组织法》《律师法》的修改及最高人民法院、最高人民检察院对有关适用《刑事诉讼法》的司法解释的修订,分别于2009年6月、2012年8月、2015年1月对本书进行了三次修订。《刑事诉讼法:案例与图表》于2007年获评上海市普通高校优秀教材三等奖,现作为国家级、上海市一流课程“刑事诉讼法学”的重要配套教材,因其体例的新颖性、案例的典型性、法条的图表可视性、文字的简洁性等特点,深受广大师生的好评,已成为不少政法大学(院系)学生学习“刑事诉讼法学”的宝典之一。

本次修订,我们坚持以习近平新时代中国特色社会主义思想,特别是习近平法治思想为指导,落实立德树人根本任务,全面贯彻党的教育方针,聚焦国家级一流课程和教材建设的要求。党的二十大报告中明确指出,要加快构建中国特色哲学社会科学学科体系、学术体系、话语体系。新时代刑事诉讼学科体系建设是刑事诉讼理论研究的基础和出发点,新时代刑事诉讼学术体系建设是学科特色的重要载体和表现形式,新时代刑事诉讼话语体系建设是学术活力的源泉和集中呈现。中国刑事诉讼法学研究会也高度重视学科体系建设教材的建设。新时代刑事诉讼学科体系建设要求教学科研团队立足中国实际,中国实际最鲜活的实际就是典型案例。因此,本教材通过典型案例的诠释,将知识体系以图表形式展示,便于学生理解和把握。作为自主知识体系的教材,经过规划、编写、成稿,将为今后课堂教学提供宝贵的资料。一方面,我们根据现行《刑事诉讼法》及相关司法解释对本书有关法条与理论阐述做出相一致的调整。2018 年 10 月 26 日第十三届全国人民代表大会常务委员会第六次会议通过了《关于修改〈中华人民共和国刑事诉讼法〉的决定》,对《刑事诉讼法》作了第三次修正。修正内容涉及完善与《监察法》的衔接机制,调整了人民检察院侦查权;为加强反腐败、国际追逃追赃的工作力度和丰富反腐败、国际追逃追赃的手段,建立了缺席审判制度;完善了刑事案件认罪认罚从宽制度,并在"第一审程序"中增设了速裁程序。另一方面,除了通过图表帮助广大法科生快速地掌握《刑事诉讼法》关键条款内容外,还增写了思考题及其参考答案,以便检测法科生学法、用法的水平,使其能够更好地理解并正确运用法律解决实际问题。这也使本书"概念与案例结合""法条与图表结合""理论与实践结合"的编写宗旨得到充分的体现。

本次修订由华东政法大学校长、华东政法大学诉讼法学研究中心主任叶青教授主持进行,华东政法大学刑事法学院副院长张栋教授、华东检察研究院执行院长王戬教授担任副主编,分别负责审阅修改了书稿。华东政法大学刑事法学院刑事法律系系主任陈邦达教授作为本书主要撰稿人,协助主编、副主编做了大量工作。华东政法大学刑事法学院刑事诉讼法学教研室的部分教师参与了本书的修订撰稿工作。诉讼法研究生王紫冰承担部分编务辅助工作。本书第五版得以正式出版,是我们全体作者共同努力工作的结果。

具体分工如下:

叶　青:第一章、第二章、第九章

张　栋:第三章、第八章

程　衍:第四章、第二十一章

王　戬:第五章、第十一章

王晓华:第六章、第十章

封安波:第七章、第十八章

邓晓霞:第十二章、第十七章

王　涛:第十三章、第十四章

陈海锋:第十五章、第十六章

陈邦达:第十九章、第二十章、第二十二章

当然，我们要感谢本书所引用的有关文献资料的作者。感谢华东政法大学教务处、学校教材建设与评价委员会对本书编写、出版的指导与资助。感谢法律出版社陆帅文编辑的热忱且专业的编写与修改意见，才最终使本书以现在的面貌呈现在大家的面前。由于我们编写水平有限，书中难免存有舛误，我们真诚地欢迎广大读者朋友批评指教。

叶 青

2024 年 8 月 1 日于华政园

缩略语表

序号	法律法规全称	缩略语
1	《中华人民共和国宪法》	《宪法》
2	《中华人民共和国刑事诉讼法》	《刑事诉讼法》
3	《中华人民共和国民法典》	《民法典》
4	《中华人民共和国刑法》	《刑法》
5	《中华人民共和国监察法》	《监察法》
6	《中华人民共和国人民法院组织法》	《人民法院组织法》
7	《中华人民共和国人民陪审员法》	《人民陪审员法》
8	《中华人民共和国律师法》	《律师法》
9	《中华人民共和国人民警察法》	《警察法》
10	最高人民法院《关于适用〈中华人民共和国刑事诉讼法〉的解释》	《刑诉法解释》
11	最高人民检察院《人民检察院刑事诉讼规则》	《刑诉规则》
12	公安部《公安机关办理刑事案件程序规定》	《公安部刑事案件程序规定》
13	最高人民法院、最高人民检察院、公安部、国家安全部、司法部《关于办理死刑案件审查判断证据若干问题的规定》	《死刑案件证据规定》
14	最高人民法院、最高人民检察院、公安部、国家安全部、司法部《关于办理刑事案件严格排除非法证据若干问题的规定》	《非法证据排除规定》
15	最高人民法院、最高人民检察院、公安部《关于办理刑事案件收集提取和审查判断电子数据若干问题的规定》	《电子数据规定》

续表

序号	法律法规全称	缩略语
16	最高人民法院、最高人民检察院、公安部、国家安全部、司法部《关于适用认罪认罚从宽制度的指导意见》	《认罪认罚从宽制度指导意见》
17	最高人民检察院《人民检察院刑事诉讼涉案财物管理规定》	《涉案财物管理规定》
18	最高人民法院《关于减刑、假释案件审理程序的规定》	《关于减刑、假释案件审理程序的规定》
19	最高人民法院《关于办理减刑、假释案件具体应用法律的规定》	《关于办理减刑、假释案件具体应用法律的规定》
20	最高人民检察院《人民检察院办理刑事申诉案件规定》	《刑事申诉案件规定》
21	最高人民检察院《人民检察院办理未成年人刑事案件的规定》	《办理未成年人刑事案件的规定》

目　录

第一编　刑事诉讼法学总论

第二编　审 前 程 序

第三编 审 判 程 序

第四编 执 行 程 序

第五编 特 别 程 序

图表目录

第九章 立案程序 101

第十章 侦查程序 112

第十一章 起诉程序 139

第　一　编
刑事诉讼法学总论

第一章　刑事诉讼法学概论

学习要点

本章对刑事诉讼、刑事诉讼法、刑事诉讼法学的概念和相关问题作了系统阐述。学习本章内容应掌握以下要点：(1)诉讼概念及其演变；(2)刑事诉讼的概念与特征；(3)刑事诉讼法的概念、表现形式、渊源及其与刑法的关系；(4)刑事诉讼法学的研究对象；(5)刑事诉讼法的目的和任务。

案例一

案情简介

卡车司机张某1带着侄儿张某2，往返于皖浙沪之间接货送货，偶尔也会免费捎带过路的同乡。2003年5月18日的夜晚，他们受人之托，从安徽省歙县捎上了前往杭州的少女王某。次日上午10时，在杭州市西湖区留泗路边的水沟中，女孩的尸体被发现。“头颈部反套黑色无袖背心，下身赤裸，仰卧在水沟内。”经杭州公安侦查、检察院起诉，法院认定的事实是：2003年5月19日凌晨1时许，张某2将卡车开至杭州汽车西站后，见无人来接女孩，遂起歹念，与张某1合谋在驾驶室内对女孩实施强奸，张某1帮助按住了女孩的腿；最终，因张某2用手掐住女孩脖颈，导致其机械性窒息死亡。不过，在一审、二审的法庭上以及其后长达9年的申诉中，叔侄二人都表示，女孩之死与自己无关。

在他们的记忆中，案发当日凌晨1时30分，卡车到达杭州汽车西站后，女孩借用张某1的手机给其亲友打电话，对方要求女孩下车后自己打车到钱江三桥碰头。叔侄俩为了给女孩节省路费，好心把她送到了离钱江三桥更近的艮秋立交桥。凌晨2时前后，女孩下车，不放心的叔侄给其留下了三个电话号码，随后二人沿沪杭高速继续前行,于凌晨5时许到达上海的送货地点。叔侄二人一再强调自己是受熟人所托免费捎带的王某,且到达杭州后王某还借用张某1的手机与亲友通过话,二人既无动机也无时间在杭州城内对王某实施奸杀行为。不过,警方显然不信这些“狡辩”之词。案发4天后,在安徽省歙县王某上车的地方,张某1、张某2被“抓获”,从此背上“强奸致人死亡”的罪名。

2004年4月21日,浙江省杭州市中级人民法院一审判处张某2死刑、张某1无期;同年10月19日,浙江省高级人民法院终审改判主犯张某2死缓、从犯张某1有期徒刑15年。

张某2回忆,在关押期间,他被“抽耳光、蹲马步、拳脚相加”,警方基本不给吃喝、不让睡觉。在被提审六七次之后,警察逼迫张某1抄写了一份认罪材料,材料竟包括张氏叔侄强奸致人死亡的过程和细节。为了留下被逼认罪的证据,张某1把警察写好的稿子撕下来一页藏了起来,不想后来又遭牢头一顿毒打。

直至2011年,《东方早报》刊发《跨省作证的神秘囚犯》和《一桩没有物证和人证的奸杀案》,独家披露了“狱侦耳目”袁某跨省调动为两起命案作伪证的过程。报道次日,杭州市公安局将张某2、张某1案死者王某指甲中所含的男性DNA与数据库进行了比对。比对结果令人震惊:该DNA与2005年杀害浙江大学女大学生吴某某的凶手勾某某的DNA高度吻合。2012年2月27日,浙江省高级人民法院决定对张某2案立案复查,另组合议庭调阅案卷、查看审讯录像。2013年3月26日,浙江省高级人民法院撤销本起强奸杀人案原审判决,宣告货车司机张某1、张某2叔侄无罪。[1]

思考问题

结合本案谈谈你对“刑事诉讼法的制定目的”的认识。

参考意见

1. 我国《刑事诉讼法》第1条即开宗明义地规定:“为了保证刑法的正确实施,惩罚犯罪,保护人民,保障国家安全和社会公共安全,维护社会主义社会秩序,根据宪

[1] 案例来源:《浙江叔侄冤案再调查 狱侦耳目曾跨省调动作伪证》,节选自《新民周刊》2013年4月7日。

法,制定本法。”我国制定刑事诉讼法的目的有三:一是保证刑法的正确实施;二是惩罚犯罪,保护人民;三是保障国家安全和社会公共安全,维护社会主义社会秩序。

2. 2012 年 3 月通过的《刑事诉讼法》将“尊重和保障人权”写入第 2 条,这是人权观念深入人心的体现,是我国法治建设的巨大进步。2019 年新修改的《刑诉规则》及 2020 年修正的《公安部刑事案件程序规定》均新增了“尊重和保障人权”,将其作为人民检察院和公安机关在刑事诉讼中的任务之一。需要指出的是,通过及时惩处犯罪来保护公民的人身、财产和生命等合法权益,以及在打击犯罪的同时保障无罪的人不受刑事追究,只是保护人权的一个重要方面。公民的财产乃至生命等权利不仅可能受到犯罪行为的侵害,也可能因为国家权力的滥用而受到损害。因此刑事诉讼中“尊重和保障人权”的内涵还应当包括:尊重和保障包括犯罪嫌疑人、被告人、被害人在内的所有诉讼参与人的诉讼权利;保障有罪的人受到公正的惩罚。一部刑事诉讼法不仅赋予国家机关一定的权力,而且也限制着国家权力以防止公民个人权利受到国家权力的不正当侵害。在国家权力与个人权益的关系上,现代法治社会要求国家对个人权益的任何剥夺均需要具备正当的法律根据和法律程序,这就是“法律的正当程序”的理念。体现在刑事诉讼中,就要求通过程序设置赋予被追诉者与国家追诉机构相抗衡的能力和机会,使其有效抵御国家权力的非法侵犯。刑事诉讼法承担着在法律上对此加以保障的职责。

3. 浙江张氏叔侄一案是我国刑事司法领域中发生的较为典型和有影响的刑讯逼供案件之一。在本案中,当事人张某 1、张某 2 叔侄的基本权益受到严重的侵害,几乎无“人权保障”可言。在实体上,也险些被判处死刑立即执行而造成无可挽回的冤案。因此,本案中有关司法机关及其办案人员的行为是对刑事诉讼目的的严重背离。

4. 浙江张氏叔侄一案的出现,既与当时司法机关及其办案人员的诉讼观念有关,也与当时刑事诉讼机制本身的不完善有关。

(1)从根本上讲,“浙江张氏叔侄案”是当时公安司法机关及其办案人员漠视程序作用、忽视司法人权保障所必然导致的结果。本案中突出反映的问题便是“有罪推定”的观念在当时办案人员思想中根深蒂固。在这一落后的诉讼观念支配下,对司法人权的保障让位于对犯罪惩罚的需要。本案中,在侦查阶段,警方根本不听取张氏叔侄的辩词就认定他俩共谋强奸致被害人死亡。所以,本案反映的不是一般理论意义上的“人权保障”与“犯罪惩罚”在刑事诉讼中何者为重的问题,而是在我国当时司法实践中对两种直接目的追求上严重的失衡与偏差的问题。

(2)从制度上讲,“浙江张氏叔侄案”反映了我国当时刑事诉讼中司法人权保障机制的不完善。比如,为了从根本上防止非法取证这种严重侵犯人权的现象发生,未建立完备的“非法证据排除规则”以及相应的保障机制。

2010年5月30日,最高人民法院、最高人民检察院、公安部、国家安全部、司法部公布的《死刑案件证据规定》和《非法证据排除规定》基本形成了我国非法证据排除机制的雏形,并被2012年《刑事诉讼法》第54条至第58条予以吸收。其中在第50条中增加规定了“不得强迫任何人证实自己有罪”的内容。这是对《刑事诉讼法》的重大修改,其意义在于:具有重要的法律引领和引导作用,体现了我国刑事诉讼制度对于程序公正的肯定;从理念上强化对于刑讯逼供的严格禁止,惩罚犯罪与保障人权的双重刑事诉讼目的的追求,以及与国际公约的有关规定相衔接。2018年《刑事诉讼法》完全沿袭2012年《刑事诉讼法》关于非法证据排除范围和办案机关排除非法证据义务、非法证据排除程序的启动和条件、非法证据排除的标准等规定。之后,最高人民法院、最高人民检察院通过司法解释又对非法证据排除规则作了系统明确的具体适用性规定,新修改的最高人民法院《刑诉法解释》和《刑诉规则》,使新《刑事诉讼法》中规定的“非法证据排除”规则更具有可操作性。

综上所述,我国刑事诉讼法制定的目的,应当完整全面地在刑事诉讼实践中得以体现与落实,决不能将控辩双方各自的目标(控方追求惩罚犯罪,辩方追求无罪)等同于刑事诉讼法立法所追求的目的。我国刑事诉讼法制定的目的,从理论上讲,既包括体现保障刑法正确实施的工具作用,也包括体现程序正义的独立作用。若不能承认或重视程序正义的独立作用,刑法将无法得到正确实施,公民合法权益也得不到保障,社会舆论极其负面并严重损害司法公信力,社会公平正义秩序也难以得到有效维护。

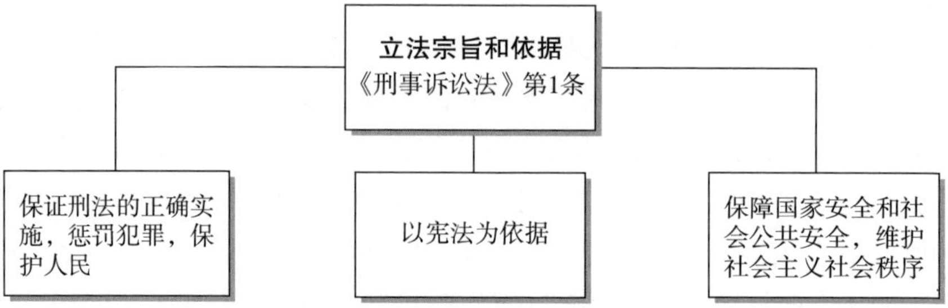

图1.1　立法宗旨和依据

课后习题

1. 关于刑事诉讼构造，下列说法正确的是（　　）。

A. 刑事诉讼价值观决定了刑事诉讼构造

B. 混合式诉讼构造是当事人主义吸收职权主义的因素形成的

C. 职权主义诉讼构造适用于实体真实的诉讼目的

D. 当事人主义诉讼构造与控制犯罪是矛盾的

2. 刑事诉讼法的渊源有哪些？

课程链接

第二章　刑事诉讼理论基本范畴

学习要点

本章对刑事诉讼理论范畴中的相关问题作了系统的阐述。刑事诉讼理论范畴，是对刑事诉讼法学基本理论的高度抽象和对刑事诉讼活动的规律与基本观念的概括、总结。它主要包括刑事诉讼的目的、主体、客体、职能、结构、价值等范畴。就我国的刑事诉讼法学而言，这些基本范畴在20世纪80年代才被我国学者纳入研究范围。学习本章应掌握以下要点：(1)刑事诉讼目的；(2)刑事诉讼主体；(3)刑事诉讼客体；(4)刑事诉讼职能；(5)刑事诉讼结构；(6)刑事诉讼价值。

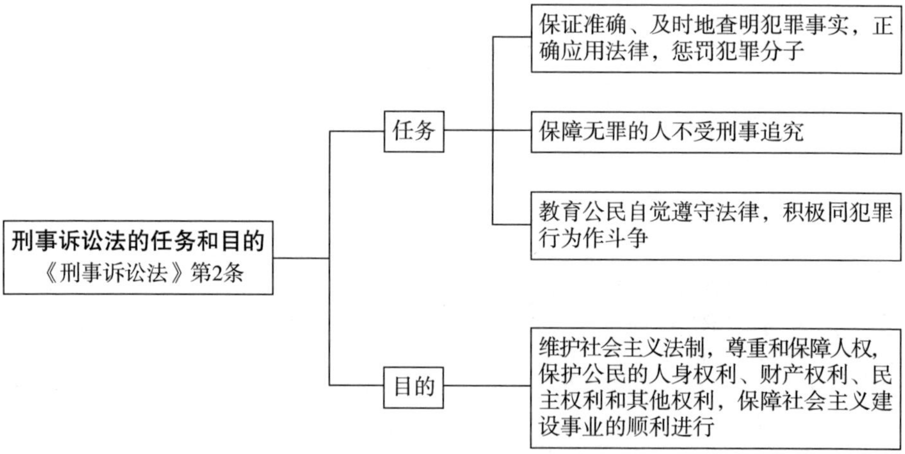

图2.1　刑事诉讼法的任务和目的

表 2.1　刑事诉讼阶段

<table>
<tr><td rowspan="12">刑事诉讼阶段</td><td colspan="3">立案</td><td>《刑事诉讼法》第 109—114 条</td></tr>
<tr><td colspan="3">侦查</td><td>《刑事诉讼法》第 115—168 条</td></tr>
<tr><td colspan="3">提起公诉</td><td>《刑事诉讼法》第 169—182 条</td></tr>
<tr><td rowspan="8">审判</td><td rowspan="4">第一审程序</td><td>公诉案件</td><td>《刑事诉讼法》第 186—209 条</td></tr>
<tr><td>自诉案件</td><td>《刑事诉讼法》第 210—213 条</td></tr>
<tr><td>简易程序</td><td>《刑事诉讼法》第 214—221 条</td></tr>
<tr><td>速裁程序</td><td>《刑事诉讼法》第 222—226 条</td></tr>
<tr><td colspan="2">第二审程序</td><td>《刑事诉讼法》第 227—245 条</td></tr>
<tr><td colspan="2">死刑复核程序</td><td>《刑事诉讼法》第 246—251 条</td></tr>
<tr><td colspan="2">审判监督程序</td><td>《刑事诉讼法》第 252—258 条</td></tr>
<tr><td colspan="2">特别程序</td><td>《刑事诉讼法》第 277—307 条</td></tr>
<tr><td colspan="3">执行</td><td>《刑事诉讼法》第 259—276 条</td></tr>
</table>

表 2.2　刑事诉讼中的公安机关

<table>
<tr><td rowspan="15">刑事诉讼中的公安机关</td><td>任务</td><td>保证准确、及时地查明犯罪事实，正确应用法律，惩罚犯罪分子，保障无罪的人不受刑事追究，教育公民自觉遵守法律，积极同犯罪行为作斗争，维护社会主义法制，尊重和保障人权，保护公民的人身权利、财产权利、民主权利和其他权利，保障社会主义建设事业的顺利进行(《公安部刑事案件程序规定》第 2 条)</td></tr>
<tr><td>组织体系</td><td>国务院设公安部；省、自治区、直辖市设公安厅局；地区设公安处，省(自治区)辖市设公安局；县、自治县、县级市设公安局；市辖区设公安分局；城市街道和乡、镇设派出所和特派员</td></tr>
<tr><td rowspan="13">职权</td><td>依照法律对刑事案件立案、侦查、预审</td></tr>
<tr><td>决定采取或拘传、取保候审、监视居住、拘留、执行逮捕等强制措施</td></tr>
<tr><td>在特定案件中，根据需要保护证人、鉴定人和被害人及其近亲属的人身安全；支付证人作证的相关费用</td></tr>
<tr><td>对依法不追究刑事责任的不予立案，已经追究的撤销案件</td></tr>
<tr><td>对侦查终结应当起诉的案件，移送人民检察院审查决定</td></tr>
<tr><td>对不够刑事处罚的犯罪嫌疑人需要行政处理的，依法给予处理或者移送有关部门</td></tr>
<tr><td>对人民检察院不批准逮捕和不起诉的决定，有权要求复议和提请复核</td></tr>
<tr><td>执行余刑不足三个月的有期徒刑、拘役、剥夺政治权利、驱逐出境</td></tr>
<tr><td>在办理未成年人刑事案件，根据情况可以对未成年犯罪嫌疑人、被告人的成长经历、犯罪原因、监护教育等情况进行调查</td></tr>
<tr><td>主持、审查刑事和解，并作出适当的处理建议</td></tr>
<tr><td>就符合违法所得没收程序的案件提出意见</td></tr>
<tr><td>就符合强制医疗程序的案件提出意见，并采取必要的临时的保护性约束措施</td></tr>
<tr><td>对在看守所执行刑罚的罪犯，决定其监外执行</td></tr>
</table>

表 2.3 刑事诉讼中的人民检察院

刑事诉讼中的人民检察院	任务	立案侦查直接受理的案件、审查逮捕、审查起诉和提起公诉、对刑事诉讼实行法律监督，保证准确、及时地查明犯罪事实，正确应用法律，惩罚犯罪分子，保障无罪的人不受刑事追究，保障刑事法律的统一正确实施，维护社会主义法制，尊重和保障人权，保护公民的人身权利、财产权利、民主权利和其他权利，保障社会主义建设事业的顺利进行（《刑诉规则》第 2 条）
	组织体系	我国设立最高人民检察院、地方各级人民检察院和军事检察院等专门人民检察院。地方各级人民检察院包括省级人民检察院、省级人民检察院分院，自治州、省辖市人民检察院和县、市、自治县、市辖区人民检察院
	基本职权	依法对直接受理的刑事案件，立案侦查并有权适用强制措施
		对认为需要补充侦查的案件，有权决定补充侦查
		在特定案件中，根据需要保护证人、鉴定人和被害人及其近亲属的人身安全；支付证人作证的相关费用
		凡是需要提起公诉的案件均由人民检察院审查决定。作出起诉决定的，承担取证合法性的证明及被告人有罪的举证责任
		有权对公安机关的立案和侦查活动进行监督
		有权对人民法院的审判活动是否合法进行监督
		最高人民检察院可以就死刑案件的复核提出意见
		在办理未成年人刑事案件，根据情况可以对未成年犯罪嫌疑人、被告人的成长经历、犯罪原因、监护教育等情况进行调查
		主持、审查刑事和解，并作出适当的处理建议
		就违法所得的没收向法院提出申请
		就符合条件的精神病人的强制医疗向法院提出申请
		有权对各种刑事判决、裁定和强制医疗决定及执行情况、监狱等执行机关的活动进行监督，对人民法院减刑、假释的裁定是否正确进行监督，对社区矫正和刑事裁判涉财产部分执行、死刑执行等进行监督

表 2.4 刑事诉讼中的人民法院

刑事诉讼中的人民法院	任务	人民法院的任务是通过审判刑事案件、民事案件、行政案件以及法律规定的其他案件,惩罚犯罪,保障无罪的人不受刑事追究,解决民事、行政纠纷,保护个人和组织的合法权益,监督行政机关依法行使职权,维护国家安全和社会秩序,维护社会公平正义,维护国家法制统一、尊严和权威,保障中国特色社会主义建设的顺利进行(《人民法院组织法》第 2 条)
	组织体系	我国设最高人民法院、地方各级人民法院和专门人民法院。地方各级人民法院包括高级人民法院、中级人民法院和基层人民法院
	职权	直接受理自诉案件
		对刑事被告人决定逮捕、拘传、取保候审和监视居住
		为调查核实证据,可以进行勘验、检查、扣押、鉴定和查询、冻结
		在特定案件中,根据需要保护证人、鉴定人和被害人及其近亲属的人身安全;支付证人作证的相关费用
		有权对所有刑事案件、自诉案件、附带民事诉讼案件、没收违法所得案件、缺席审判程序案件、强制医疗程序案件进行审判并作出判决或者裁定
		有权对依法可以调解的自诉案件和附带民事诉讼案件进行调解
		如果有附带民事诉讼,在必要时,可以采取保全措施,查封、扣押或者冻结被告人的财产
		对已经发生法律效力但认为确有错误的判决、裁定,有权依照审判监督程序进行再审
		依照法律规定,行使某些判决和裁定的执行权
		在办理未成年人刑事案件,根据情况可以对未成年犯罪嫌疑人、被告人的成长经历、犯罪原因、监护教育等情况进行调查
		主持、审查刑事和解,并作出适当的裁决

表 2.5 自诉人

自诉人	种类	被害人
		被害人的法定代理人,包括被代理人的父母、养父母、监护人和负有保护责任的机关、团体的代表
		被害人的近亲属, 包括夫、妻、父、母、子、女、同胞兄弟姐妹
	诉讼权利	直接向人民法院提起自诉, 并承担被告人有罪的举证责任
		在提起自诉的同时, 提起附带民事诉讼
		申请审判人员、书记员、鉴定人和翻译人员回避
		委托诉讼代理人参加诉讼
		出席法庭审判, 参加法庭调查和辩论, 申请人民法院调取新的证据, 申请新的证人出庭, 申请重新鉴定和勘验
		在宣告判决前, 可以同被告人自行和解或者撤回自诉; 对告诉才处理的案件或被害人有证据证明的轻微刑事案件,可由人民法院进行调解
		阅读或者听取审判笔录, 并有权请求补充或者改正
		如不服地方各级人民法院的第一审判决和裁定, 可以提出上诉
		对已经发生法律效力的判决和裁定认为有错误的, 可以提出申诉

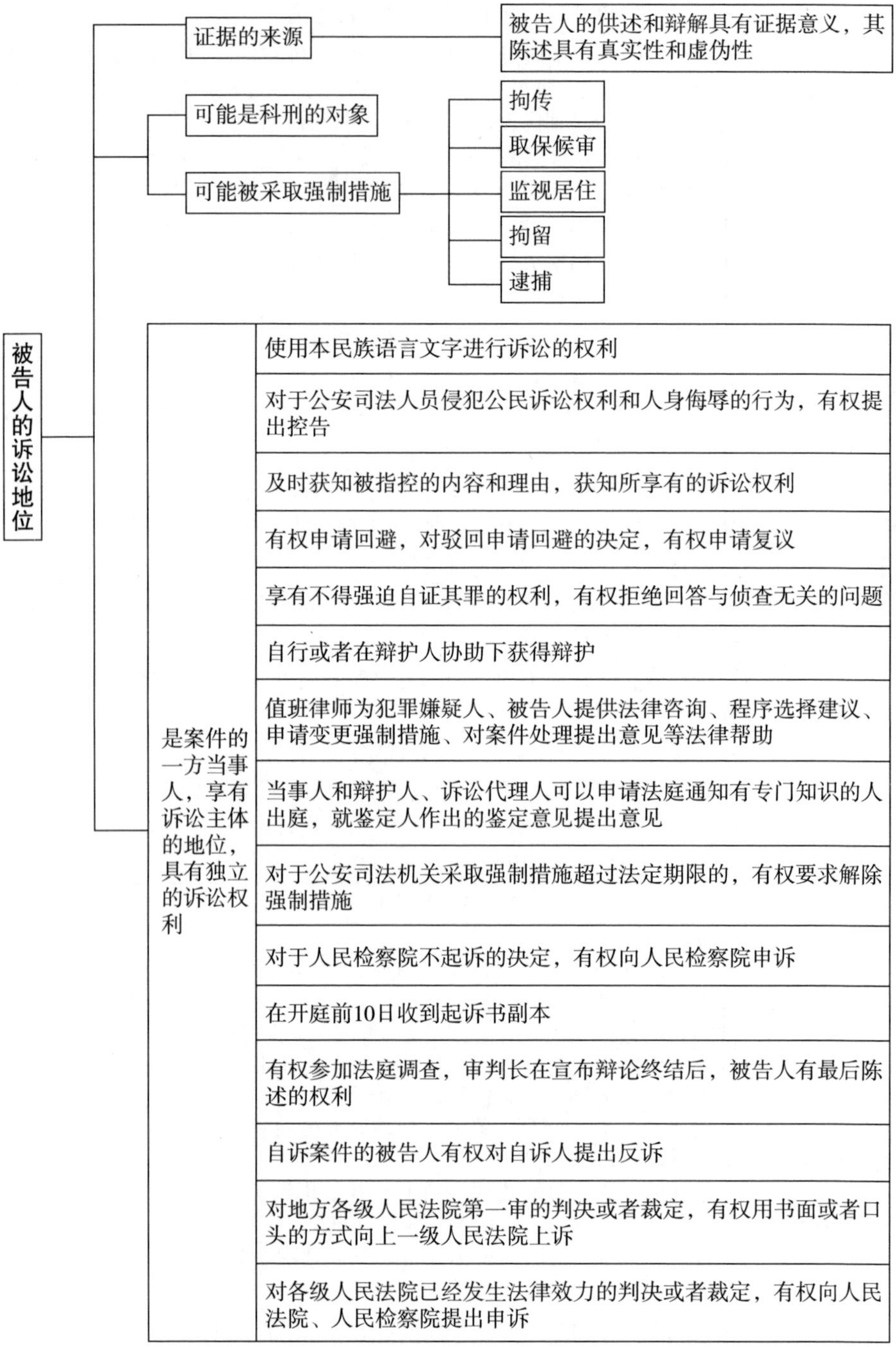

图 2.2　被告人的诉讼地位

- **附带民事诉讼的原告人和被告人**
  - 附带民事诉讼原告人
    - 在保险人根据投保人的申请预先支付了保险赔偿金时，保险人可以成为附带民事诉讼原告人
    - 如果是国家财产、集体财产遭受损失的，受损失的单位没有提起附带民事诉讼时，人民检察院可以提起
    - 被害人死亡或者丧失行为能力的，被害人的法定代理人、近亲属有权提起附带民事诉讼
    - 被害人由于被告人的犯罪行为而遭受物质损失的，在刑事诉讼过程中，有权提起附带民事诉讼
  - 附带民事诉讼原告人和被告人的诉讼权利
    - 原告人有权在刑事诉讼过程中，以口头和书面的方式提起诉讼
    - 原告人有权申请诉讼保全或者先行给付
    - 原告人、被告人可以委托诉讼代理人参加诉讼
    - 原告人、被告人有权要求民事诉讼同刑事诉讼一并审判，及时处理
    - 当事人双方可以和解，可以要求法院进行调解，民事原告有权撤诉，被告人可以提出反诉
    - 当事人可以对一审判决中的附带民事诉讼部分提出上诉
  - 附带民事诉讼被告人
    - 一般情况下是刑事诉讼被告人本身
    - 在刑事被告人是未成年人或其他无民事行为能力人时，对其行为负民事责任的监护人可以成为民事被告人
    - 在刑事被告人是限制行为能力人时，该刑事被告人与其监护人可以成为附带民事诉讼的共同被告人
    - 机关、团体、企事业单位的工作人员在执行职务时因犯罪而造成财产损失的，有关单位可以成为被告人
    - 未被追究刑事责任的其他共同致害人，共同致害人负连带赔偿责任，可以成为附带民事诉讼的被告人
    - 已经被执行死刑的罪犯的遗产继承人；共同犯罪案件中在案件审结前已经死亡的被告人的遗产继承人可以成为附带民事诉讼的被告人

图 2.3　附带民事诉讼的原告人和被告人

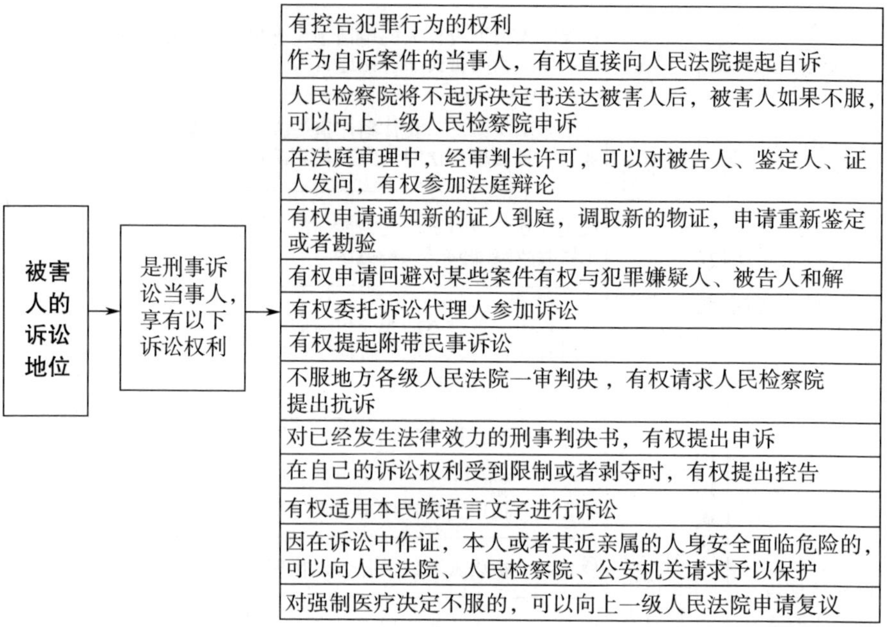

图 2.4　被害人的诉讼地位

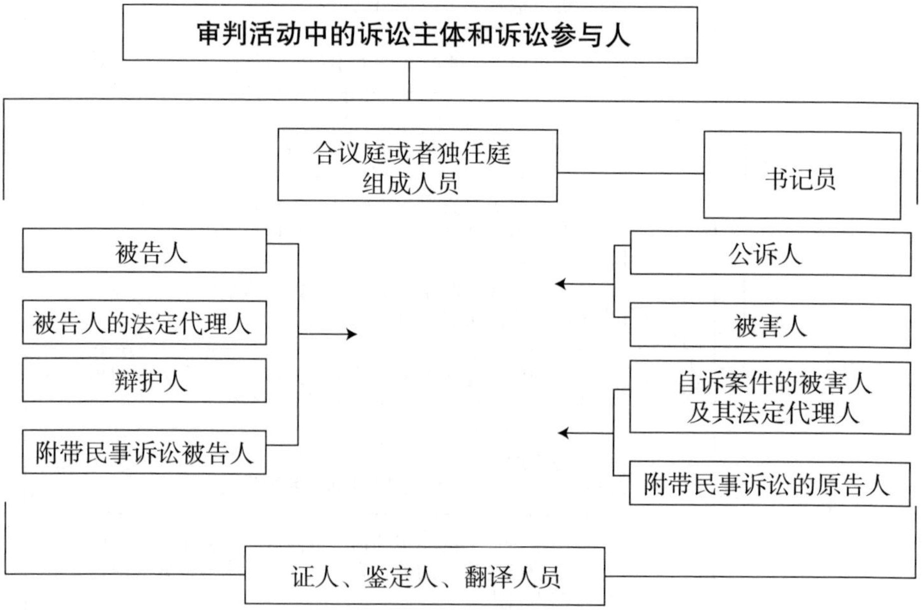

图 2.5　审判活动中的诉讼主体和诉讼参与人

课后习题

1. 关于刑事诉讼秩序价值的表述,下列哪个选项是错误的(　　)?

A. 通过惩罚犯罪维护社会秩序

B. 追究犯罪的活动必须是有序的

C. 刑事司法权的行使,必须受到刑事程序的规范

D. 效率越高,越有利于秩序的实现

课程链接

第三章　刑事诉讼的基本原则

学习要点

本章对刑事诉讼的基本原则作了系统的阐述。刑事诉讼的基本原则在刑事诉讼法学体系中具有重要的地位，是整个刑事诉讼运行机制的指导思想。正确认识和理解刑事诉讼基本原则，对于学习刑事诉讼法具有重要意义。本章内容在对刑事诉讼基本原则的主要概念进行分析的基础上，详细介绍了我国刑事诉讼的基本原则和国际刑事诉讼的基本原则。

案例一

案情简介

2019 年 5 月至 8 月，江苏省靖江市公安局因刑事案件侦查需要，对犯罪嫌疑人夏某某采取指定居所监视居住强制措施。因夏某某在指定居所监视居住期间拒不供述其涉嫌犯罪的事实，负责侦办该案的某派出所教导员仇某某为获取口供，指令指定居所监视居住执行民警周某，对夏某某限制饮食和休息，致夏某某身体机能遭受严重损害。涉案人员夏某某因病住院后，其家属向检察机关反映有关公安干警涉嫌违法的问题线索。检察机关经依法调查核实后决定立案侦查。侦查中，检察机关依法调取了夏某某被监视居住及审讯期间的录音录像资料，对相关录音录像资料内容进行审查，证实了确有夏某某在监视居住期间被限制饮食、休息的违法情况。另通过委托国内权威司法鉴定机构对夏某某的病情和病因等进行鉴定，确认了变相逼供与损害后果之间的因果关系。2020 年 9 月 1 日，检察机关决定对仇某某、周某刑事拘留。同年 9 月 15 日，二人被依法逮捕。[1]

[1] 案例来源：《江苏省检察机关查办司法工作人员相关职务犯罪新闻发布会典型案例》，载江苏检察院网，http://jsjc.gov.cn/shzs/dxal/202010/t20201023_1113618.shtml。

思考问题

该案中检察机关是否有权侦查？谈谈你对此案的看法。

参考意见

我国《刑事诉讼法》第3条规定："对刑事案件的侦查、拘留、执行逮捕、预审，由公安机关负责。检察、批准逮捕、检察机关直接受理的案件的侦查、提起公诉，由人民检察院负责。审判由人民法院负责。除法律特别规定的以外，其他任何机关、团体和个人都无权行使这些权力。人民法院、人民检察院和公安机关进行刑事诉讼，必须严格遵守本法和其他法律的有关规定。"

该条体现了刑事诉讼的职权原则，即追究犯罪、惩罚犯罪的权力由国家专门机关专属行使的原则。

职权原则可以从以下三个方面来理解。第一，根据法律规定，只有公、检、法三机关有权分别行使侦查权、检察权和审判权，其他机关、团体和个人都无权行使这些权力。由此可见，侦查权、检察权和审判权具有专属性和排他性。刑事案件的侦查权，原则上只能由公安机关来行使。无论是立案调查、采取侦查手段还是实施强制措施，任何机构包括行政执法机构和个人均无权运用侦查权，除非法律另有规定。第二，侦查权、检察权、审判权必须分别由公安机关、人民检察院、人民法院行使，既不能由其中任何一个机关同时行使这三种权力，也不能相互混淆、相互取代。第三，公安机关、人民检察院、人民法院行使职权，必须严格遵守法律规定。公检法三机关在进行刑事诉讼活动中，必须严格遵守《刑法》《刑事诉讼法》和其他法律的有关规定，依法办案，决不允许有法不依，滥用权力。

本案中，仇某某、周某涉嫌刑讯逼供罪名，属于职务犯罪的范畴，可以由检察机关进行侦查，并提起公诉。另外，依照职权原则内容，公安机关、人民检察院、人民法院行使职权，必须严格遵守法律规定，绝不允许有法不依，滥用权力。本案中，相关侦查人员利用职权实施刑讯逼供行为，严重侵犯公民人身权利，损害司法公正，应当依法追究其刑事责任。

案例二

案情简介

某县级市市级领导崔某插手干预市检察院办理的彭某某涉嫌故意伤害罪、非法拘禁罪、非法采矿罪案,多次要求该院检察长赵某某对彭某某从轻处理。赵某某没按规定将此事进行记录报告。受崔某干扰影响,赵某某在列席法院审委会会议时,明知彭某某不符合适用缓刑的条件,对审委会作出适用缓刑的决议未提反对意见。该院检委会专职委员、该案办案组主任检察官刘某某和承办检察官韩某某,在法院对彭某某作出缓刑判决后,明知适用缓刑错误,未提出抗诉意见。赵某某与韩某某向上级检察院汇报该案时,提出"量刑是偏轻不是畸轻,不宜抗诉"的建议,最终上级检察院未及时对该案提出抗诉。2019 年 7 月,崔某被开除党籍,其涉嫌犯罪问题被移送司法机关;赵某某被党内警告处分;刘某某、韩某某被政务警告处分。[1]

思考问题

法院依法独立行使审判权和检察院依法独立行使检察权的含义有哪些?并对上述案例作简要评析。

参考意见

我国《宪法》第 131、136 条和《刑事诉讼法》第 5 条都明确规定了"人民法院依照法律规定独立行使审判权,人民检察院依照法律规定独立行使检察权,不受行政机关、社会团体和个人的干涉"。

在本案中,崔某作为县级市市级领导无权对检察院的审查起诉工作、法院的审判工作进行干涉。检察权应独立行使,不受崔某的领导,崔某对检察工作进行阻扰是错误的。检察长赵某某未依照法律规定提出正确量刑意见;检委会专职委员、办

〔1〕 案例来源:《检察人员违反"三个规定"典型案例》,载中华人民共和国最高人民检察院网,https://www.spp.gov.cn/spp/xwfbh/wsfbh/202005/t20200506_460382.shtml。

案组主任刘某某和承办检察官韩某某未对明知量刑有误的判决提出抗诉意见均违反了“依照法律独立行使检察权”原则。这从一个侧面反映出,法院依法独立行使审判权和检察院依法独立行使检察权虽然已为我国《宪法》和《刑事诉讼法》所明文规定,但仍需在具体的执行层面上予以充分和有效的保障。

案例三

案情简介

2019年2月13日20时许,被告人艾某某在上海市浦东新区牟平路×××号由其经营的新疆喀什餐厅厨房内,因琐事与该餐厅厨师热某某发生争执,艾某某遂持尖刀向被害人热某某左胸捅刺一刀。嗣后,艾某某等人将被害人送往医院,被害人经抢救无效死亡。艾某某在医院等候公安人员处置,到案后如实供述了上述犯罪事实。在庭审过程中,被告人提出不通晓汉语,要求懂维吾尔语的翻译人员到场。[1]

思考问题

请问法院是否应当同意被告人申请聘请翻译人员的要求?

参考意见

我国《刑事诉讼法》第9条明确规定:“各民族公民都有用本民族语言文字进行诉讼的权利。”这是我国《宪法》关于“各民族一律平等”“各民族都有使用和发展自己的语言文字的自由”的规定在刑事诉讼中的具体体现,是宪法和法律赋予公民的一项基本诉讼权利,司法机关无权干涉或剥夺。这一原则具体可以理解为以下三个层次的含义:(1)各民族公民在刑事诉讼中,无论是当事人还是其他诉讼参与人,都有权使用本民族的语言文字进行诉讼。各民族公民在刑事诉讼中,有权使用本民族的语言进行陈述、回答提问、发表意见、进行辩论;有权用本民族的文字书写诉状、证词、供述和辩解、鉴定结论,以及其他有关意见或材料。(2)司法机关应使用当地通晓的语言、文字进行诉讼。如果诉讼参与人不通晓当地语言、文字,

---

〔1〕 案例来源:上海市高级人民法院刑事裁定书,(2020)沪刑终1号。

司法机关要为他们提供翻译。这一规定,不仅运用于我国的少数民族公民,而且运用于在少数民族地区参与诉讼的汉族公民,也运用于在我国参加诉讼的外国人和无国籍人。(3)在少数民族聚居或者多民族杂居的地区,对案件的审理应当用当地通用的语言进行;起诉书、不起诉书、判决书、裁定书及其他诉讼文书,应当用当地通用的一种或几种文字;对于不通晓当地通用文字的诉讼参与人,向其送达的诉讼文书应当用他所通晓的文字,或者聘请翻译人员为其翻译诉讼文书的内容。

在本案中,艾某某作为少数民族,有权使用少数民族的语言进行诉讼,行使自己的诉讼权利,法官不得拒绝被告人的请求,应当为不通晓当地语言的参与人配备翻译,不得强迫其按照当地语言进行诉讼。首先,贯彻实施本原则有利于贯彻民族平等政策,加强民族团结,增强民族凝聚力;其次,有利于保障各民族的诉讼参与人能够平等地享有和充分行使各项法定的诉讼权利;再次,有利于及时查明案件事实,正确处理案件,保证诉讼的顺利进行;最后,有利于保证人民法院实现公开审判,便于群众监督,加强对少数民族公民进行法制宣传教育,增强其法制观念。

案例四

案情简介

2004年11月15日,河南省民权县周岗村电工王某某的两个儿子先后中毒,3岁的小儿子经抢救无效死亡。警方认定,这是一起投毒杀人案,吴某某被认定为因琐事“投毒报复”的“凶手”。2005年6月23日至2007年10月30日,河南省商丘市中级人民法院三次以故意杀人罪,判处吴某某死缓,但均被河南省高级人民法院以“事实不清”为由发回重审。其后,河南省商丘市中级人民法院第4次开庭,再次以故意杀人罪,判处吴某某无期徒刑。吴某某提出上诉后,河南省高级人民法院裁定驳回上诉,维持原判。此后,吴某某的申诉亦被河南省高级人民法院驳回。服刑期间,吴某某坚决不认罪,并拒绝减刑。2016年6月3日,他向最高人民法院提起申诉。2018年9月,最高人民法院指令河南省高级人民法院对该案进行再审。2020年4月1日,吴某某案在河南省高级人民法院开庭进行再审宣判,吴某某被改判无罪,当庭释放。至此,吴某某已被羁押5611天。[1]

---

〔1〕 案例来源:央广网:《新时代推动法治进程2021年度十大案件正式发布》,载百度2022年1月24日,https://baijiahao.baidu.com/s?id=1722843199239035234&wfr=spider&for=pc。

思考问题

结合本案谈谈“未经审判不得定罪”原则及其含义。

参考意见

我国《刑事诉讼法》第12条规定：“未经人民法院依法判决，对任何人都不得确定有罪。”这一原则吸收了“无罪推定”原则的合理内核，是我国刑事诉讼制度的重大发展，具有重大的进步意义。该原则包括三个基本含义：第一，只有人民法院享有确定某人有罪的权力，其他任何机关包括公安机关、人民检察院以及政府部门都没有对公民定罪的权力；第二，在经人民法院依法审判确定有罪和有罪判决生效前，不得视犯罪嫌疑人、被告人为罪犯，这肯定了犯罪嫌疑人与被告人的非犯罪人的地位，肯定其为刑事诉讼主体，具有法定的不可被随意剥夺的诉讼权利；第三，法院的有罪判决应当依法作出，一方面，法院的判决应当严格按照实体法的规定作出；另一方面，审判要严格遵守程序法，尤其是证据应当确实充分，符合《刑事诉讼法》规定的证明标准，达到确实、充分，否则应当作出有利于被告的判决。

上述冤错案件的发生，既有当时公安机关侦查工作粗糙、先入为主的原因，也有当时检察机关审查把关不严、走过场的原因，同时，一审、二审法院没有贯彻“未经法院审判不得定罪”原则。法院作为我国法定的唯一的审判机关，应当充分贯彻法定的证明标准、严格依照法定程序进行公开、公正的审理，而不应当受侦查机关所收集的证据材料和所认定的侦查结论的影响，在审判之前就产生“庭前预断”“对侦查结论认同”等认识，导致法庭审判流于形式。只有三机关严格贯彻“未经审判不得定罪”原则，才能防止此类冤错案件的产生。

案例五

案情简介

2019年11月20日，戴某某因涉嫌寻衅滋事罪被某侦查机关刑事拘留。同日，某律师事务所律师鲁某某接受犯罪嫌疑人戴某某家属委托，担任戴某某等人寻衅滋事案中戴某某的辩护人。11月25日，律师鲁某某将律师执业证书、律师事务所证明、委托书等相关材料送交侦查机关。11月29日，戴某某被某市检察院批准逮捕。12 月 16 日,侦查机关将该案移送某市检察院审查起诉,但未将案件移送情况告知戴某某的辩护人律师鲁某某。12 月 20 日,某市检察院决定对戴某某取保候审。12 月 25 日,律师鲁某某向某市检察院申诉称,某侦查机关未依法告知其案件移送审查起诉的信息,阻碍其依法行使诉讼权利。[1]

思考问题

律师鲁某某的申诉是否合理?检察机关应如何处理申诉要求?

参考意见

《刑事诉讼法》第 14 条规定:"人民法院、人民检察院和公安机关应当保障犯罪嫌疑人、被告人和其他诉讼参与人依法享有的辩护权和其他诉讼权利。"此法条将犯罪嫌疑人、被告人独立出来加以强调,凸显了对犯罪嫌疑人、被告人人权的尊重和保障。"诉讼参与人对于审判人员、检察人员和侦查人员侵犯公民诉讼权利和人身侮辱的行为,有权提出控告。"这一法律规定确定了我国刑事诉讼中保障诉讼参与人依法享有诉讼权利的原则。

保障诉讼参与人诉讼权利原则包括以下三个方面的内容。

第一,人民法院、人民检察院和公安机关对所有诉讼参与人依法享有的诉讼权利,都应当给予保障。刑事诉讼并非专门机关单方面的活动,它有赖于诉讼参与人的共同参与。诉讼参与人都以不同的方式参与刑事诉讼活动。由于他们参加诉讼的法律关系不同,《刑事诉讼法》赋予各种诉讼参与人的权利也不同。保障诉讼参与人依法享有的诉讼权利,是揭露犯罪、证实犯罪、保障刑事诉讼顺利进行的必要条件。只有充分保障诉讼参与人行使法定权利,才能顺利地开展诉讼活动。

第二,对于未成年的犯罪嫌疑人、被告人的诉讼权利,依法应当给予特别的保护。《刑事诉讼法》第 281 条规定:"对于未成年人刑事案件,在讯问和审判的时候,应当通知未成年犯罪嫌疑人、被告人的法定代理人到场。"由于生理和心理等方面的原因,未成年人往往缺乏充分、合理地行使其诉讼权利的能力,这不仅会妨碍诉讼的顺利进行,也会影响对未成年的犯罪嫌疑人、被告人的合法权益的保护。

---

〔1〕 案例来源:《全国检察机关保障律师执业权利典型案例》,载中华人民共和国最高人民检察院网,https://www.spp.gov.cn/spp/xwfbh/wsfbt/202102/t20210205_508328.shtml#2。

因此，在诉讼中，应当尽可能地通过各种途径来保障其合法权益的实现。

第三，赋予诉讼参与人控告权。诉讼参与人在刑事诉讼过程中，如果遭受审判人员、检察人员和侦查人员对其诉讼权利、人身权利的侵犯，有权提出控告。这是赋予诉讼参与人采取法律手段维护自己合法权益的权利。

在本案中，侦查阶段公安机关在办理刑事案件过程中，对移送审查起诉这一重大程序性信息未依法告知辩护律师，侵犯了犯罪嫌疑人依法获得律师帮助的权利，是对“诉讼参与人依法享有诉讼权利原则”的违反。某市检察院应当依法受理律师鲁某某的申诉，对该案启动调查程序，听取律师鲁某某意见和同案犯罪嫌疑人辩护人的意见，询问侦查人员，查阅案件相关材料。若经调查核实，发现律师反映的情况均属实，确存在侦查机关在办理刑事案件过程中，对移送审查起诉这一重大程序性信息未依法告知辩护律师、侵犯律师知情权的情形，则某市检察院应当向侦查机关发出纠正违法通知书，要求侦查机关对阻碍律师依法行使诉讼权利的违法行为进行纠正和整改。

案例六

案情简介

2019年9月28日晚，被告人钱某应朋友邀请在嵊州市长乐镇某餐馆与被害人马某某等人一起吃饭。其间，钱某与马某某因敬酒发生争吵，马某某不满钱某喝酒态度持玻璃酒杯用力砸向钱某头部，致其额头受伤流血。钱某随后从餐馆门口其电瓶车内取出一把折叠刀，在厮打过程中刺中马某某胸部、腹部。马某某随即被送往医院救治，经医治无效于同年11月27日死亡。案发后，钱某即向公安机关主动投案，如实供述了自己的犯罪行为。案件移送检察机关审查起诉后，钱某表示愿意认罪认罚，在辩护人见证下签署了认罪认罚具结书。案发后，被告人钱某向被害人亲属进行了民事赔偿，取得被害人亲属谅解。浙江省绍兴市人民检察院以钱某犯故意伤害罪于2020年5月15日向浙江省绍兴市中级人民法院提起公诉，提出有期徒刑12年的量刑建议。浙江省绍兴市中级人民法院经开庭审理，当庭判决采纳检察机关指控的罪名和量刑建议。被告人未上诉，判决已生效。[1]

[1] 案例来源：钱某故意伤害案，最高人民检察院指导案例82号（2020年）。

思考问题

认罪认罚从宽案件中应注意哪些问题?

参考意见

《刑事诉讼法》第15条规定:"犯罪嫌疑人、被告人自愿如实供述自己的罪行,承认指控的犯罪事实,愿意接受处罚的,可以依法从宽处理。"这一法律规定确立了我国刑事诉讼中的认罪认罚从宽原则。认罪认罚从宽,既作为一项基本诉讼原则,又是一项全新的刑事诉讼制度。运用此项制度的案件,由于控辩双方就指控事实、罪名不存在争议,审理的对抗性显著降低,可以在保证司法公正的前提下尽量简化处理,提高诉讼效率。

认罪认罚从宽制度既是实体法上的制度,也是诉讼法上的制度。主要包括"认罪""认罚""从宽"三个方面的内容:"认罪"是指犯罪嫌疑人、被告人自愿、如实供述自己的罪行,对指控的犯罪事实没有异议;"认罚"是指明确表示愿意接受刑罚等处罚;"从宽"是指对于认罪认罚的犯罪嫌疑人、被告人,可以依法从宽处理,从宽既包括实体法上的从宽,如自首、坦白等情节的认定和从宽幅度的认定,还包括适用轻、缓刑的程序性处理,或是运用更为便利的诉讼程序。

认罪认罚从宽原则在刑事诉讼中具体体现在:(1)在侦查阶段设置告知程序,要求侦查人员在讯问时告知犯罪嫌疑人享有的诉讼权利、如实供述自己罪行可以从宽处理的法律规定和认罪认罚的法律后果;(2)在审查逮捕阶段,要求把认罪认罚情节作为可能发生社会危险的因素之一予以考虑;(3)在审查起诉阶段,规定认罪认罚从宽案件的权利告知,以及听取值班律师的意见等要求,犯罪嫌疑人自愿认罪、同意量刑建议和程序运用的,要签署具结书;(4)在审判阶段,规定告知权利和审查的重点,明确一般应采纳量刑建议的要求。此外《刑事诉讼法》还增设了速裁程序,加上原有的普通程序、简易程序,在认罪认罚从宽制度中就构建了多元化的诉讼程序。

在本案中,检察机关在依法审查证据、认定事实基础上,围绕如何确定量刑建议与被追诉人及其辩护律师开展了听取意见、量刑协商等工作,控辩双方达成一致意见。被告人签署具结书前,检察机关向被告人和辩护人详细阐释了本案拟起诉认定的事实、罪名、情节,量刑建议的理由和依据,自首、认罪认罚、赔偿损失及取得谅解等情节的量刑从宽幅度等。被告人表示接受,并在辩护人见证下签署了认罪认罚具结书。检察机关提起公诉时随案移送量刑建议说理书,法院经审查认可检察机关的量刑建议。

案例七

案情简介

2020年4月30日,黄某航邀约杨某一起捕鱼。次日,黄某航携带了一张密眼网(长12.4米、宽2.5米、网眼尺寸1.5厘米),和杨某一起骑车至长江支流桐槽溪重庆市南川区庆元镇姚家沟河段捕鱼。二人一起在河面放置好渔网后,杨某站在上游通过往水里投掷石头的方式,将鱼赶到渔网内。随后,两人将渔网拉出水面,把捕获的10条白参鱼(重约0.04千克)倒入桶中时被巡逻民警查获。2020年6月3日,重庆市南川区公安局根据该市环境资源案件集中管辖的有关规定,将案件移送重庆市涪陵区人民检察院审查起诉。重庆市涪陵区人民检察院在全面审查案件证据,听取了黄某航、杨某的近亲属和学校的意见后发现:黄某航、杨某均为在校大学生,二人平时表现良好,系为娱乐偶尔捕鱼,虽然二人在禁渔区、使用禁用工具捕鱼,但渔获物数量少且系当地常见鱼种,且二人到案后认罪态度好并主动缴纳了生态赔偿金人民币2000元。2020年7月9日,涪陵区人民检察院以情节显著轻微,不构成犯罪为由,依法决定对黄某航、杨某作法定不起诉。[1]

思考问题

本案中重庆市涪陵区人民检察院的不起诉决定是否正确?

参考意见

《刑事诉讼法》第16条确立了具有法定情形的不予追究刑事责任原则,规定:"有下列情形之一的,不追究刑事责任,已经追究的,应当撤销案件,或者不起诉,

〔1〕 案例来源:《"检察为民办实事"之检察机关依法惩治长江流域非法捕捞水产品犯罪典型案例》,载中华人民共和国最高人民检察院网,https://www.spp.gov.cn/spp/xwfbh/wsfbt/202111/t20211105_534468.shtml#2。

或者终止审理，或者宣告无罪。”依法不追究刑事责任的情形有如下六种：

1. 情节显著轻微、危害不大，不认为是犯罪的。犯罪的显著特征在于社会危害性，有些行为虽然具有社会危害性，但性质不严重，情节显著轻微、危害不大，没有达到构成犯罪的程度，不应追究刑事责任，也就没有必要进行追诉。

2. 犯罪已过追诉时效期限的。法律规定对已过追诉时效期限的不再追究刑事责任，是因为犯罪经过一定期限后，犯罪分子对社会已无危害，没有必要再追究其刑事责任。但是，人民法院、人民检察院和公安机关已经采取强制措施，而逃避侦查和审判的，不受追诉时效的限制。

3. 经特赦令免除刑罚的。这是指虽然确有犯罪事实存在，但国家颁布了特赦令，不再追究犯罪人的刑事责任。特赦是国家针对特殊的罪犯赦免其刑罚的制度，特赦令具有特别法的效力。根据我国《宪法》第67条的规定，全国人民代表大会常务委员会有权决定特赦。特赦可以减轻或者免除罪犯的刑罚。当最高国家权力机关已经发布特赦令，公、检、法机关就应当根据特赦令执行有关规定。

4. 依照刑法告诉才处理的犯罪，没有告诉或者撤回告诉的。根据我国刑法规定，告诉才处理的犯罪有：侮辱罪、诽谤罪、暴力干涉婚姻自由罪、虐待罪、侵占罪。这些犯罪以被害人的告诉作为追究刑事责任的前提条件，被害人及其法定代理人没有告诉或者告诉后又撤回的，则不予追究刑事责任。

5. 犯罪嫌疑人、被告人死亡的。这里是指被告人在追诉前或在诉讼过程中已经死亡的。我国刑法实行罪责自负原则，被告人既然已经死亡，已无科刑对象，再继续追究其刑事责任就无实际意义。

6. 其他法律规定免予追究刑事责任的。这是指除了《刑事诉讼法》和《刑法》规定的外，其他法律中规定免予追究刑事责任的，人民法院、人民检察院和公安机关应当依法不予追究。

本案中，被告人黄某航、杨某主观恶性较小，使用的工具系小型网具，对渔业资源危害小，且实际捕获渔获物数量少，案发后积极修复生态，属于犯罪情节显著轻微、危害不大的情形。重庆市涪陵区人民检察院以此为由，依法决定对黄某航、杨某作法定不起诉，这是对“具有法定情形不予追究刑事责任”原则的遵循。

案例八

案情简介

2022年3月31日，广西壮族自治区贺州市中级人民法院公开宣判一起涉外贩卖、运输毒品案件，被告人李某某(缅甸人)、陈某某违反国家对毒品的管理法规，贩卖、运输毒品甲基苯丙胺1350.9克，构成贩卖、运输毒品罪。被告人鲁某某构成运输、贩卖毒品罪的共犯，被告人邹某某、胡某某构成运输毒品罪的共犯。判决被告人李某某(缅甸人)无期徒刑，并处没收财产，附加驱逐出境。其余4名被告人被判处无期徒刑、7年至9年不等的有期徒刑。为了充分保障被告人李某某(缅甸人)的诉讼权利，法院为其聘请了专业翻译，公开开庭进行审理，并将审理、宣判情况依法及时通报外事主管部门。[1]

思考问题

1. 本案属于涉外诉讼，在诉讼中应遵循哪些原则？

2. 本案在管辖方面应注意哪些问题？

3. 对外国人的逮捕有哪些程序要求？

4. 假如审理法院是第一次审理外国人犯罪的案件，在具体程序上不熟悉。你认为应当注意哪些问题？谈谈你的看法。

参考意见

1. 涉外刑事诉讼除了要遵循我国《刑事诉讼法》确定的基本原则外，还必须遵循以下几项特有原则：

(1)国家主权原则，即追究外国人犯罪适用中国法律的原则。其主要内容体现为：外国人、无国籍人、外国法人或组织在中华人民共和国领域内参与刑事诉讼，一律适用我国《刑事诉讼法》的规定，依照我国法律规定的涉外刑事诉讼程序进

[1] 案例来源：贺州天平之声：《贺州中院公开宣判——外国人贩卖、运输毒品案件》，载微信公众号“贺州天平之声”2022年4月1日，https://mp.weixin.qq.com/s?__biz=MzA4OTg0MDM5OA==&mid=2654600116&idx=1&sn=dbc0eaf2127614ec1b786c29607b0faf&chksm=8bd995d5bcae1cc3e244bcbaa812e73a122bad6898ee6032da6385384123462f92a84755d792&scene=27#wechat_redirect。

行；依法归我国管辖的涉外刑事案件，应当由我国司法机关受理，外国司法机关无管辖权；外国法院的刑事裁判在我国领域内不直接发生法律效力，只有经过我国人民法院按照我国法律或缔结的有关条约、双边协定予以承认的，才能在我国发生法律效力，由我国的有关机关协助办理或执行；对国际条约的适用，以我国承认的为原则。

（2）刑事司法豁免原则。根据国际惯例，在国家间平等互惠的基础上，为使一国外交代表能在驻在国有效执行职务，驻在国应给予这些外交代表外交特权与豁免权，其中包括刑事司法豁免权。根据《中华人民共和国外交特权与豁免条例》和《中华人民共和国领事特权与豁免条例》的规定，刑事司法豁免的对象主要为执行外交职务的人员、持有外交护照或签证及其他经我国同意给予特权和豁免权的外国人士。这些人员的犯罪应当追究刑事责任的，不能由我国司法机关作为涉外刑事案件处理，只能由我国的外事部门通过外交途径解决。

（3）信守国际条约原则。其基本内容是：第一，我国缔结或参加的多边或双边的国际条约和协定应当信守，但是，我国声明保留的条款除外，我国没有参加或签订的条约对我国司法机关没有约束力；第二，在我国参加或缔结的国际条约的规定同国内法的规定发生冲突的情况下，应当适用国际条约的有关规定。

（4）诉讼权利同等和对等原则。诉讼权利同等原则是指外国人、无国籍人或外国法人在我国参与刑事诉讼，与我国公民享有同等的诉讼权利，承担同等的诉讼义务。诉讼权利对等原则是指如果外国法律和司法机关对我国公民在该国的刑事诉讼权利作某种限制，不是实行同等原则，则我国司法机关也可以采取相应措施给对方国家公民的诉讼权利作同等的限制。

（5）公开审判原则。公开原则是我国刑事审判的基本原则，在涉外的刑事诉讼中只有涉及国家秘密或者个人隐私的案件才不公开审理。公开审理的涉外案件，除了允许中国公民旁听外，还应当准许外国公民旁听、采访和报道。

（6）使用中国通用的语言文字进行诉讼的原则。其主要内容如下：司法机关进行涉外刑事诉讼时，使用中国通用的语言进行预审、调查讯问和法庭审判；司法机关在涉外刑事诉讼中制作的诉讼文书为中文本，附加的外文译本不加盖司法机关印章，外文译本以中文本为准；司法机关在涉外刑事诉讼中，应当为外国籍被告人提供翻译；如果外国籍被告人以不懂中国通用的语言文字等为由拒收诉讼文书的，送达人应当在有见证人在场的情况下，将文件留在收件人的住处或者羁押场所，并记录在卷，该诉讼文书视为已经送达。

(7)委托或指定中国律师参加诉讼原则。外国人或无国籍人在我国参加刑事诉讼,必须委托中国律师担任其辩护人或诉讼代理人。外籍被告人没有委托辩护人的,法院可以指定我国律师为其辩护。如果其本人提出拒绝的,应当准许并记录在案。除了委托律师辩护或者代理诉讼外,外国人或者无国籍人也可以委托其属于中国公民的亲友担任辩护人或代理人,出庭参加诉讼。

(8)与外事部门保持联系。鉴于涉外刑事诉讼的特殊性,司法机关在办理涉外刑事案件过程中,除了贯彻执行我国《刑事诉讼法》规定的诉讼原则外,还需要随时与国家的外事部门保持联系,通报案情和诉讼进展情况,取得外事部门的协助,在依法办案的前提下,确保涉外刑事案件能得到正确的处理。

2. 涉外刑事诉讼的管辖涉及国家的主权和尊严,司法机关应主动、积极、有效地行使管辖权,在其中应当注意以下问题:

(1)当事人外国国籍的确认。当事人(包括犯罪嫌疑人、被告人、被害人等)外国国籍的确认,是案件是否适用涉外刑事诉讼程序的前提,也是案件确定适用涉外刑事诉讼程序的一个必经程序。外国人的国籍以其入境时的有效证件予以确认。国籍不明的,以公安机关会同外事部门查明的为准。国籍确实无法查明的,以无国籍人对待,适用涉外刑事诉讼程序办理。

(2)受案范围。根据我国《刑法》和《刑诉法解释》等相关规定,涉外刑事案件指的是:①在中华人民共和国领域内,外国人犯罪的或者我国公民侵犯外国人合法权利的刑事案件;②符合我国《刑法》第7条、第10条规定情形的我国公民在中华人民共和国领域外犯罪的案件,包括中国公民在中华人民共和国领域外犯我国《刑法》规定之罪的案件以及中华人民共和国国家工作人员和军人在中国领域外犯我国《刑法》规定之罪的刑事案件;③符合我国《刑法》第8条、第10条规定情形的外国人对中华人民共和国国家或者公民犯罪的案件,包括外国人在中华人民共和国领域外对中华人民共和国国家或者公民犯罪,而按照我国《刑法》规定的最低刑为3年以上有期徒刑的案件(按照犯罪地的法律不受处罚的除外),以及外国人在中华人民共和国领域外对我国国家或公民犯罪,依照《刑法》应当负刑事责任的,虽然经过外国审判,仍然需要追究刑事责任的案件;④对于中华人民共和国缔结或者参加的国际条约所规定的罪行,中华人民共和国在所承担条约义务的范围内行使刑事管辖权的案件。外国人在我国领域外犯走私、贩卖、运输、制造毒品罪进入我国领域的,我国有刑事管辖权,依照我国参加、缔结的国际公约或者双边条约实行引渡的除外。

(3)管辖。除依照《刑事诉讼法》第21条至第23条规定的应当由中级人民法院、高级人民法院和最高人民法院管辖的案件外，第一审涉外刑事案件应当由基层人民法院管辖。此外，根据《刑诉法解释》的规定，必要时，中级人民法院可以指定辖区内若干基层人民法院集中管辖第一审涉外刑事案件，也可以依照《刑事诉讼法》第24条的规定，审理基层人民法院管辖的第一审涉外刑事案件。

3. 我国《刑事诉讼法》规定的五种强制措施，不仅适用于普通刑事诉讼，也适用于涉外刑事诉讼，但由于涉外刑事诉讼的特殊性，强制措施在适用时有特殊限制。根据《刑诉规则》第294条之规定，外国人、无国籍人涉嫌危害国家安全犯罪的案件或者涉及国与国之间政治、外交关系的案件以及在适用法律上确有疑难的案件，需要逮捕犯罪嫌疑人的，应当由基层人民检察院或者设区的市级人民检察院审查并提出意见，层报最高人民检察院审查。最高人民检察院认为需要逮捕的，经征求外交部的意见后，作出批准逮捕的批复；认为不需要逮捕的，作出不批准逮捕的批复。层报过程中，上级人民检察院认为不需要逮捕的，应当作出不批准逮捕的批复。报送的人民检察院根据批复依法作出不批准逮捕的决定。基层人民检察院或者设区的市级人民检察院认为不需要逮捕的，可以直接依法作出不批准逮捕的决定。外国人、无国籍人涉嫌上述案件以外的其他犯罪案件，决定批准逮捕的人民检察院应当在作出批准逮捕决定后48小时以内报上一级人民检察院备案，同时向同级人民政府外事部门通报。另外，根据公安部的有关规定，对外国籍犯罪嫌疑人依法作出取保候审、监视居住决定或者执行拘留、逮捕后，应当在48小时以内层报省级公安机关，同时通报同级人民政府外事办公室；重大涉外案件应当在48小时以内层报公安部，同时通报同级人民政府外事办公室。

4. 人民法院审理涉外刑事案件，既要坚决维护国家司法主权的独立和完整，又要贯彻、体现国家的外交政策。因此，在审判程序上，除必须严格遵守《刑事诉讼法》以外，还应注意以下问题：

(1)强化辩护和代理。根据《刑事诉讼法》第34条的规定，犯罪嫌疑人自被侦查机关第一次讯问或者采取强制措施之日起，有权委托辩护人；在侦查期间，只能委托律师作为辩护人。被告人有权随时委托辩护人。

(2)强化公开审判原则。《刑事诉讼法》第188条规定，"人民法院审判第一审案件应当公开进行。但是有关国家秘密或者个人隐私的案件，不公开审理；涉及商业秘密的案件，当事人申请不公开审理的，可以不公开审理。"对于公开审理的涉外案件，人民法院应当向中国公民或外国公民发放旁听证，旁听人员凭证入场旁听及进行经法院许可的采访、报道等。

(3)使用中国通用的语言、文字。人民法院在审理涉外刑事案件过程中,应使用中华人民共和国通用的语言、文字,应当为外国籍被告人提供翻译,以维护国家主权。

(4)及时通报外事部门。人民法院在审理涉外刑事案件过程中,应当及时将涉外案件的审理情况及审理结果通报当地外事部门,并听取、征求外事部门对案件的意见,以使涉外刑事案件得到正确的处理。

(5)诉讼期间。涉外刑事诉讼由于其特殊性,在诉讼期间上应执行特殊规定。人民法院在审理涉外案件时,应严格遵守期间规定办理。对于重大和特别重大的涉外刑事案件,如在规定的期限内不能办结的,应按规定履行必要的法律手续以延长期限。

(6)涉外刑事案件的判决和裁定。涉外刑事诉讼判决、裁定的对象主要是外籍被告人,因此,在适用我国法律的基础上,还要根据我国缔结、参加的国际条约,或者按照对等原则,对外籍被告人依法作出判决、裁定。第一审人民法院在对涉外刑事案件宣告判决、裁定之前应将拟判意见呈报有审核权的人民法院审查。

基本原则→

职权原则	(《刑事诉讼法》第3条)
独立行使审判权和检察权原则	(《刑事诉讼法》第5条)
专门机关与群众相结合原则	(《刑事诉讼法》第6条)
以事实为依据,以法律为准绳原则	(《刑事诉讼法》第6条)
司法机关分工负责、互相配合、互相制约原则	(《刑事诉讼法》第7条)
公民适用法律一律平等原则	(《刑事诉讼法》第6条)
法律监督原则	(《刑事诉讼法》第8条)
各民族公民有权使用本民族语言文字进行诉讼原则	(《刑事诉讼法》第9条)
未经审判不得定罪原则	(《刑事诉讼法》第12条)
保障诉讼参与人依法享有诉讼权利原则	(《刑事诉讼法》第14条)
认罪认罚从宽原则	(《刑事诉讼法》第15条)
具有法定情形不予追究刑事责任原则	(《刑事诉讼法》第16条)
刑事司法国家主权原则	(《刑事诉讼法》第17条)

图 3.1 基本原则

课后习题

1. 关于《刑事诉讼法》“尊重和保障人权,保护公民的人身权利、财产权利、民主权利和其他权利”的规定,下列哪一选项是正确的( )?

A. 体现了以人为本、保障和维护公民基本权利和自由的理念

B. 体现了犯罪嫌疑人、被告人权利至上的理念

C. 体现了实体公正与程序公正并重的理念

D. 体现了公正优先、兼顾效率的理念

2. 某市发生一起社会影响较大的绑架杀人案。在侦查阶段,因案情重大复杂,市检察院提前介入侦查工作。检察官在开展勘验、检查等侦查措施时在场,并就如何进一步收集、固定和完善证据以及适用法律向公安机关提出了意见,对已发现的侦查活动中的违法行为提出了纠正意见。关于检察院提前介入侦查,下列哪些选项是正确的(　　)?

A. 侵犯了公安机关的侦查权,违反了侦查权、检察权、审判权由专门机关依法行使的原则

B. 体现了分工负责,互相配合,互相制约的原则

C. 体现了检察院依法对刑事诉讼实行法律监督的原则

D. 有助于严格遵守法律程序原则的实现

课程链接

第四章 刑事诉讼的基本制度

学习要点

本章对刑事诉讼的基本制度作了系统的阐述。学习本章应掌握以下要点：(1)刑事管辖制度；(2)刑事回避制度；(3)刑事辩护与代理制度；(4)刑事法律援助制度。

案例一

案情简介

罗某系某市出租汽车公司职员。2021年10月20日下午6时许，唐某乘坐被告人罗某的出租车。下车后，唐某忘记拿走自己的皮包。后罗某径直开车，到家后，从驾驶室回头看到后座上放了1个很精致的皮包，打开发现里面有1部手机、7万元现金等物。罗某便把手机关机，把皮包带回家锁在柜里。10月21日，罗某照常上班。9时许，唐某找到罗某的单位，向罗某讨要昨天遗失在其车上的皮包，并许诺，只要罗某肯归还皮包，他愿拿出1万元酬谢。罗某矢口否认，并说："我在送唐某之后还送过其他好几个客人，没准是其他客人拿走了。"唐某无奈于当天向该市某区公安局报案。区公安局认为这种侵占案法律明确规定属于自诉案件，只能自诉不能公诉，当即拒绝立案并告诉唐某直接到法院起诉。

思考问题

本案中公安机关的做法是否正确？

参考意见

本案中罗某的行为构成刑法上的侵占罪,根据《刑诉法解释》第1条的规定应当是告诉才处理的案件,属于人民法院直接受理的自诉案件范围。但根据2020年9月1日实施的《公安部刑事案件程序规定》第14条的规定,对于被害人直接向公安机关控告的人民法院管辖的自诉案件,公安机关应当受理。因此,本案中区公安局不得以“这种侵占案法律明确规定属于自诉案件,只能自诉不能公诉”为由拒绝立案,区公安局应当在接到唐某的控告后受理该案。

案例二

案情简介

赵某,曾担任中共陕西省委常委、政法委书记、陕西省人民政府副省长、中共陕西省委副书记、陕西省人民政府代省长、省长、中共陕西省委书记等职。2020年7月31日,赵某涉嫌贪污贿赂一案经指定管辖,由天津市第一中级人民法院审理。赵某任职期间为有关单位和个人在工程承揽、企业经营、职务晋升、工作调动等事项上谋取利益,单独或伙同其妻等人非法收受他人给予的财物,共计折合人民币7.17亿余元。其中,2.9亿余元尚未实际取得,属于犯罪未遂。该院公开宣判对被告人赵某以受贿罪判处死刑,缓期2年执行,剥夺政治权利终身,并处没收个人全部财产,在其死刑缓期执行2年期满依法减为无期徒刑后,终身监禁,不得减刑、假释。赵某当庭表示服从法院判决,不上诉。

思考问题

请结合我国刑事案件的管辖制度来分析本案中为何由天津市第一中级人民法院审理此案?

参考意见

本案的审判管辖涉及指定管辖的问题。《刑事诉讼法》第27条规定:“上级人民法院可以指定下级人民法院审判管辖不明的案件,也可以指定下级人民法院将案件移送其他人民法院审判。”《刑诉法解释》第20条规定:“管辖不明的案件,上级人民法院可以指定下级人民法院审判。有关案件，由犯罪地、被告人居住地以外的人民法院审判更为适宜的，上级人民法院可以指定下级人民法院管辖。”在本案中，同样也是考虑到了案件的特殊性及地区影响性，异地审判可以排除、预防审判干扰，因此经过指定管辖由天津市第一中级人民法院审理。

另外，最高人民法院之所以指定天津市第一中级人民法院还涉及级别管辖的问题。级别管辖指的是，各级人民法院审判第一审刑事案件的职权范围，解决的是各级人民法院之间在审判第一审刑事案件上的权限分工的问题。我国《刑事诉讼法》对各级人民法院管辖的第一审刑事案件作了明确的规定。根据《刑事诉讼法》第 20 条至第 23 条的规定，基层人民法院管辖第一审普通刑事案件；中级人民法院管辖危害国家安全、恐怖活动案件和可能判处无期徒刑、死刑的案件；高级人民法院管辖的第一审刑事案件，是全省（自治区、直辖市）性的重大刑事案件；最高人民法院管辖的第一审刑事案件是全国性的重大刑事案件。本案中，赵某涉嫌受贿、贪污可能被判处无期徒刑、死刑，因此由中级人民法院管辖符合法律规定。

案例三

案情简介

被告人曹某因非法销售盗版音像制品被深圳市公安机关立案侦查。由于有工商行政管理部门缴获的大量盗版激光唱盘为证，曹某对自己的行为供认不讳。公安机关以销售侵权复制品罪将案件移送深圳市人民检察院审查起诉。深圳市人民检察院潮海分院受理后，经审查认为曹某的犯罪事实清楚，证据确实、充分，应该追究刑事责任，于是依法向深圳市潮海区基层人民法院提起公诉。深圳市潮海区基层人民法院受理后，组成了合议庭开庭审理。在审理过程中，合议庭认为难以把握罪与非罪的界限，于是提请院长提交审判委员会讨论决定。在讨论时委员张某提出被告人曹某是其小舅子，申请回避。但院长认为刑事诉讼法中规定的应该回避的人员中并不包括审判委员会委员，况且张某和被告人曹某的关系不属于刑事诉讼法规定的“近亲属”的范围，所以无须回避。

思考问题

院长的意见是否正确？结合本案对我国刑事回避制度作简要评析。

参考意见

本案涉及回避制度中的一个重要问题:回避人员的范围。根据《刑事诉讼法》第29条和第32条的规定,适用回避的人员包括审判人员、检察人员、侦查人员以及参与侦查、起诉、审判活动的书记员、翻译人员和鉴定人。又根据《刑诉法解释》第37条的规定,审判人员包括人民法院院长、副院长、审判委员会委员、庭长、副厅长、审判员和人民陪审员。本案中的审判委员会委员张某属于回避人员的范围,因此,院长认为刑事诉讼法中规定的应当回避的人员中并不包括审判委员会委员是不正确的。同时,根据《刑事诉讼法》的规定,回避事由包括"是本案的当事人或者是当事人的近亲属的""与本案当事人有其他关系,可能影响公正处理案件的";根据《刑事诉讼法》第108条的规定,"近亲属"指的是夫、妻、父、母、子、女、同胞兄弟姊妹。因此,本案中的审判委员会委员张某虽只是被告人的小舅子,不属于《刑事诉讼法》规定的"近亲属"的范围,但显然是与本案的当事人有重要关系的人员,完全可能影响案件的公正处理,应当回避。

回避制度是刑事诉讼中一项古老的制度,其理念精神源自"自然正义"原则的一个重要要求:"任何人都不得担任自己案件的法官。"回避制度能体现裁判者的中立性,能保证那些权益可能受到裁判结论影响的人得到公平的对待,确保法律制度和法律实施过程得到当事人和社会公众的普遍尊重。

案例四

案情简介

李某与张某是一对恋人。2008年6月,李某提出要与张某分手,但张某坚决不同意,因为当时她已有了三个月的身孕。李某要求张某做人工流产,张某伤心欲绝。2008年7月,李某与张某在宿舍发生激烈的争吵,张某拿起事先准备好的农药喝下去,李某不仅没有及时救人,反而一走了之,临走时还将门锁上。张某因没得到及时救治而死亡。2013年公安机关将李某逮捕。在侦查阶段,李某强烈要求委托律师为自己辩护。公安机关拒绝了他的要求。案件在移送到检察机关时,检察院告知李某有权委托辩护人,李某聘请了律师为自己辩护。

思考问题

1. 在侦查阶段公安机关拒绝李某的要求的做法是否正确？

2. 在侦查阶段和审查起诉阶段，律师如果参与进来可以进行哪些诉讼活动？

参考意见

1. 我国《刑事诉讼法》第 34 条规定："犯罪嫌疑人自被侦查机关第一次讯问或者采取强制措施之日起，有权委托辩护人；在侦查期间，只能委托律师作为辩护人。被告人有权随时委托辩护人。侦查机关在第一次讯问犯罪嫌疑人或者对犯罪嫌疑人采取强制措施的时候，应当告知犯罪嫌疑人有权委托辩护人。"本案中，公安机关不仅没有告知李某可以委托辩护人，还拒绝其委托辩护人的要求，这种做法是不符合法律规定的。

2. 根据《刑事诉讼法》第 38 条、第 39 条的规定：(1)辩护律师在侦查期间可以为犯罪嫌疑人提供法律帮助，代理申诉、控告，申请变更强制措施，向侦查机关了解犯罪嫌疑人涉嫌的罪名和案件有关情况，提出意见；(2)犯罪嫌疑人被侦查机关第一次讯问或者采取强制措施之日起，受委托的律师凭律师执业证书、律师事务所证明和委托书或者法律援助公函，有权要求会见犯罪嫌疑人、被告人并了解有关案件情况，律师会见犯罪嫌疑人、被告人时不被监听；(3)辩护律师会见在押的犯罪嫌疑人、被告人，可以了解有关案件情况，提供法律咨询等。

根据《刑事诉讼法》第 39 条、第 40 条、第 41 条、第 42 条以及第 43 条的规定，在审查起诉阶段：(1)辩护律师自人民检察院对案件审查起诉之日起，可以查阅、摘抄、复制本案的案卷材料；(2)律师可以同在押的犯罪嫌疑人会见和通信，向犯罪嫌疑人、被告人核实有关证据，辩护律师会见犯罪嫌疑人、被告人时不被监听；(3)辩护人认为在侦查、审查起诉期间公安机关、人民检察院收集的证明犯罪嫌疑人、被告人无罪或者罪轻的证据材料未提交的，有权申请人民检察院、人民法院调取；(4)辩护律师经证人或者其他有关单位和个人同意，可以向他们收集与本案有关的材料，也可以根据案情的需要，申请人民检察院、人民法院收集、调取证据或者申请人民法院通知证人出庭作证。

另外，根据《刑事诉讼法》第 117 条的规定，辩护人对于司法机关及其工作人员有下列行为之一的，有权向该机关申诉或者控告：(1)采取强制措施法定期限届满，不予以释放、解除或者变更的；(2)应当退还取保候审保证金不退还的；(3)对与案件无关的财物采取查封、扣押、冻结措施的；（4）应当解除查封、扣押、冻结不解除的；（5）贪污、挪用、私分、调换、违反规定使用查封、扣押、冻结的财物的。

案例五

案情简介

被告人林某与被害人张某素不相识。某年12月13日下午5时，张某在菜市场买菜，发现林某不排队加塞，便将林某拉出队外。林某与张某争吵起来，并向张某小腹猛踢几脚。张某当即感到疼痛，回家后疼痛加剧，经医院诊断为肠穿孔。次日进行外科手术，证实系外伤性肠穿孔，距回肠85厘米处有1.5厘米×1.5厘米穿孔，切除肠管30厘米。张某要求追究林某的法律责任。12月20日本案经公安机关侦查终结后移送人民检察院审查起诉。12月25日人民检察院告知张某可以委托诉讼代理人。因张某尚未出院，其堂兄擅自为之委托张某的朋友、邻县公安局干部刘某担任诉讼代理人。此案经人民法院审理，认为林某构成故意伤害罪，依法判处被告人林某拘役5个月，缓刑2个月，赔偿张某经济损失4850元。

思考问题

本案在委托刑事诉讼代理人方面有无不妥之处？

参考意见

1. 我国《刑事诉讼法》第46条规定："公诉案件的被害人及其法定代理人或者近亲属，附带民事诉讼的当事人及其法定代理人，自案件移送审查起诉之日起，有权委托诉讼代理人。自诉案件的自诉人及其法定代理人，附带民事诉讼的当事人及其法定代理人，有权随时委托诉讼代理人。"据此，公诉案件中能够有权委托诉讼代理人的包括被害人、被害人的法定代理人和被害人的近亲属。而按照我国《刑事诉讼法》第108条的规定，"近亲属"是指夫、妻、父、母、子、女、同胞兄弟姊妹。显然，"堂兄"不在近亲属的范围，所以，本案中张某的堂兄为之委托诉讼代理人是不符合法律规定的。

2.《刑事诉讼法》第46条第2款规定，人民检察院自收到移送审查起诉的案件材料之日起3日内，应当告知被害人及其法定代理人或者其近亲属有权委托诉讼代理人。而本案中人民检察院在第 5 日才告知，违背其法定的告知义务。

3. 根据《刑诉法解释》第 40 条的规定，人民法院、人民检察院、监察机关、公安机关、国家安全机关、监狱的现职人员不得担任辩护人，但如果上述人员是被告人的监护人、近亲属，由被告人委托担任辩护人的，可以准许；委托诉讼代理人的参照适用。在本案中，在公安机关任职的刘某只是张某的好朋友，不是监护人，也非近亲属，因此，刘某不能被委托为诉讼代理人。

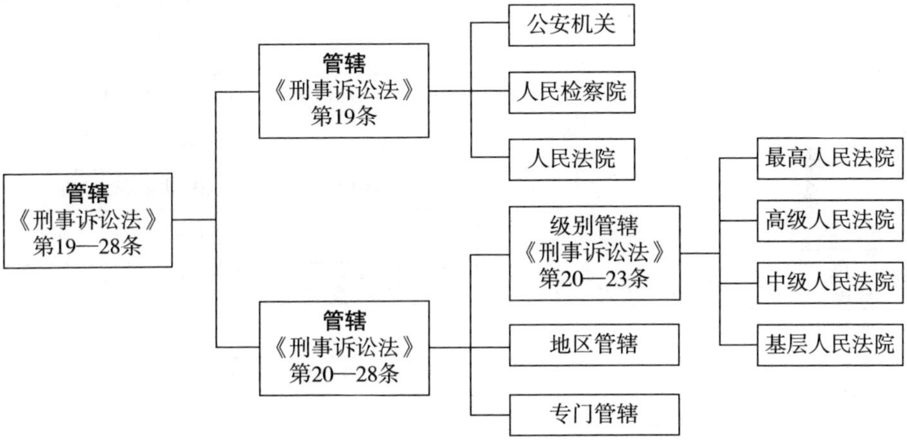

图 4.1　管辖

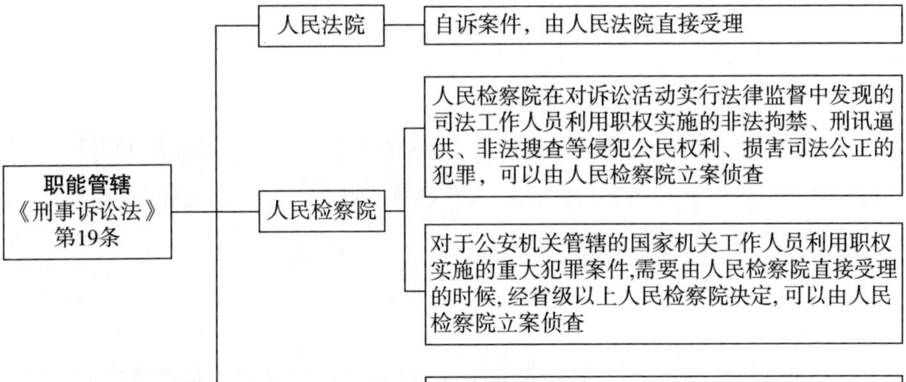

图 4.2　职能管辖

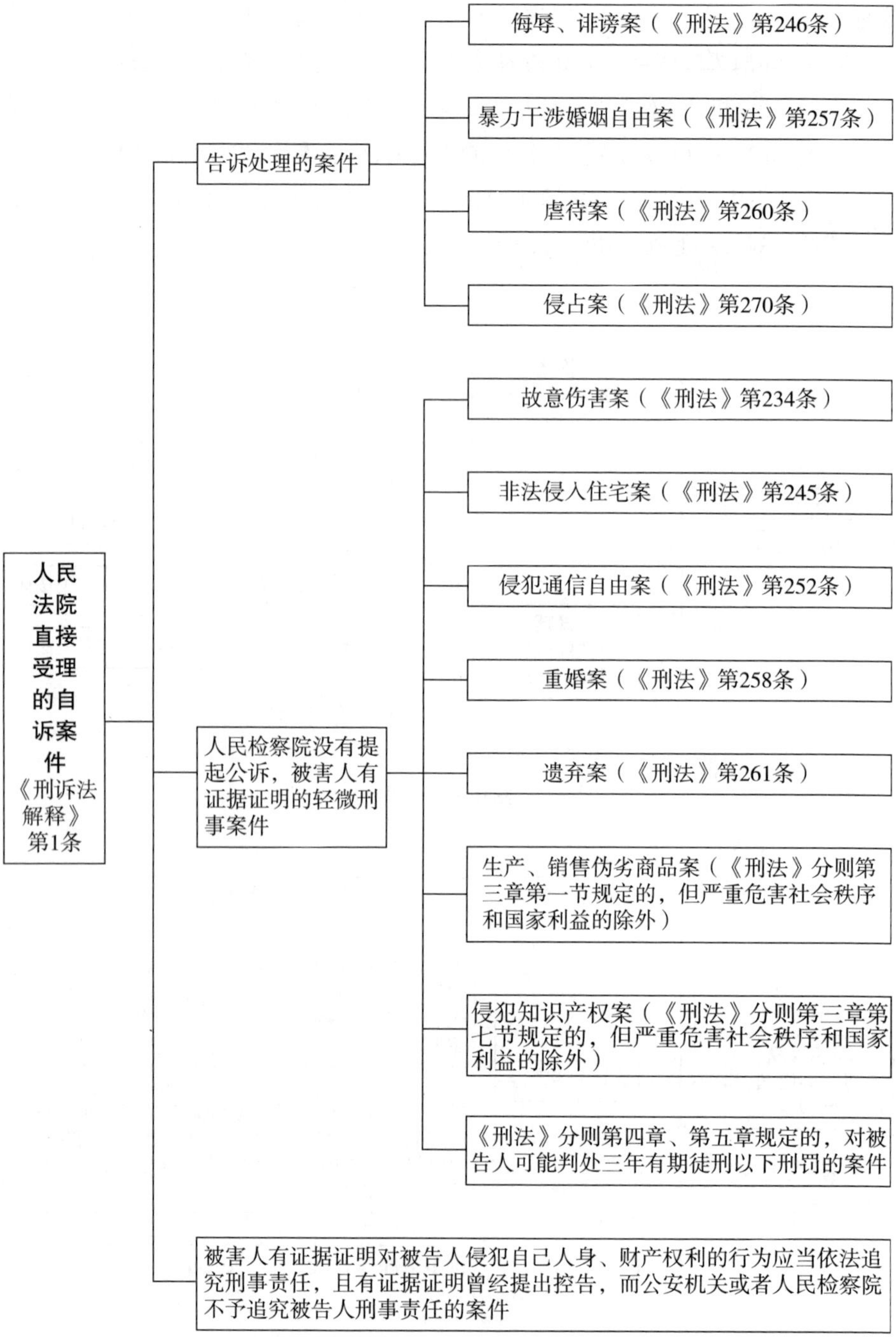

图4.3　人民法院直接受理的自诉案件

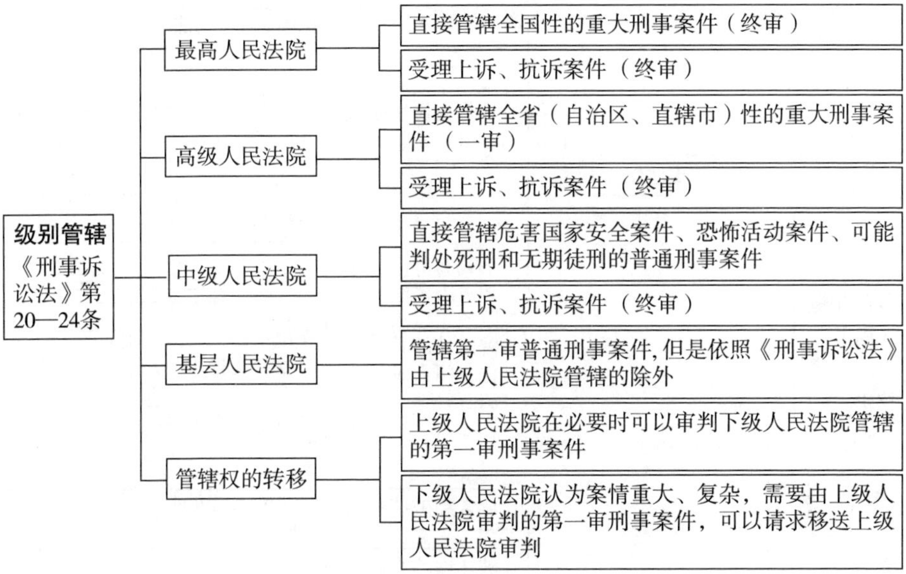

图 4.4　级别管辖

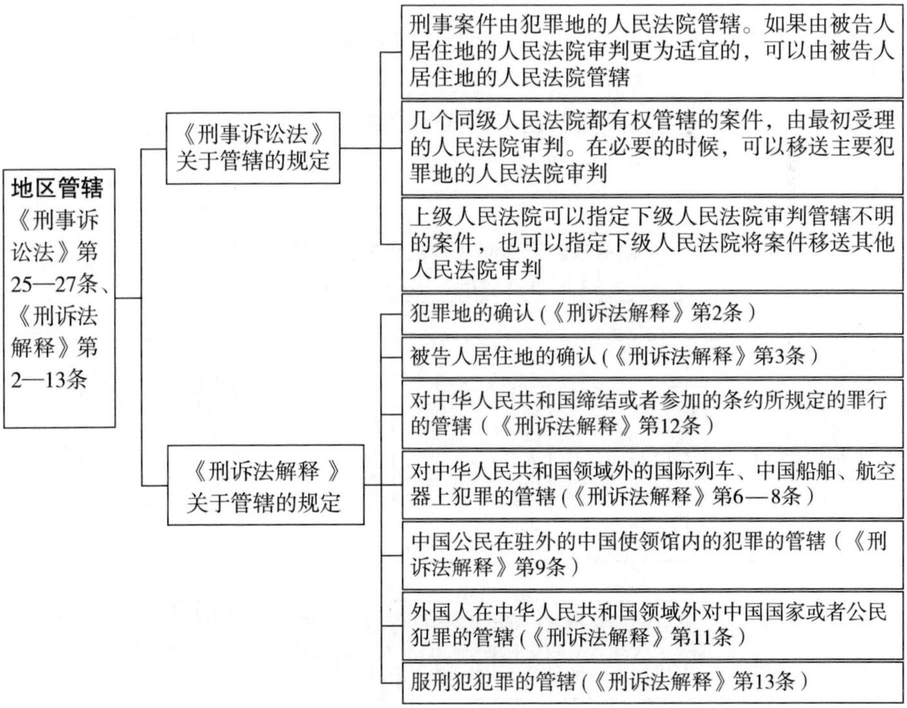

图 4.5　地区管辖

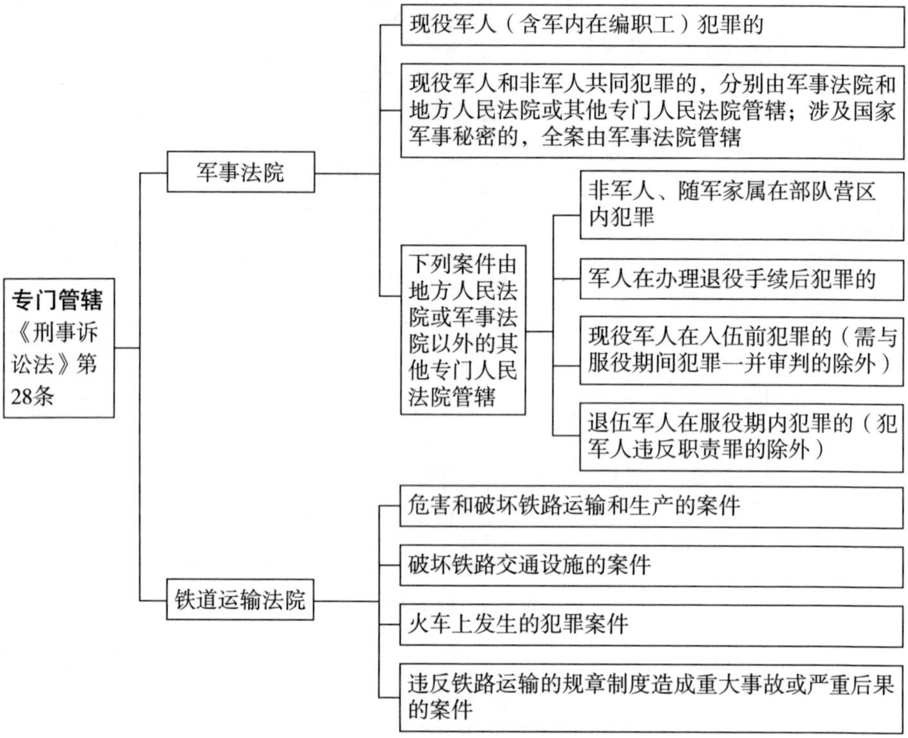

图 4.6　专门管辖

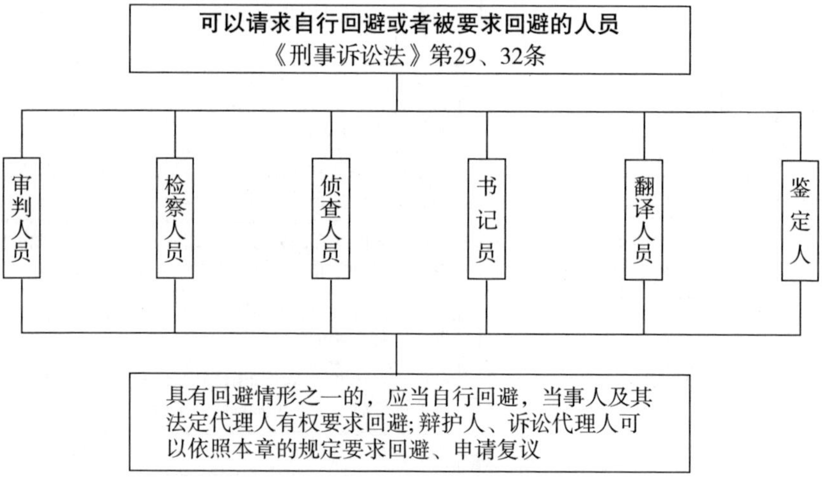

图 4.7　可以请求自行回避或者被要求回避的人员

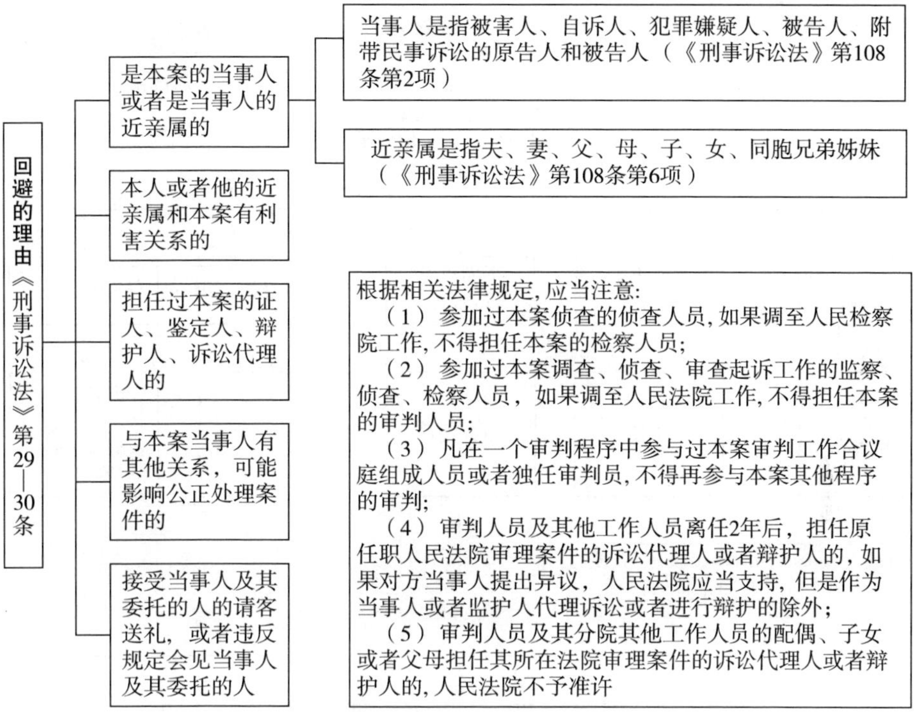

图 4.8　回避的理由

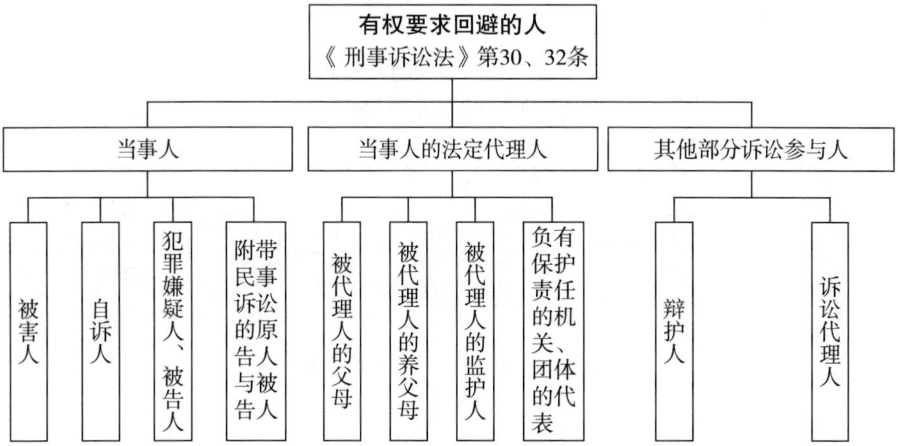

图 4.9　有权要求回避的人

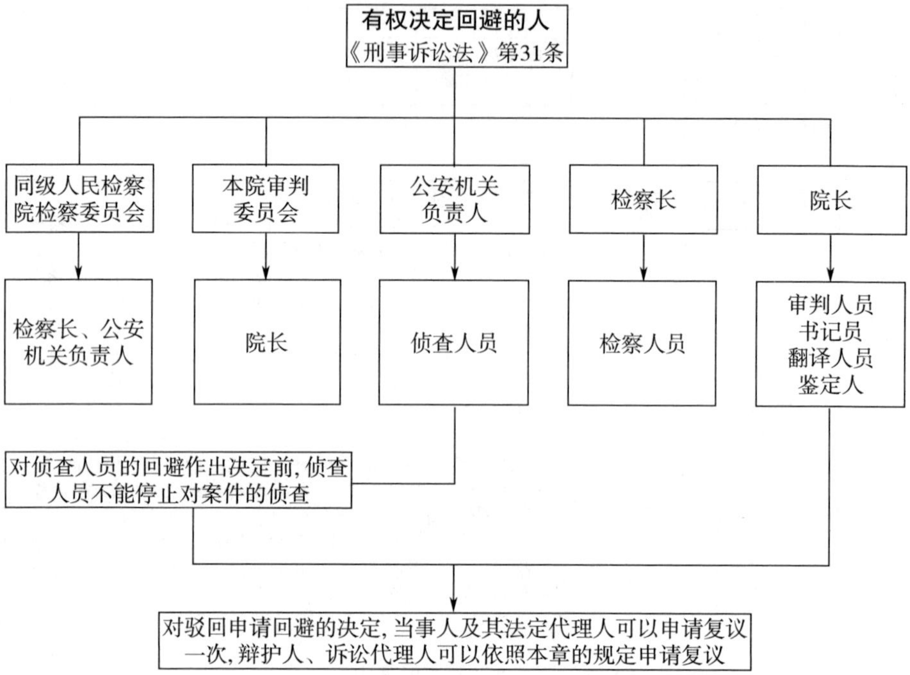

图 4.10　有权决定回避的人

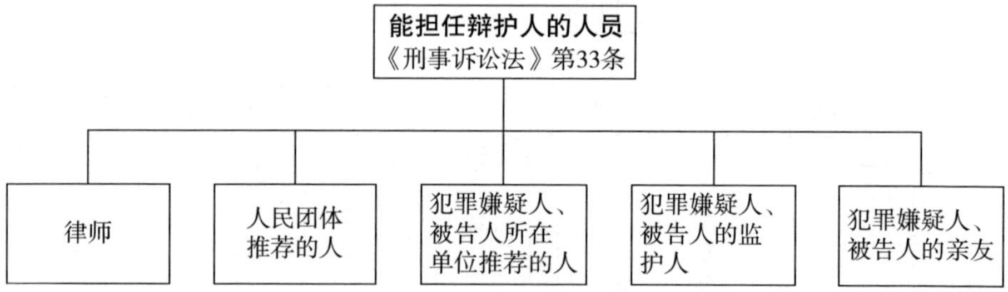

图 4.11　能担任辩护人的人员

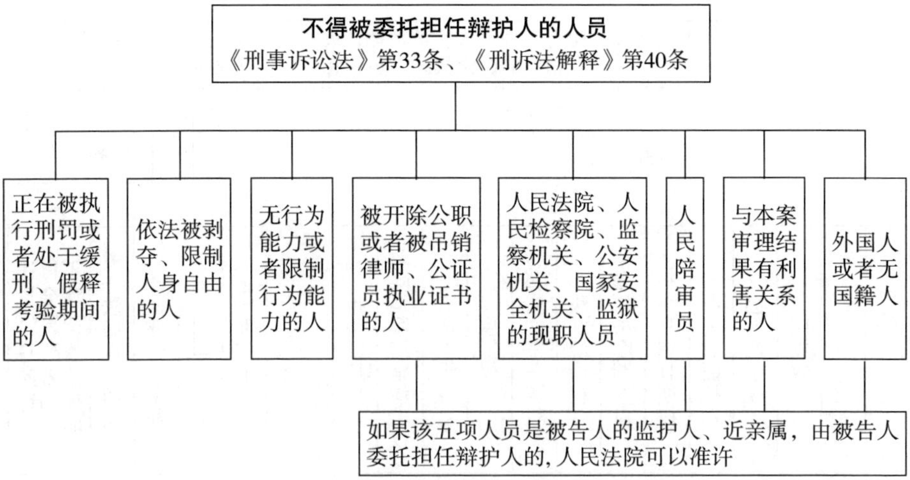

图 4.12　不得被委托担任辩护人的人员

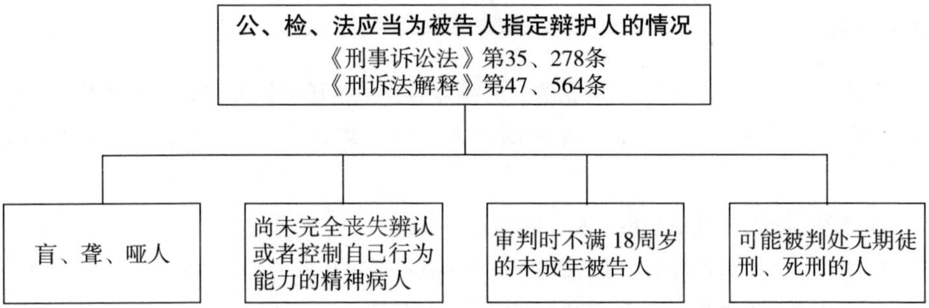

图 4.13　公、检、法应当为被告人指定辩护人的情况

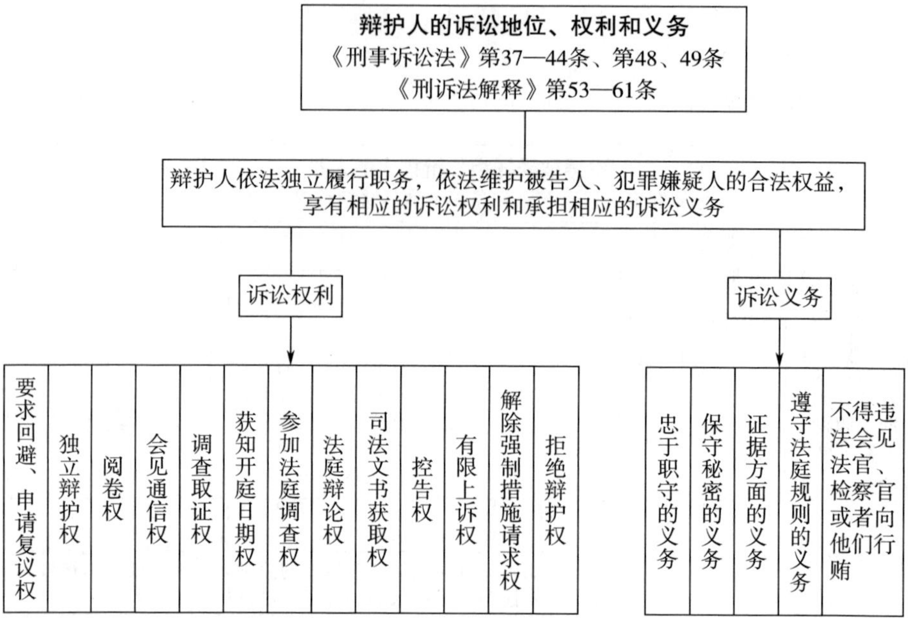

图4.14　辩护人的诉讼地位、权利和义务

课后习题

1. 鲁某与洪某共同犯罪，洪某在逃。沈律师为鲁某担任辩护人。案件判决生效三年后，洪某被抓获并被起诉。关于沈律师可否担任洪某辩护人，下列哪一说法是正确的（　　）？

A. 沈律师不得担任洪某辩护人

B. 如果洪某系法律援助对象，沈律师可以担任洪某辩护人

C. 如果被告人洪某同意，沈律师可以担任洪某辩护人

D. 如果公诉人未提出异议，沈律师可以担任洪某辩护人

2. 王某是某公安机关的法医，在一起刑事案件的法庭审理过程中，人民法院聘请王某担任该案鉴定人。本案的被告人提出王某与本案有利害关系，申请回避。依照刑事诉讼法的有关规定，谁有权对王某是否回避作出决定（　　）？

A. 王某所在公安机关的负责人

B. 该人民法院院长

C. 本案的合议庭

D. 本案合议庭的审判长

3. 美国人杰克与中国香港居民赵某在中国内地私藏枪支、弹药，公安人员查缉枪支、弹药时，赵某以暴力方法阻碍公安人员依法执行职务。下列哪一说法是正确的（　　）？

A. 全案由犯罪地的基层法院审判，因为私藏枪支、弹药罪和妨碍公务罪都不属于可能判处无期徒刑以上刑罚的案件

B. 杰克由犯罪地中级法院审判，赵某由犯罪地的基层法院审判

C. 杰克由犯罪地中级法院审判，赵某由犯罪地中级法院根据具体案件情况而决定是否交由基层法院审判

D. 全案由犯罪地的中级法院审判

课程链接

第五章　刑事诉讼证据

学习要点

本章对刑事诉讼证据的有关问题作了系统的阐述。学习本章应掌握以下要点：(1)证据的概念和意义；(2)证据的种类；(3)刑事证据分类；(4)诉讼证明；(5)证据规则。

案例一

案情简介

1996年至1999年，劳某枝与情人法某英共谋并分工，由劳某枝在娱乐场所从事陪侍服务，物色作案对象，由法某英实施暴力，先后在南昌、温州、常州、合肥共同实施抢劫、绑架、故意杀人4起。案发后，劳某枝使用"雪梨"等化名潜逃，2019年11月28日被抓获归案。

2020年12月21日，劳某枝案在江西省南昌市中级人民法院公开审理，劳某枝被控犯下故意杀人罪、抢劫罪和绑架三宗罪。2020年12月的庭审持续了两天，劳某枝进行了最后陈述，最终法院宣布休庭，另行择期宣判。

2021年9月9日，劳某枝案一审宣判，以故意杀人、抢劫、绑架三罪并罚判死刑，劳某枝不服判决，当庭提出上诉。9月16日，劳某枝案一审辩护人会见劳某枝，并称法院已收到劳本人签字的上诉状及二审仍然希望接受法援律师援助的书面申请。

2022年8月18日上午9时30分到8月20日18时23分，江西省高级人民法院依法公开审理了劳某枝故意杀人、抢劫、绑架上诉一案。二审庭审中，上诉人劳某枝、辩护人和出庭检察员围绕劳某枝是否构成故意杀人罪、在共同犯罪中的地位和作用、一审量刑是否过重、一审程序是否违法等问题充分发表了意见，劳某枝进行了最后陈述。法庭宣布休庭，择期宣判。

2022年8月20日，劳某枝案二审进行了最后一轮举证质证，辩方当庭提交了最新证据，一份劳某枝同学孙某某的采访视频。视频中孙某某表示，“印象中的劳某枝善良，不爱慕虚荣。”对此，检方当庭驳斥，“视频中有明显剪辑痕迹，不符合视频证据的构成要件。”

思考问题

1. 本案中，认定劳某枝构成犯罪的证据有哪些？

2. 如何认识和评价劳某枝同学孙某某的证言？

参考意见

1. 我国《刑事诉讼法》第50条规定，可以用于证明案件事实的材料，都是证据。证据包括：(1)物证；(2)书证；(3)证人证言；(4)被害人陈述；(5)犯罪嫌疑人、被告人供述和辩解；(6)鉴定意见；(7)勘验、检查、辨认、侦查实验等笔录；(8)视听资料、电子数据。证据必须经过查证属实，才能作为定案的根据。

本案中，劳某枝和法某英系共同犯罪，所以，案发当时通过现场勘查、调查走访、讯问法某英等方式所获取的物证、证人证言、被害人陈述和法某英的供述也是证明劳某枝构成相关犯罪的证据。此外，劳某枝到案后，对其展开讯问和通过询问和其他取证方法所获得的劳某枝供述、证人证言等也是证明劳某枝伙同法某英实施相关犯罪的证据。通过对证据的审查判断，认定属实的，可以作为定案根据。

2. 孙某某的证言不能作为有利于劳某枝罪轻甚至是无罪的证据。第一，关联性是证据的基本属性，孙某某的证言是对劳某枝“品行”的抽象概括和评价，其和犯罪事实无关。第二，孙某某的证言内容上反映的是劳某枝过去的表现，无法证实劳作案期间的真实表现。

案例二

案情简介

2021年7月6日至9日，曾某宽、唐某明知代某涛纠集其开设银行账户是为他人实施网络犯罪活动提供资金结算帮助,仍一同随代某涛驾车从贵州省瓮安县出发前往天津、北京等地办理银行卡,先后在河北省廊坊市、山东省烟台市福山区,将个人名下的银行卡、手机交给代某涛联系的为网络犯罪活动提供资金结算服务的姜某豪等人进行操作转账,并配合扫脸验证。其间,曾某宽提供本人银行账户5个,帮助结算资金合计3,315,161.5元(经查实结算电信网络诈骗资金1,319,290.05元),非法获利6000元;唐某提供本人银行账户1个,帮助结算资金合计468,498元(经查实结算电信网络诈骗资金129,000元),非法获利2000元。

2021年7月19日至23日,孙某兵受代某涛纠集后直接或者间接邀集杨某等人,一同随代某涛驾车从贵州省瓮安县出发前往天津、烟台等地办理银行卡。六人明知是为他人实施网络犯罪活动提供资金结算帮助,仍在山东省烟台市福山区、莱阳市将个人名下的银行卡、手机同样交给姜某豪进行操作转账,并配合扫脸验证。其间,六人共提供银行账户8个,共帮助结算资金合计3,480,275.25元(经查实结算电信网络诈骗资金1,544,889.58元)。其中,孙某兵提供本人银行账户1个,帮助结算资金合计426,878.01元;李某波提供本人银行账户2个,帮助结算资金合计949,806.35元,非法获利3000元;杨某提供本人银行账户2个,帮助结算资金合计793,844元;张某提供本人银行账户1个,帮助结算资金合计428,731元;刘某旺提供本人银行账户1个,帮助结算资金合计395,938元;邹某提供本人银行账户1个,帮助结算资金合计485,077.89元。

2021年7月24日,孙某兵、李某波、杨某、张某、刘某旺被安徽省黄山市黟县公安局抓获归案;2021年7月27日,曾某宽被吉林省吉林市公安局船营分局抓获归案;2021年7月26日,邹某到公安机关投案;2021年9月14日,唐某到公安机关投案。[1]

思考问题

1. 何为电子数据?

2. 电子数据的收集要点有哪些?

3. 电子数据的审查要点有哪些?

---

〔1〕 案例来源:安徽省黟县人民法院刑事判决书,(2022)皖1023刑初1号。

参考意见

1. 根据我国《刑事诉讼法》第 50 条的规定，电子数据是一种法定的证据形式。从当前的司法实践来看，电子数据已经成为证明网络犯罪的主要证据形式。“两高一部”印发的《电子数据规定》第 1 条规定，电子数据是案件发生过程中形成的，以数字化形式存储、处理、传输的，能够证明案件事实的数据。电子数据包括但不限于下列信息、电子文件：(1) 网页、博客、微博客、朋友圈、贴吧、网盘等网络平台发布的信息；(2) 手机短信、电子邮件、即时通信、通讯群组等网络应用服务的通信信息；(3) 用户注册信息、身份认证信息、电子交易记录、通信记录、登录日志等信息；(4) 文档、图片、音视频、数字证书、计算机程序等电子文件。以数字化形式记载的证人证言、被害人陈述以及犯罪嫌疑人、被告人供述和辩解等证据，不属于电子数据。确有必要的，对相关证据的收集、提取、移送、审查，可以参照适用本规定。

2. “两高一部”印发的《电子数据规定》第 7—17 条规定了收集与提取电子数据的具体要求和规范。电子数据的收集主要包括扣押、冻结、检查和鉴定等措施。

对于能扣押电子数据原始存储介质的，《电子数据规定》第 8 条规定，应当扣押、封存原始存储介质，并制作笔录，记录原始存储介质的封存状态。封存电子数据原始存储介质，应当保证在不解除封存状态的情况下，无法增加、删除、修改电子数据。封存前后应当拍摄被封存原始存储介质的照片，清晰反映封口或者张贴封条处的状况。封存手机等具有无线通信功能的存储介质，应当采取信号屏蔽、信号阻断或者切断电源等措施。

对于无法扣押原始存储介质的，《电子数据规定》第 9 条规定，可以提取电子数据，但应当在笔录中注明不能扣押原始存储介质的原因、原始存储介质的存放地点或者电子数据的来源等情况，并计算电子数据的完整性校验值：(1) 原始存储介质不便封存的；(2) 提取计算机内存数据、网络传输数据等不是存储在存储介质上的电子数据的；(3) 原始存储介质位于境外的；(4) 其他无法扣押原始存储介质的情形。对于原始存储介质位于境外或者远程计算机信息系统上的电子数据，可以通过网络在线提取。为进一步查明有关情况，必要时，可以对远程计算机信息系统进行网络远程勘验。进行网络远程勘验，需要采取技术侦查措施的，应当依法经过严格的批准手续。

关于电子数据的冻结，《电子数据规定》第 12 条规定，应当制作协助冻结通知书，注明冻结电子数据的网络应用账号等信息，送交电子数据持有人、网络服务提供者或者有关部门协助办理。解除冻结的，应当在3日内制作协助解除冻结通知书，送交电子数据持有人、网络服务提供者或者有关部门协助办理。冻结电子数据，应当采取以下一种或者几种方法：(1)计算电子数据的完整性校验值；(2)锁定网络应用账号；(3)其他防止增加、删除、修改电子数据的措施。

关于电子数据的检查，《电子数据规定》第16条规定，应当对电子数据存储介质拆封过程进行录像，并将电子数据存储介质通过写保护设备接入检查设备进行检查；有条件的，应当制作电子数据备份，对备份进行检查；无法使用写保护设备且无法制作备份的，应当注明原因，并对相关活动进行录像。电子数据检查应当制作笔录，注明检查方法、过程和结果，由有关人员签名或者盖章。进行侦查实验的，应当制作侦查实验笔录，注明侦查实验的条件、经过和结果，由参加实验的人员签名或者盖章。

关于电子数据的专门性问题，《电子数据规定》第17条规定，可以由司法鉴定机构出具鉴定意见，或者由公安部指定的机构出具报告。对于人民检察院直接受理的案件，也可以由最高人民检察院指定的机构出具报告。

3. 电子数据的审查判断是检验电子数据关联性、合法性和真实性的具体行为。《电子数据规定》第22—28条和《刑诉法解释》第110—115条就电子数据的真实性、完整性、合法性、瑕疵证据的补正等内容予以详细规定。

具体而言，电子数据是否真实，应当着重审查以下内容：(1)是否移送原始存储介质，在原始存储介质无法封存、不便移动时，有无说明原因，并注明收集、提取过程及原始存储介质的存放地点或者电子数据的来源等情况。(2)电子数据是否具有数字签名、数字证书等特殊标识。(3)电子数据的收集、提取的过程是否可以重现。(4)电子数据如有增加、删除、修改等情形的，是否附有说明。(5)电子数据的完整性是否可以保证。

对电子数据是否完整，应当根据保护电子数据完整性的相应方法进行验证：(1)审查原始存储介质的扣押、封存状态；(2)审查电子数据的收集、提取过程，查看录像；(3)比对电子数据完整性校验值；(4)与备份的电子数据进行比较；(5)审查冻结后的访问操作日志；(6)其他方法。

对收集、提取电子数据是否合法，应当着重审查以下内容：(1)收集、提取电子数据是否由2名以上调查人员、侦查人员进行，取证方法是否符合相关技术标准。(2)收集、提取电子数据，是否附有笔录、清单，并经调查人员、侦查人员、电子数据持有人、提供人、见证人签名或者盖章；没有签名或者盖章的，是否注明原因；对电子数据的类别、文件格式等是否注明清楚。(3)是否依照有关规定由符合条件的人员担任见证人,是否对相关活动进行录像。(4)采用技术调查、侦查措施收集、提取电子数据的,是否依法经过严格的批准手续。(5)进行电子数据检查的,检查程序是否符合有关规定。

电子数据的收集、提取程序瑕疵的,经补正或者作出合理解释的,可以采用;不能补正或者作出合理解释的,不得作为定案的根据。具体的瑕疵包括:(1)未以封存状态移送的;(2)笔录或者清单上没有调查人员或者侦查人员、电子数据持有人、提供人、见证人签名或者盖章的;(3)对电子数据的名称、类别、格式等注明不清的;(4)有其他瑕疵的。

如果电子数据具有下列情形之一的,不得作为定案的根据:(1)系篡改、伪造或者无法确定真伪的;(2)有增加、删除、修改等情形,影响电子数据真实性的;(3)其他无法保证电子数据真实性的情形。

案例三

案情简介

1993年10月24日,江西省南昌市进贤县凰岭乡张家村,年仅6岁的张某1和4岁的张某2忽然失踪。次日,二人被发现死在附近的下马塘水库内。几天后,时年26岁的同村人张某环被警方锁定为犯罪嫌疑人。1995年1月26日,江西省南昌市中级人民法院一审判处张某环死刑,缓期2年执行。

张某环于2017年8月22日向江西省高级人民法院提交刑事申诉书,2019年3月1日,江西省高级人民法院作出再审决定,并于2020年7月9日进行了公开开庭审理。再审过程中,张某环及其辩护律师提出,张某环有罪供述系刑讯逼供所致、在案物证均无法与被害人或犯罪事实相关联、主要证据之间存在矛盾、原审在保障被告人辩护权等方面违反法定诉讼程序,影响公正审判等。

2020年8月4日下午4时,江西省高级人民法院再审宣判张某环故意杀人案,法院最终以“原审判决事实不清,证据不足”,宣告张某环无罪。[1]

〔1〕 案件来源:江西省高级人民法院刑事判决书,(2019)赣刑再3号。

思考问题

1. 何为非法证据?

2. 非法证据排除程序的具体操作方式?

参考意见

1. 根据《刑事诉讼法》第 56 条的规定,我国刑事诉讼法中的“非法证据”主要有以下三种:(1)采用刑讯逼供等非法方法收集的犯罪嫌疑人、被告人供述;(2)采用暴力、威胁等非法方法收集的证人证言、被害人陈述;(3)收集物证、书证不符合法定程序,可能严重影响司法公正的,且不能补正或者做出合理解释的。

《刑诉法解释》第 123 条明确了非法方法收集的被告人供述的具体表现:(1)采用殴打、违法使用戒具等暴力方法或者变相肉刑的恶劣手段,使被告人遭受难以忍受的痛苦而违背意愿作出的供述;(2)采用以暴力或者严重损害本人及其近亲属合法权益等相威胁的方法,使被告人遭受难以忍受的痛苦而违背意愿作出的供述;(3)采用非法拘禁等非法限制人身自由的方法收集的被告人供述。第 125 条规定,采用暴力、威胁以及非法限制人身自由等非法方法收集的证人证言、被害人陈述,应当予以排除。第 126 条规定,收集物证、书证不符合法定程序,可能严重影响司法公正的,应当予以补正或者作出合理解释;不能补正或者作出合理解释的,对该证据应当予以排除。认定“可能严重影响司法公正”,应当综合考虑收集证据违反法定程序以及所造成后果的严重程度等情况。

根据我国《刑事诉讼法》的规定,对于非法证据,应当予以排除,即在侦查、审查起诉、审判时应当依法不作为起诉意见、起诉决定和判决的依据。

2. 根据《刑事诉讼法》第 58 条的规定,启动非法证据排除程序有两种方式:(1)法庭审理过程中,审判人员认为可能存在非法证据情形的,应当对证据收集的合法性进行法庭调查;(2)当事人及其辩护人、诉讼代理人有权申请人民法院启动非法证据排除程序,但需要提供相关线索或者材料。根据《刑诉法解释》第 127 条的规定,相关线索或者材料应包括关于涉嫌非法取证的人员、时间、地点、方式、内容。

关于非法证据排除程序的时间,根据《刑诉法解释》第 128—130 条的规定,法院在向被告人及其辩护人送达起诉书副本时,应当告知其申请排除非法证据的权利。原则上,辩方应当在开庭审理前提出排除非法证据的申请,法院通过召开庭前会议对证据合法性问题了解情况、听取意见。但是作为例外情况,如果辩方在庭审期间才发现相关线索或者材料的,也可以在庭审期间提出启动非法证据排除程序的申请。

关于非法证据排除具体程序,《刑诉法解释》第 131 条规定,在庭前会议中,人民检察院可以撤回有关证据。撤回的证据,没有新的理由,不得在庭审中出示。当事人及其辩护人、诉讼代理人可以撤回排除非法证据的申请。撤回申请后,没有新的线索或者材料,不得再次对有关证据提出排除申请。第 132 条规定,当事人及其辩护人、诉讼代理人在开庭审理前未申请排除非法证据,在庭审过程中提出申请的,应当说明理由。人民法院经审查,对证据收集的合法性有疑问的,应当进行调查;没有疑问的,驳回申请。驳回排除非法证据的申请后,当事人及其辩护人、诉讼代理人没有新的线索或者材料,以相同理由再次提出申请的,人民法院不再审查。

关于证据合法性的证明责任,《刑事诉讼法》第 59 条作出了明确的规定,即人民检察院对于证据收集的合法性承担证明责任。《刑诉法解释》第 135 条也对人民检察院证明证据合法性的方式加以明确,即由公诉人通过宣读调查、侦查讯问笔录、出示提讯登记、体检记录、对讯问合法性的核查材料等证据材料,有针对性地播放讯问录音录像,提请法庭通知有关调查人员、侦查人员或者其他人员出庭说明情况等方式,证明证据收集的合法性。

关于非法证据排除程序的处理方式,《刑事诉讼法》第 60 条规定,法院经过法庭审理确认或者不能排除存在非法方法收集证据情形的,对有关证据应当予以排除。

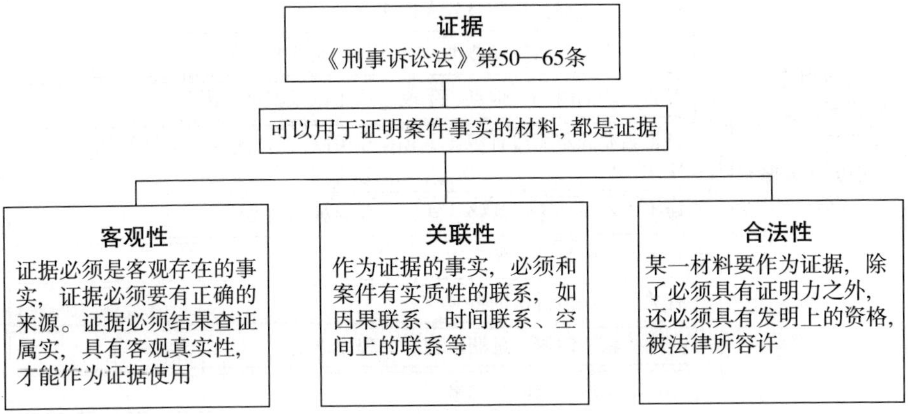

图 5.1　证据

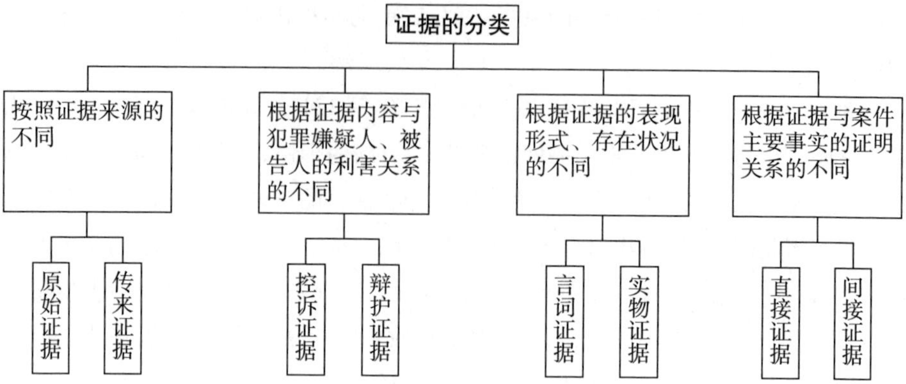

图 5.2 证据的分类

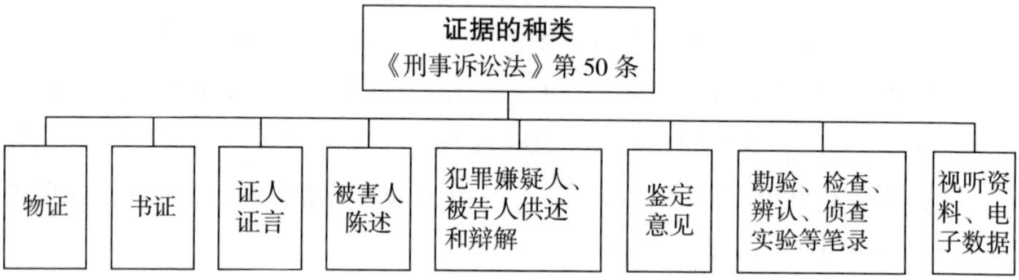

图 5.3 证据的种类

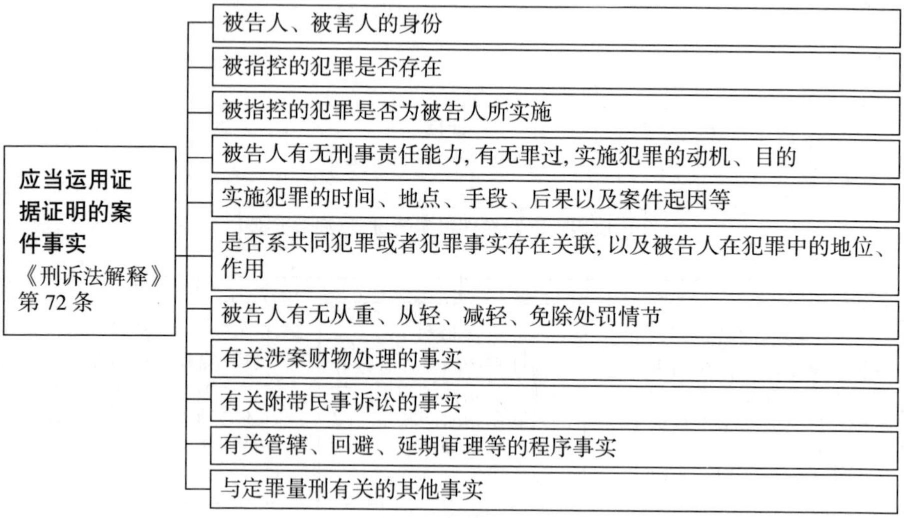

图 5.4 应当运用证据证明的案件事实

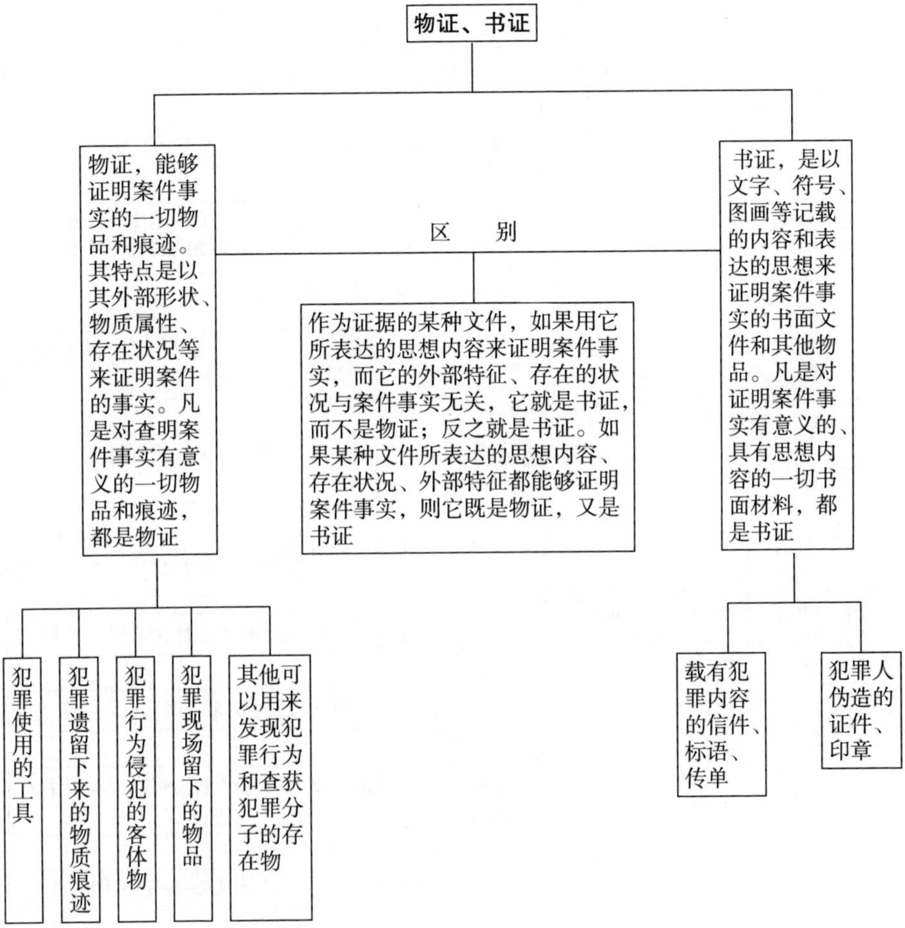
物证、书证
物证，能够证明案件事实的一切物品和痕迹。其特点是以其外部形状、物质属性、存在状况等来证明案件的事实。凡是对查明案件事实有意义的一切物品和痕迹，都是物证
区　别
作为证据的某种文件，如果用它所表达的思想内容来证明案件事实，而它的外部特征、存在的状况与案件事实无关，它就是书证，而不是物证；反之就是书证。如果某种文件所表达的思想内容、存在状况、外部特征都能够证明案件事实，则它既是物证，又是书证
书证，是以文字、符号、图画等记载的内容和表达的思想来证明案件事实的书面文件和其他物品。凡是对证明案件事实有意义的、具有思想内容的一切书面材料，都是书证
犯罪使用的工具
犯罪遗留下来的物质痕迹
犯罪行为侵犯的客体物
犯罪现场留下的物品
其他可以用来发现犯罪行为和查获犯罪分子的存在物
载有犯罪内容的信件、标语、传单
犯罪人伪造的证件、印章

图 5.5　物证、书证

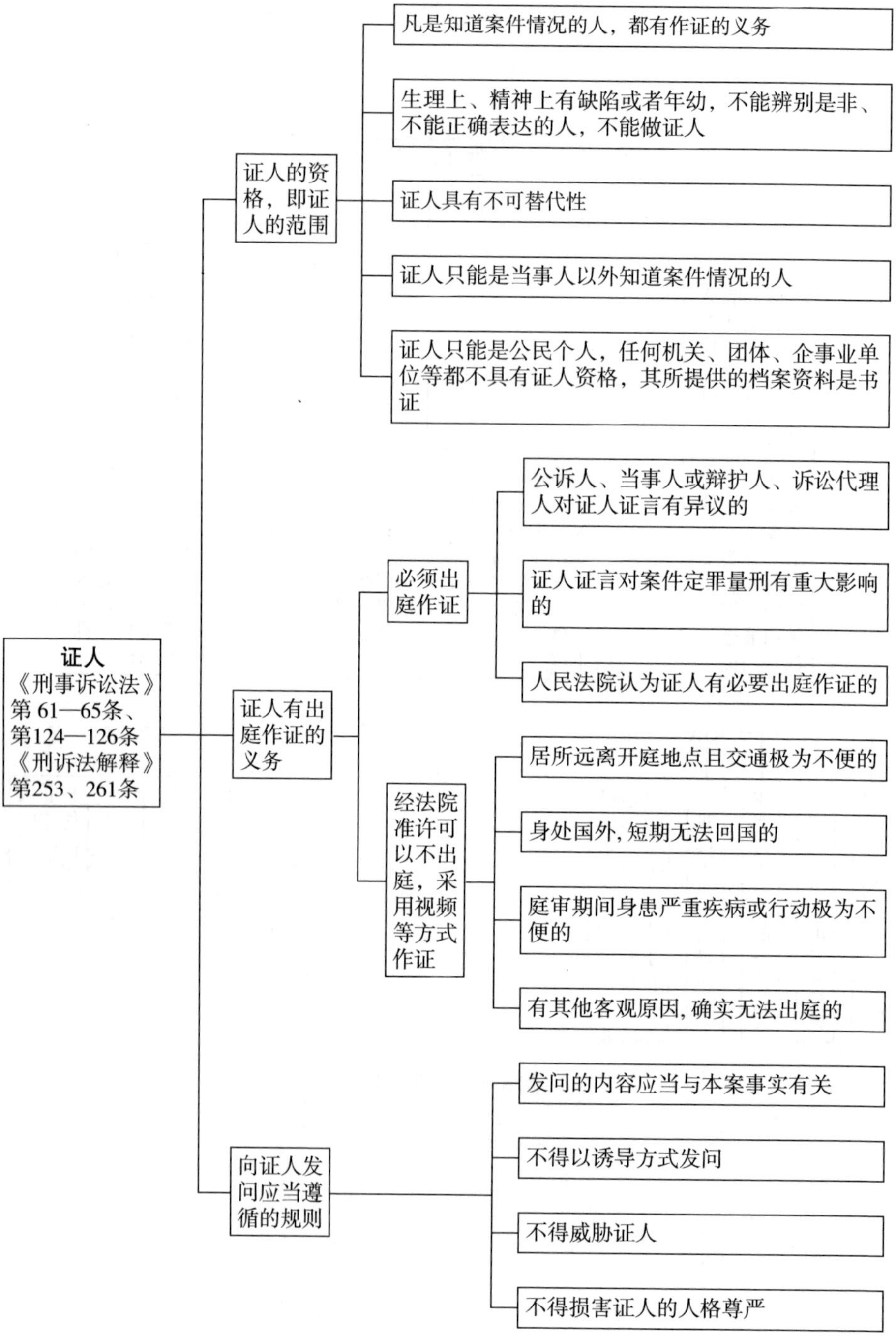
证人
《刑事诉讼法》
第61—65条、
第124—126条
《刑诉法解释》
第253、261条
证人的资格，即证人的范围
凡是知道案件情况的人，都有作证的义务
生理上、精神上有缺陷或者年幼，不能辨别是非、不能正确表达的人，不能做证人
证人具有不可替代性
证人只能是当事人以外知道案件情况的人
证人只能是公民个人，任何机关、团体、企事业单位等都不具有证人资格，其所提供的档案资料是书证
证人有出庭作证的义务
必须出庭作证
公诉人、当事人或辩护人、诉讼代理人对证人证言有异议的
证人证言对案件定罪量刑有重大影响的
人民法院认为证人有必要出庭作证的
经法院准许可以不出庭，采用视频等方式作证
居所远离开庭地点且交通极为不便的
身处国外，短期无法回国的
庭审期间身患严重疾病或行动极为不便的
有其他客观原因，确实无法出庭的
向证人发问应当遵循的规则
发问的内容应当与本案事实有关
不得以诱导方式发问
不得威胁证人
不得损害证人的人格尊严

图 5.6　证人

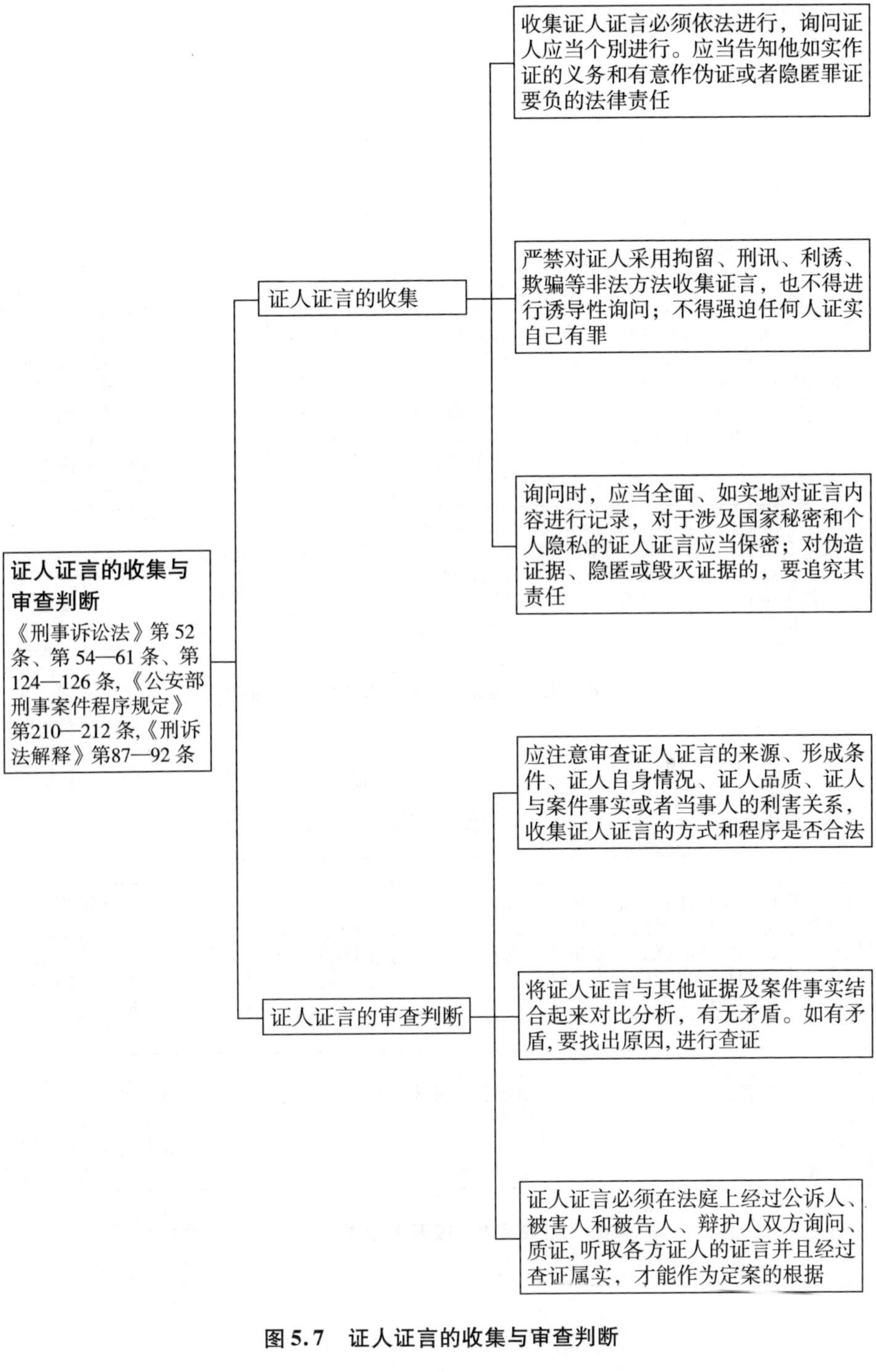

图 5.7　证人证言的收集与审查判断

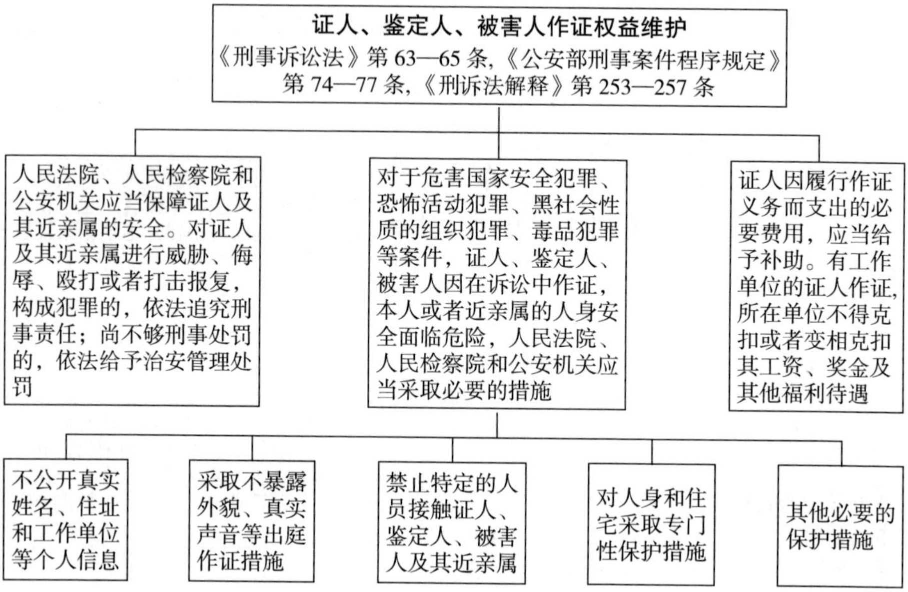

图5.8　证人、鉴定人、被害人作证权益维护

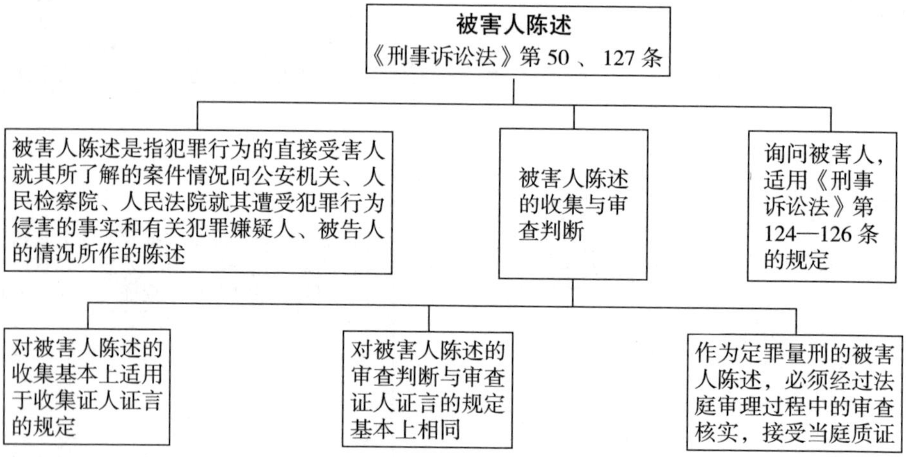

图5.9　被害人陈述

图 5.10　犯罪嫌疑人、被告人的供述和辩解

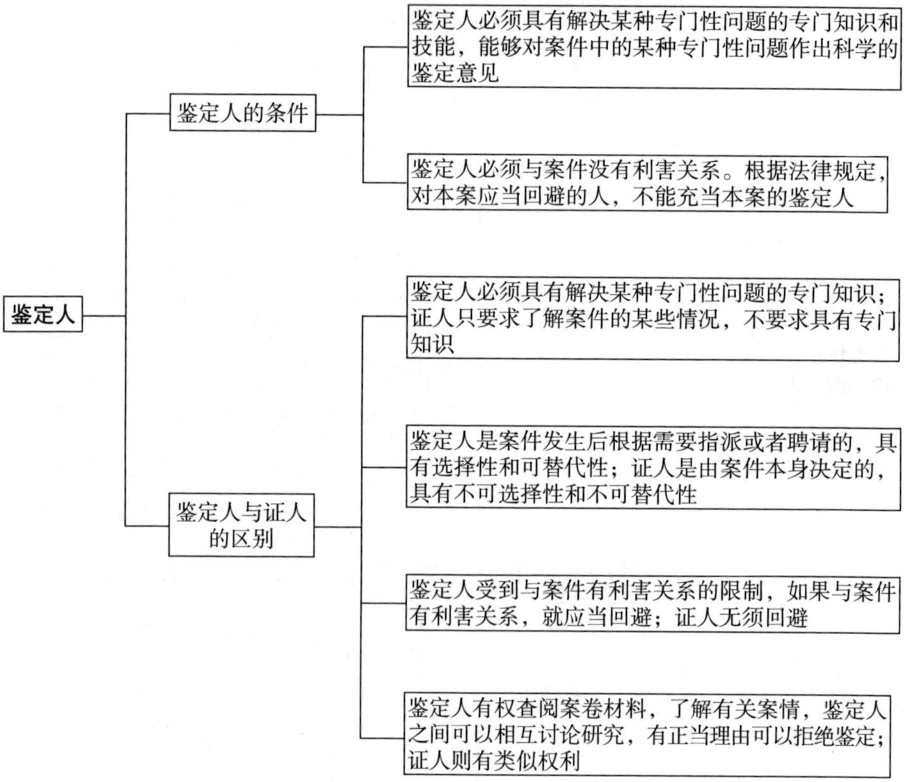
鉴定人
鉴定人的条件
鉴定人必须具有解决某种专门性问题的专门知识和技能，能够对案件中的某种专门性问题作出科学的鉴定意见
鉴定人必须与案件没有利害关系。根据法律规定，对本案应当回避的人，不能充当本案的鉴定人
鉴定人与证人的区别
鉴定人必须具有解决某种专门性问题的专门知识；证人只要求了解案件的某些情况，不要求具有专门知识
鉴定人是案件发生后根据需要指派或者聘请的，具有选择性和可替代性；证人是由案件本身决定的，具有不可选择性和不可替代性
鉴定人受到与案件有利害关系的限制，如果与案件有利害关系，就应当回避；证人无须回避
鉴定人有权查阅案卷材料，了解有关案情，鉴定人之间可以相互讨论研究，有正当理由可以拒绝鉴定；证人则有类似权利

图 5.11　鉴定人

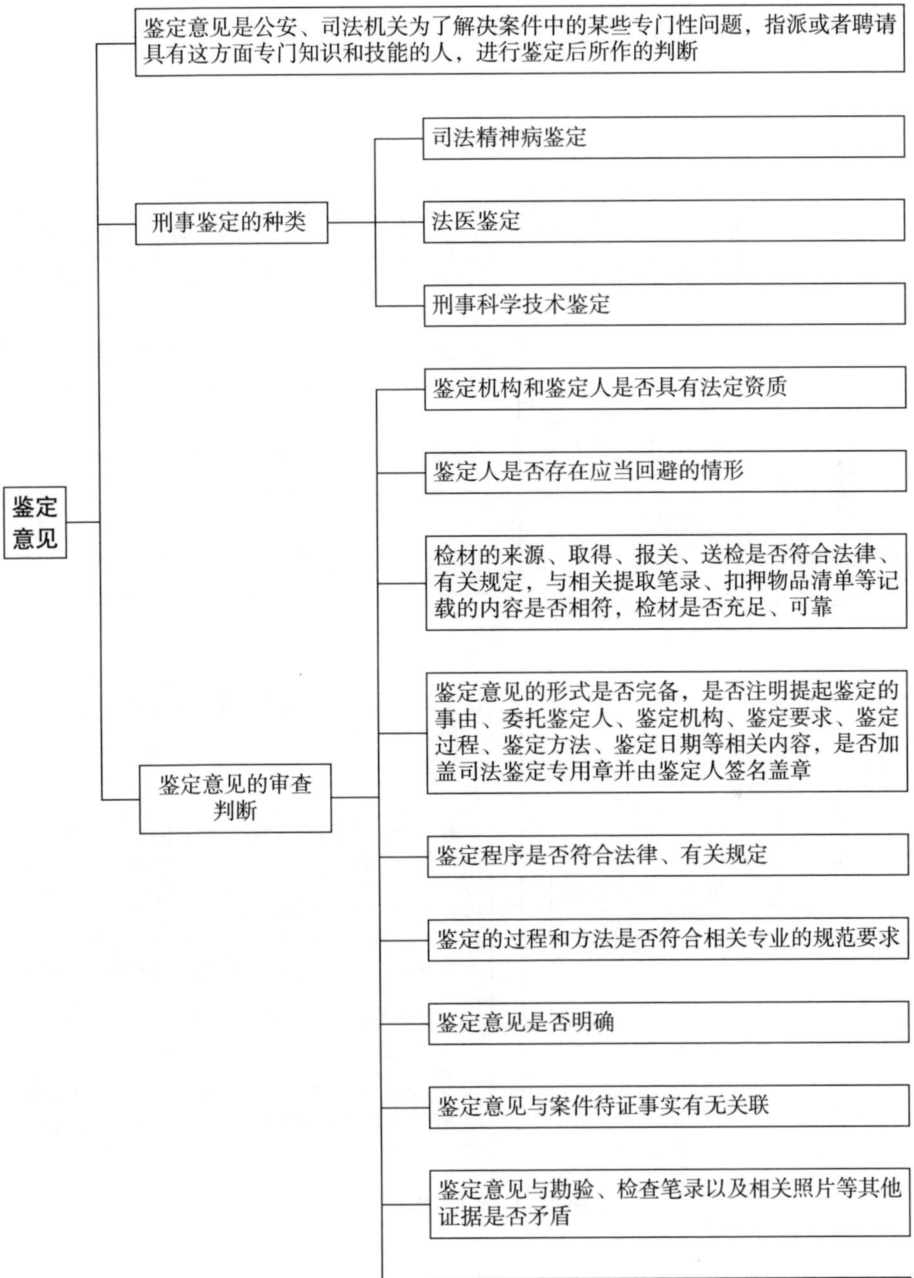
鉴定意见
鉴定意见是公安、司法机关为了解决案件中的某些专门性问题，指派或者聘请具有这方面专门知识和技能的人，进行鉴定后所作的判断
刑事鉴定的种类
司法精神病鉴定
法医鉴定
刑事科学技术鉴定
鉴定意见的审查判断
鉴定机构和鉴定人是否具有法定资质
鉴定人是否存在应当回避的情形
检材的来源、取得、报关、送检是否符合法律、有关规定，与相关提取笔录、扣押物品清单等记载的内容是否相符，检材是否充足、可靠
鉴定意见的形式是否完备，是否注明提起鉴定的事由、委托鉴定人、鉴定机构、鉴定要求、鉴定过程、鉴定方法、鉴定日期等相关内容，是否加盖司法鉴定专用章并由鉴定人签名盖章
鉴定程序是否符合法律、有关规定
鉴定的过程和方法是否符合相关专业的规范要求
鉴定意见是否明确
鉴定意见与案件待证事实有无关联
鉴定意见与勘验、检查笔录以及相关照片等其他证据是否矛盾
鉴定意见是否依法及时告知相关人员，当事人对鉴定意见有无异议

图 5.12　鉴定意见

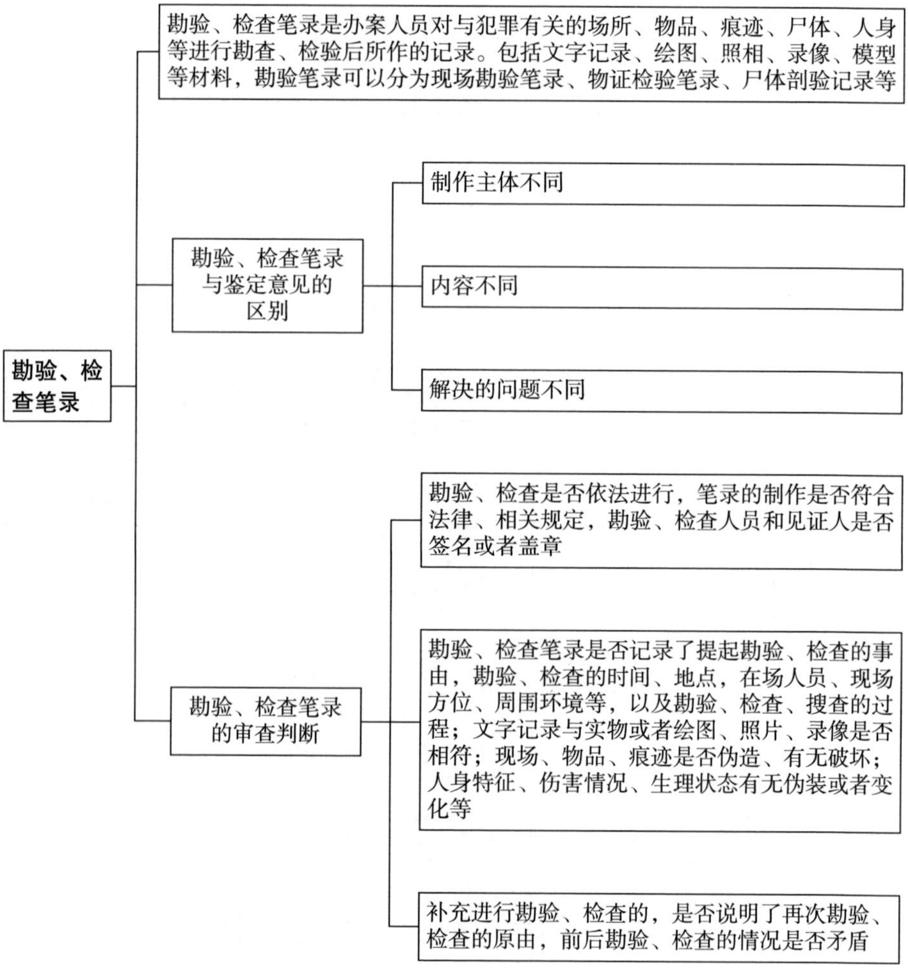
勘验、检查笔录
勘验、检查笔录是办案人员对与犯罪有关的场所、物品、痕迹、尸体、人身等进行勘查、检验后所作的记录。包括文字记录、绘图、照相、录像、模型等材料，勘验笔录可以分为现场勘验笔录、物证检验笔录、尸体剖验记录等
勘验、检查笔录与鉴定意见的区别
制作主体不同
内容不同
解决的问题不同
勘验、检查笔录的审查判断
勘验、检查是否依法进行，笔录的制作是否符合法律、相关规定，勘验、检查人员和见证人是否签名或者盖章
勘验、检查笔录是否记录了提起勘验、检查的事由，勘验、检查的时间、地点，在场人员、现场方位、周围环境等，以及勘验、检查、搜查的过程；文字记录与实物或者绘图、照片、录像是否相符；现场、物品、痕迹是否伪造、有无破坏；人身特征、伤害情况、生理状态有无伪装或者变化等
补充进行勘验、检查的，是否说明了再次勘验、检查的原由，前后勘验、检查的情况是否矛盾

图 5.13　勘验、检查笔录

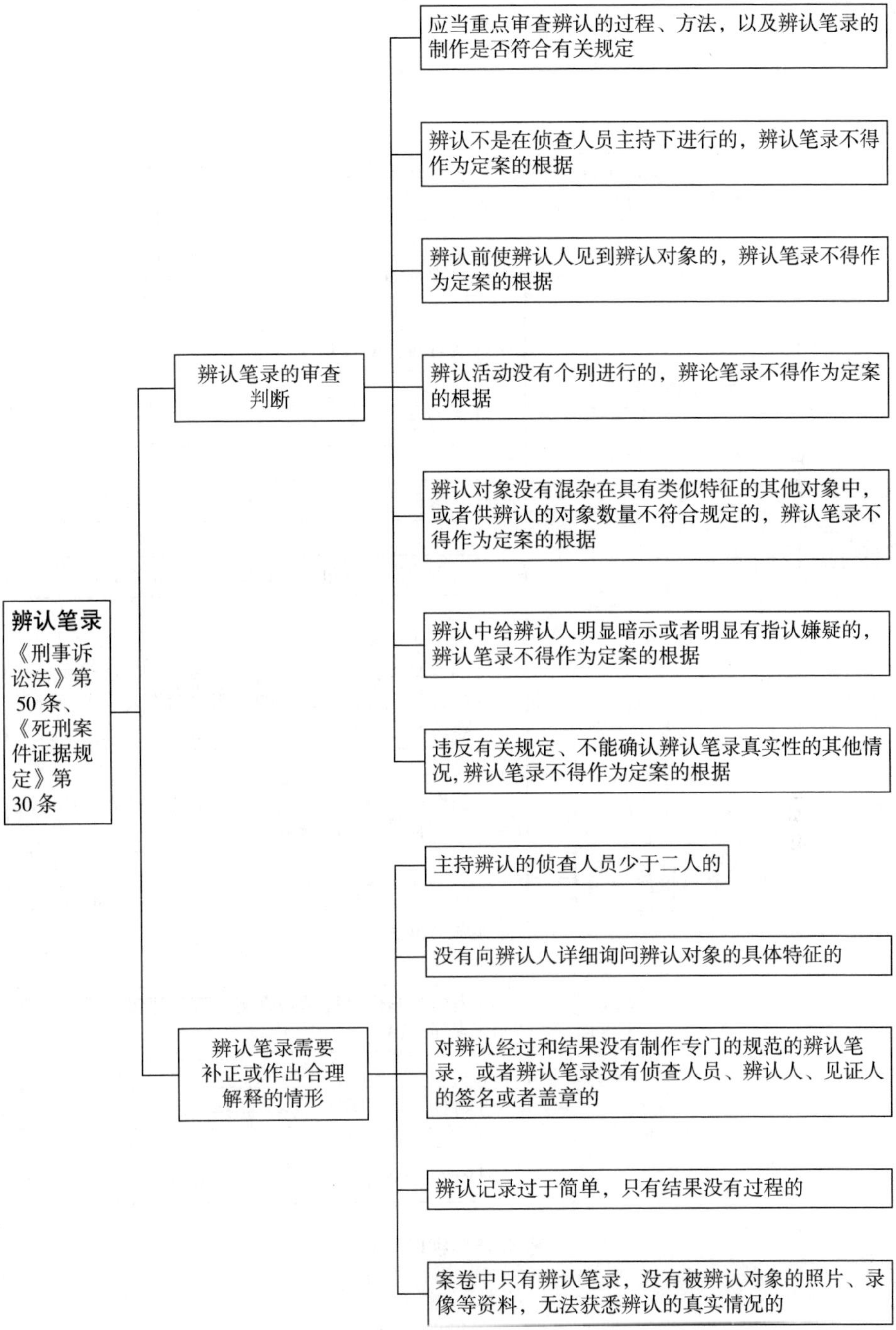
辨认笔录
《刑事诉讼法》第50条、《死刑案件证据规定》第30条
辨认笔录的审查判断
应当重点审查辨认的过程、方法，以及辨认笔录的制作是否符合有关规定
辨认不是在侦查人员主持下进行的，辨认笔录不得作为定案的根据
辨认前使辨认人见到辨认对象的，辨认笔录不得作为定案的根据
辨认活动没有个别进行的，辨论笔录不得作为定案的根据
辨认对象没有混杂在具有类似特征的其他对象中，或者供辨认的对象数量不符合规定的，辨认笔录不得作为定案的根据
辨认中给辨认人明显暗示或者明显有指认嫌疑的，辨认笔录不得作为定案的根据
违反有关规定、不能确认辨认笔录真实性的其他情况，辨认笔录不得作为定案的根据
辨认笔录需要补正或作出合理解释的情形
主持辨认的侦查人员少于二人的
没有向辨认人详细询问辨认对象的具体特征的
对辨认经过和结果没有制作专门的规范的辨认笔录，或者辨认笔录没有侦查人员、辨认人、见证人的签名或者盖章的
辨认记录过于简单，只有结果没有过程的
案卷中只有辨认笔录，没有被辨认对象的照片、录像等资料，无法获悉辨认的真实情况的

图 5.14　辨认笔录

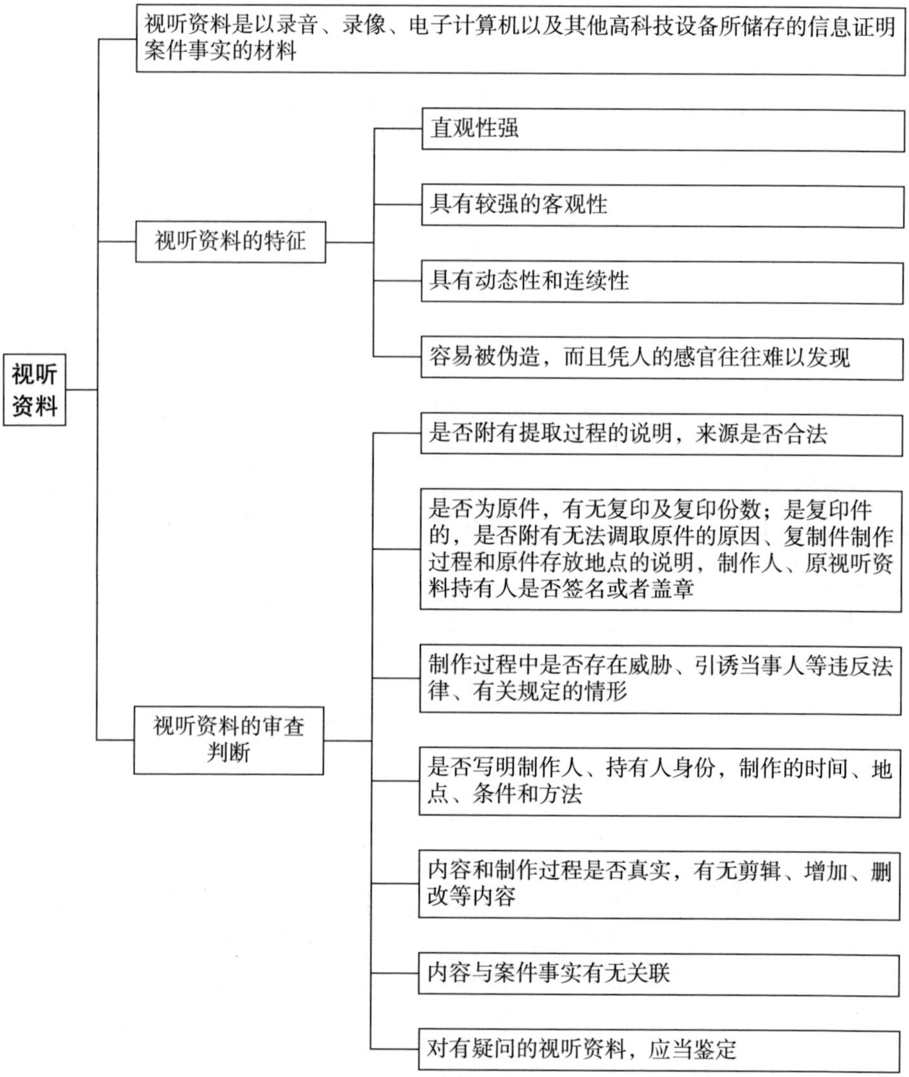
视听资料
视听资料是以录音、录像、电子计算机以及其他高科技设备所储存的信息证明案件事实的材料
视听资料的特征
直观性强
具有较强的客观性
具有动态性和连续性
容易被伪造，而且凭人的感官往往难以发现
视听资料的审查判断
是否附有提取过程的说明，来源是否合法
是否为原件，有无复印及复印份数；是复印件的，是否附有无法调取原件的原因、复制件制作过程和原件存放地点的说明，制作人、原视听资料持有人是否签名或者盖章
制作过程中是否存在威胁、引诱当事人等违反法律、有关规定的情形
是否写明制作人、持有人身份，制作的时间、地点、条件和方法
内容和制作过程是否真实，有无剪辑、增加、删改等内容
内容与案件事实有无关联
对有疑问的视听资料，应当鉴定

图 5.15　视听资料

- **电子数据的审查判断**
  《刑事诉讼法》第50条、《刑诉法解释》第110—115条
  - 真实性审查
    - 是否移送原始存储介质；在原始存储介质无法封存、不便移动时，有无说明原因，并注明收集、提取过程及原始存储介质的存放地点或者电子数据的来源等情况
    - 是否具有数字签名、数字证书等特殊标识
    - 收集、提取的过程是否可以重现
    - 如有增加、删除、修改等情形，是否附有说明
    - 完整性是否可以保证
  - 完整性审查
    - 审查原始存储介质的扣押、封存状态
    - 审查电子数据的收集、提取过程，查看录像
    - 比对电子数据完整性校验值
    - 与备份的电子数据进行比较
    - 审查冻结后的访问操作日志
  - 合法性审查
    - 收集、提取电子数据是否由2名以上调查人员、侦查人员进行，取证方法是否符合相关技术标准
    - 收集、提取电子数据，是否附有笔录、清单，并经调查人员、侦查人员、电子数据持有人、提供人、见证人签名或者盖章；没有签名或者盖章的，是否注明原因；对电子数据的类别、文件格式等是否注明清楚
    - 是否依照有关规定由符合条件的人员担任见证人，是否对相关活动进行录像
    - 采用技术调查、侦查措施收集、提取电子数据的，是否依法经过严格的批准手续
    - 进行电子数据检查的，检查程序是否符合有关规定
  - 经补正或者作出合理解释的，可以采用
    - 未以封存状态移送的
    - 笔录或者清单上没有调查人员或者侦查人员、电子数据持有人、提供人、见证人签名或者盖章的
    - 对电子数据的名称、类别、格式等注明不清的
    - 有其他瑕疵的
  - 不得作为定案的根据
    - 系篡改、伪造或者无法确定真伪的
    - 有增加、删除、修改等情形，影响电子数据真实性的
    - 其他无法保证电子数据真实性的情形

图 5.16　电子数据的审查判断

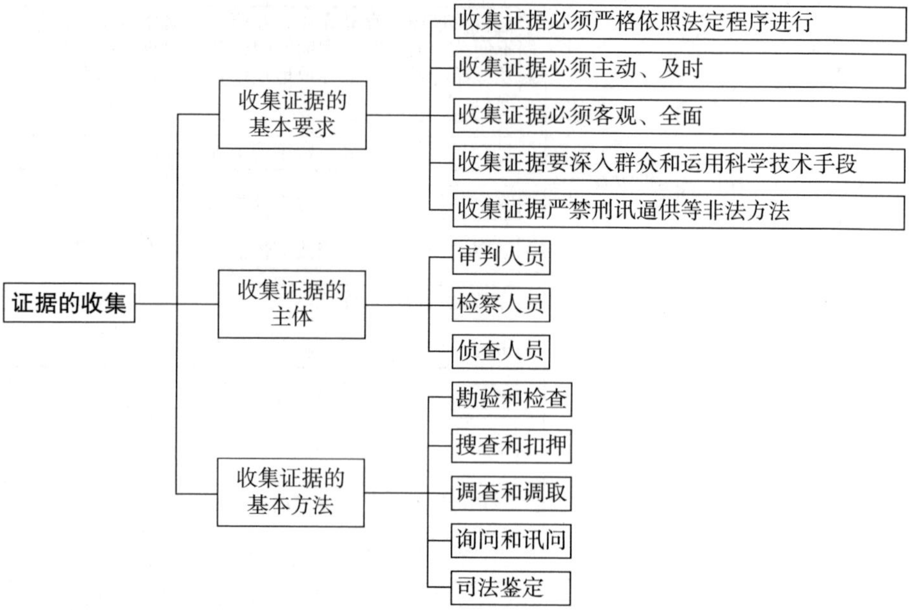

图 5.17 证据的收集

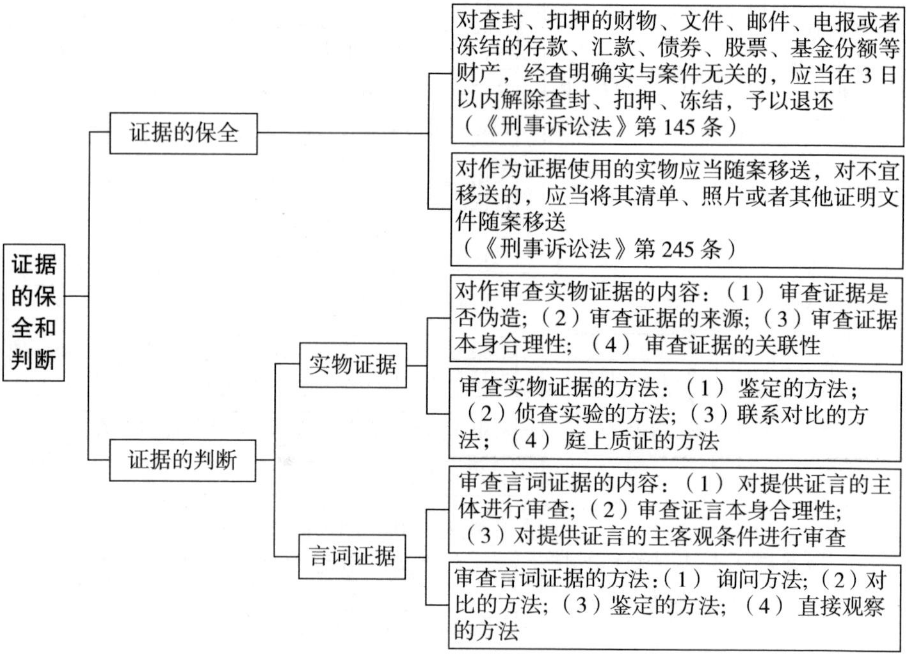

图 5.18 证据的保全和判断

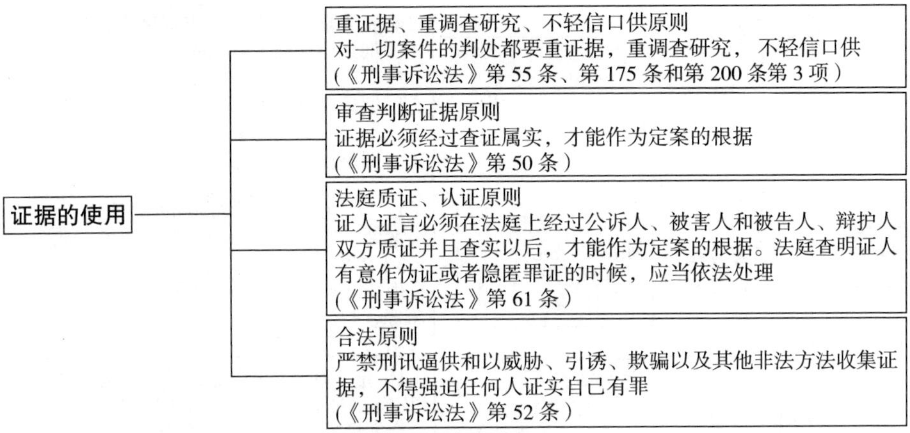

图5.19　证据的使用

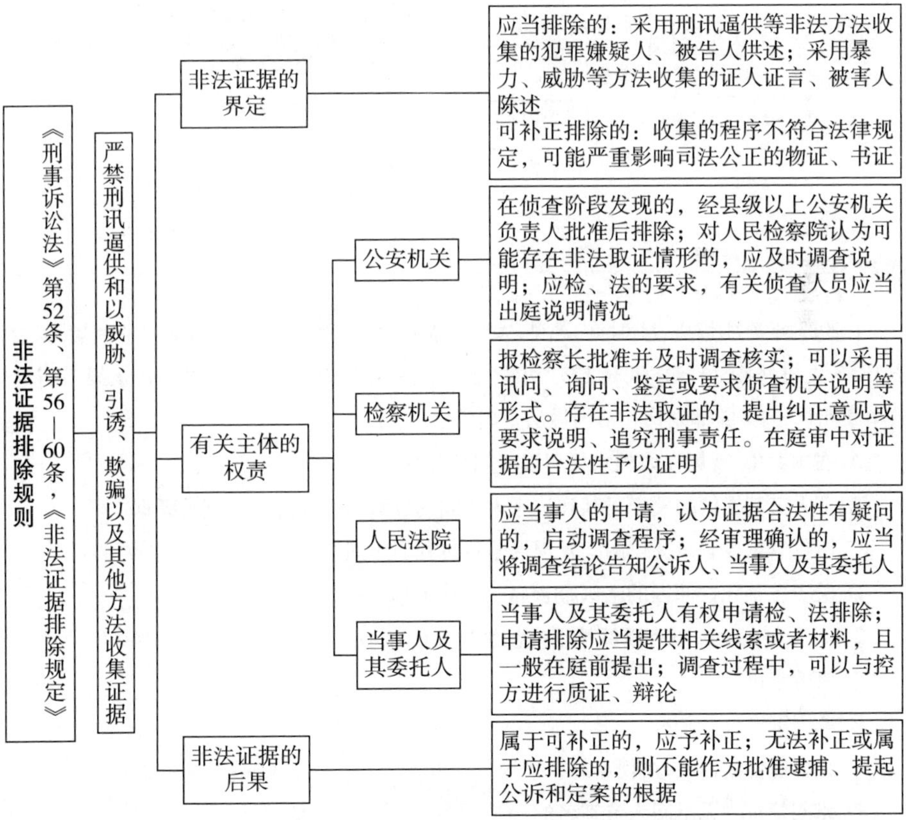

图5.20　非法证据排除规则

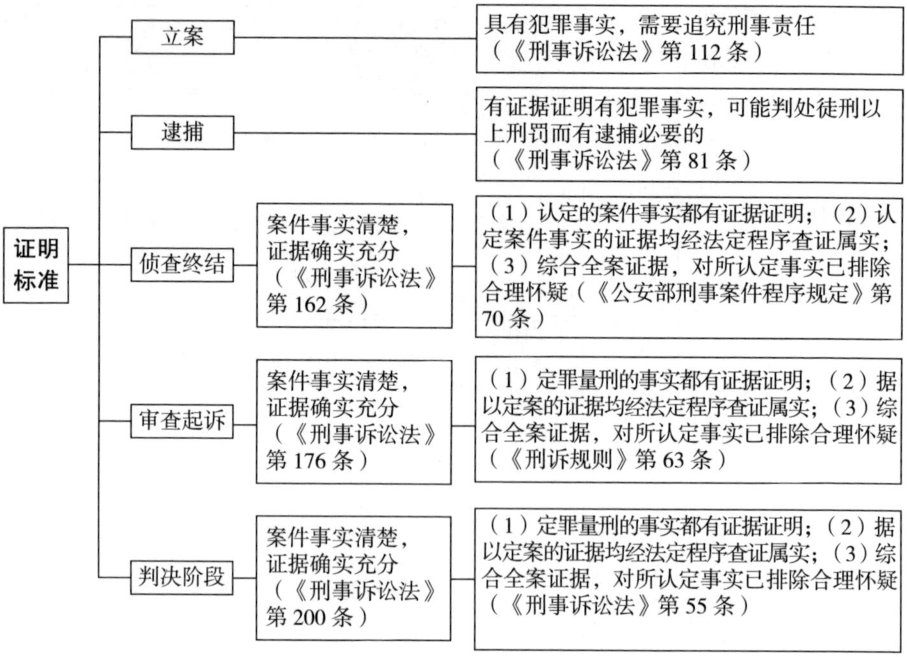

图 5.21 证明标准

课后习题

1. 2023 年 7 月 17 日 11 时许,苏某(女,51 岁)、白某(女,41 岁)及白某儿子牟某(男,21 岁)等 3 人与冯某(男,54 岁)因经营纠纷,在重庆一麻将馆发生争执,冯某持水果刀行凶,致牟某死亡、白某腿部划伤。下列说法正确的是(　　)。

A. 在本案中,现场提取的水果刀属于间接证据

B. 证人王某提供的关于冯某和被害人之间的经营纠纷经过属于直接证据

C. 麻将馆老板唐某提供的案发现场争执过程属于间接证据

D. 关于牟某死亡原因的法医报告属于直接证据

2. 关于讯问笔录,下列哪些情形应当被排除(　　)?

A. 疲劳审讯

B. 单人审讯

C. 无合理合法理由,在规定的办案场所外审讯

D. 讯问笔录中无讯问人员签名的

3. 下列说法错误的是(　　)。

A. 讯问未成年犯罪嫌疑人时,其法定代理人或者合适成年人需要在场

B. 对被害人陈述的审查判断与审查证人证言的规定基本上相同

C. 以不符合法律规定的程序收集的证人证言,经补正,可不予排除

D. 对电子数据的名称、类别、格式等注明不清的,经补正或者作出合理解释的,可以采用

第六章　刑事强制措施

学习要点

本章对刑事强制措施的有关问题作了系统的阐述。学习本章应掌握以下要点:(1)刑事强制措施概述;(2)拘传的适用;(3)取保候审和监视居住的适用;(4)刑事拘留的适用;(5)逮捕的适用;(6)扭送和传唤。

案例一

案情简介

某年10月8日某市凤城区派出所接到报案,称在该派出所附近有人拦路抢劫,派出所干警迅速出动。根据当事人的指认,当场将又欲抢劫的李某抓获。派出所所长签发了拘留证对李某实施了拘留,并于当晚对李某进行了讯问,公安机关认为李某不仅有当晚抢劫的事实,还有多次抢劫的作案嫌疑,遂于10月13日提请人民检察院审查批准逮捕。人民检察院经审查后认为证据不足,于10月22日决定不批准逮捕并作出了补充侦查的决定。公安机关接到补充侦查的决定后,抓紧对被继续关押的李某进行讯问并进而收集了其他证据。当公安机关再次提请审查批捕时,人民检察院于4日后作出了批准逮捕的决定。公安机关在接到决定后立即向李某出示了逮捕证,并通知了李某的家属。

在李某被关押期间,公安机关对其犯罪情况继续侦查。而此时,李某患上了急性肝炎,呕吐不止。李某的家属为其申请取保候审,公安机关同意了李某家属的申请,并要求家属作为担保人,在交纳了2000元的保证金后李某被取保候审,住院接受治疗。

思考问题

公安机关和检察机关对李某采取强制措施的过程中有哪些不符合程序规定的行为？

参考意见

1. 公安机关拘留犯罪嫌疑人李某的程序不正确。根据《公安部刑事案件程序规定》第125条的规定，拘留犯罪嫌疑人，应当填写呈请拘留报告书，经县级以上公安机关负责人批准，制作拘留证。而本案中，由派出所所长签发对李某的拘留，签发主体不合法。

2. 公安机关拘留犯罪嫌疑人李某后的处理方式不符合程序规定。根据《刑事诉讼法》第85条和《公安部刑事案件程序规定》的规定，拘留犯罪嫌疑人后，应当立即将被拘留人送看守所羁押，最迟不得超过24小时。除无法通知或者涉嫌危害国家安全犯罪、恐怖活动犯罪通知可能有碍侦查的情形以外，应当在拘留后24小时以内，制作拘留通知书，并通知被拘留人的家属。对于没有在24小时以内通知家属的，应当在拘留通知书中注明原因。在本案中，公安机关在对李某实施拘留后，并没有在24小时内将被拘留人送看守所羁押，也没在24小时内通知被拘留人的家属。

3. 人民检察院审查批捕的程序不正确。根据《刑事诉讼法》第91条第3款的规定，人民检察院应当自接到公安机关提请批准逮捕书后的7日以内，作出批准逮捕或者不批准逮捕的决定。《刑诉规则》第285条规定，人民检察院作出不批准逮捕决定的，应当说明理由，连同案卷材料送达公安机关执行。需要补充侦查的，应当同时通知公安机关。因此，人民检察院的审查批捕法定期限是7日，而本案中审查批捕时间为9天，超过了法定期限。另外，检察机关作出不批准逮捕决定后，对于需要补充侦查的，同时通知公安机关即可。

4. 公安机关收到不批准逮捕决定后的处理方式不正确。根据《刑事诉讼法》第91、92条的规定，公安机关在收到人民检察院不批准逮捕的决定后，可以要求复议，但是必须将被拘留的人立即释放。对于需要继续侦查的，并且符合取保候审、监视居住条件的，依法取保候审或者监视居住。同时，《公安部刑事案件程序规定》第140条也规定，“对于人民检察院不批准逮捕的，公安机关在收到不批准逮捕决定书后，如果犯罪嫌疑人已被拘留的，应当立即释放，发给释放证明书，并在执行完毕后三日以内将执行回执送达作出不批准逮捕决定的人民检察院”。因此，本案中，公安机关在接到检察机关不批准逮捕决定后，应当立即释放犯罪嫌疑人李某,而不应继续对其进行羁押。

5. 公安机关采取取保候审过程中有违法情况。根据《刑事诉讼法》第68条的规定,公安机关决定对犯罪嫌疑人、被告人取保候审的,应当责令其提出保证人或者交纳保证金。《公安部刑事案件程序规定》对同一犯罪嫌疑人决定取保候审,不得同时使用保证人保证和保证金保证两种方式。因此,本案中,公安机关对李某采取取保候审后,既要求家属作为担保人,又要求其交纳2000元的保证金,这样的做法显然是违法的。

案例二

案情简介

2013年6月21日上午,江苏省南京市江宁区泉水新村2名幼女被发现在家中死亡。2名幼女,一名1岁,另一名2岁。被发现时,2名幼女的尸体已经呈现风干状态,内脏也分化消失,而且尸体上有蛆的蛹壳。经过法医的鉴定,2名幼女无机械性损伤和常见毒物致死的依据,不排除其因脱水、饥饿、疾病等因素衰竭死亡。

两名幼女的母亲名叫乐某,22岁,有吸毒史;2012年因吸毒被公安机关治安处罚,后因处于哺乳期而不予执行。2名幼女的父亲名叫李某斌,当时因犯罪正在监狱服刑。2名幼女由乐某本人抚养,但事发后,乐某下落不明。据乐某一家的邻居透露,乐某及李某斌经常不回家,而出门时则并将2名幼女单独放在家中,也不在家准备食物和水,导致2名幼女经常哭着喊饿、敲门找妈妈。因为缺钱,乐某也不常为2个孩子换尿不湿,导致2个孩子下体溃烂。

6月21日晚间,乐某在一家汉堡店内被公安机关找到,发现时乐某已怀有身孕。8月,乐某因涉嫌故意杀人罪被江宁警方刑事拘留。9月6日,乐某因涉嫌故意杀人罪被江苏省南京市检察机关提起公诉。因其怀孕3个月,江苏省南京市检察机关决定对其适用监视居住。9月18日,该案在江苏省南京市中级人民法院公开开庭审理,法院作出一审判决:被告人乐某犯故意杀人罪,判处无期徒刑,剥夺政治权利终身。

思考问题

本案中,检察机关对乐某决定适用监视居住,是否符合《刑事诉讼法》的规定?

参考意见

监视居住,是指公安机关、人民检察院和人民法院限令犯罪嫌疑人、被告人在规定的期限内不得离开住所或指定的居所,限制其人身自由的一种强制方法。根据我国《刑事诉讼法》第 74 条的规定,符合逮捕条件,可以对犯罪嫌疑人、被告人采取监视居住的情形是:(1)患有严重疾病、生活不能自理的;(2)怀孕或者正在哺乳自己婴儿的妇女;(3)系生活不能自理的人的唯一抚养人;(4)因为案件的特殊情况或者办理案件的需要,采取监视居住措施更为适宜的;(5)羁押期限届满,案件尚未办结,需要采取监视居住措施的。

本案中,身为两名幼女的母亲,乐某对其负有法定的抚养义务。在明知两个年幼的被害人无人抚养照料,不尽抚养义务必将会导致两被害人因缺少食物和饮水而死亡的情况下,乐某却仍然将两被害人置于封闭房间内,仅留下了少量食物和饮水,并离家长达一个多月,从而导致两被害人因无人照料饥渴而死。在主观上,乐某具有放任被害人死亡的间接故意,在客观上造成两被害人死亡的结果。因此,乐某的行为已经涉嫌构成故意杀人罪。然而,在乐某被警方发现时,已经怀有身孕。因此,检察机关在提起公诉的同时,考虑到乐某怀有身孕的特殊情况,决定对其采取逮捕的替代性措施,既符合我国《刑事诉讼法》的规定,也充分体现了《刑事诉讼法》对特殊人群的人道关怀和人权保障。

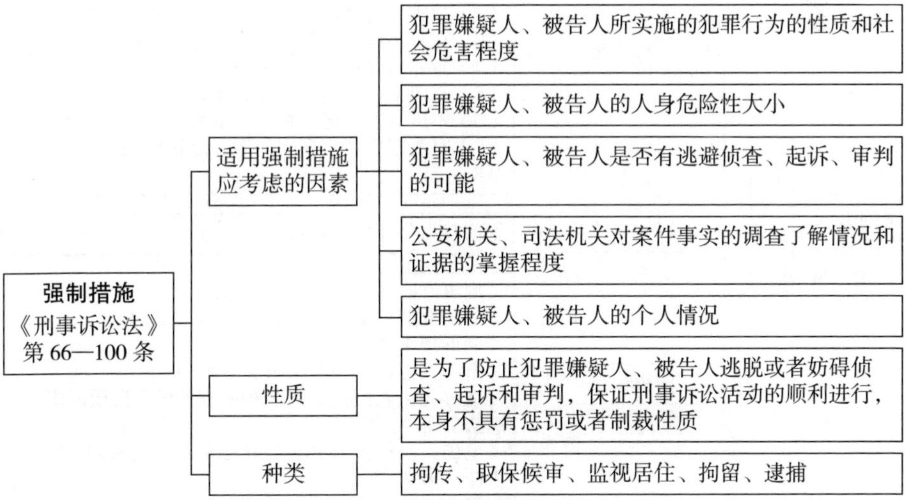

图 6.1　强制措施

- **逮捕**《刑事诉讼法》第80、81条
  - 批准和决定权
    - 逮捕的决定权和批准权只属于人民检察院和人民法院
  - 执行权
    - 逮捕的执行权属于公安机关
  - 适用的条件
    - 有证据证明有犯罪事实，可能判处徒刑以上刑罚，采取取保候审尚不足以防止发生下列社会危险性的，应当予以逮捕：（1）可能实施新的犯罪的；（2）有危害国家安全、公共安全或者社会秩序的现实危险的；（3）可能毁灭、伪造证据，干扰证人作证或者串供的；（4）可能对被害人、举报人、控告人实施打击报复的；（5）企图自杀或者逃跑的
    - 有证据证明有犯罪事实，可能判处10年有期徒刑以上刑罚的，或者有证据证明有犯罪事实,可能判处徒刑以上刑罚，曾经故意犯罪或者身份不明的
    - 被取保候审、监视居住的犯罪嫌疑人、被告人违反取保候审、监视居住规定，情节严重的

图6.2　逮捕

- **拘留**《刑事诉讼法》第80、83、85、86条
  - 先行拘留
    - 有下列情形之一的，可先行拘留：
      （1）正在预备犯罪、实行犯罪或者犯罪后即时被发觉的；
      （2）被害人或者在场亲眼看见的人指认他犯罪的；
      （3）在身边或者住处发现有犯罪证据的；
      （4）犯罪后企图自杀、逃跑或者在逃的；
      （5）有毁灭、伪造证据或者串供可能的；
      （6）不讲真实姓名、住址，身份不明的；
      （7）有流窜作案、多次作案、结伙作案重大嫌疑的
  - 行使主体
    - 拘留权由公安机关和检察机关行使
  - 拘留程序
    - 《刑事诉讼法》第85 、86条;
      《公安部刑事案件程序规定》第124—128条;
      《刑诉规则》第122—126条;
      《全国人民代表大会组织法》第49条;
      《地方各级人民代表大会和地方各级人民政府组织法》第40条;
      《全国人民代表大会和地方各级人民代表大会代表法》第32条

图6.3　拘留

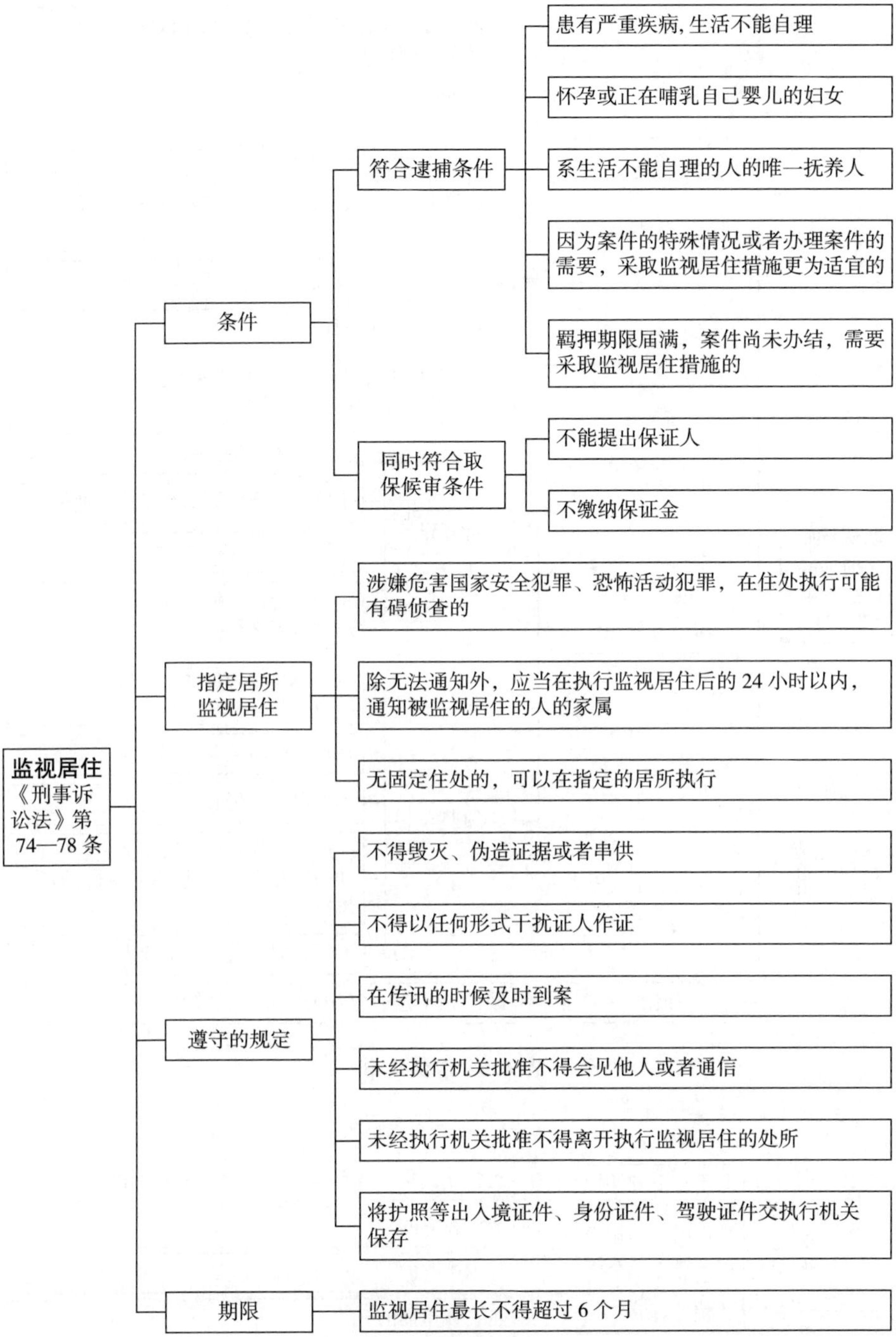
监视居住
《刑事诉讼法》第74—78条
条件
符合逮捕条件
患有严重疾病，生活不能自理
怀孕或正在哺乳自己婴儿的妇女
系生活不能自理的人的唯一抚养人
因为案件的特殊情况或者办理案件的需要，采取监视居住措施更为适宜的
羁押期限届满，案件尚未办结，需要采取监视居住措施的
同时符合取保候审条件
不能提出保证人
不缴纳保证金
指定居所监视居住
涉嫌危害国家安全犯罪、恐怖活动犯罪，在住处执行可能有碍侦查的
除无法通知外，应当在执行监视居住后的24小时以内，通知被监视居住的人的家属
无固定住处的，可以在指定的居所执行
遵守的规定
不得毁灭、伪造证据或者串供
不得以任何形式干扰证人作证
在传讯的时候及时到案
未经执行机关批准不得会见他人或者通信
未经执行机关批准不得离开执行监视居住的处所
将护照等出入境证件、身份证件、驾驶证件交执行机关保存
期限
监视居住最长不得超过6个月

图 6.4　监视居住

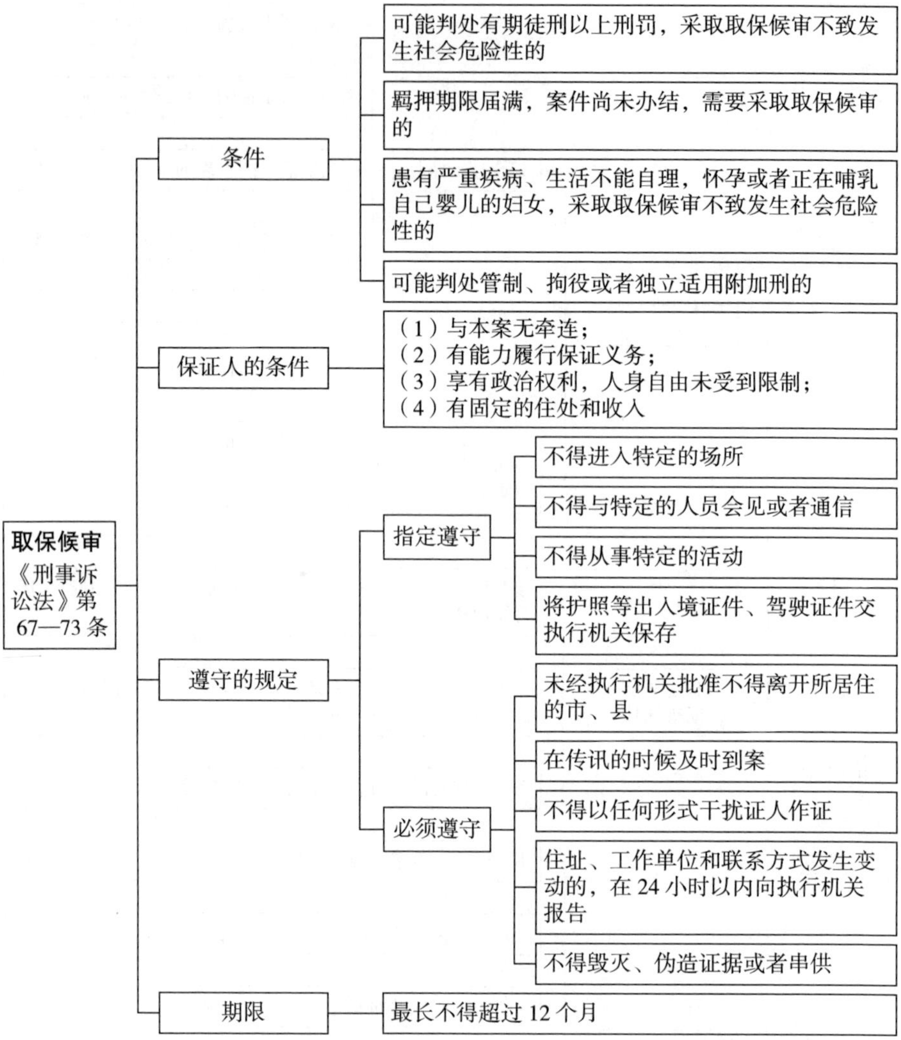

图6.5　取保候审

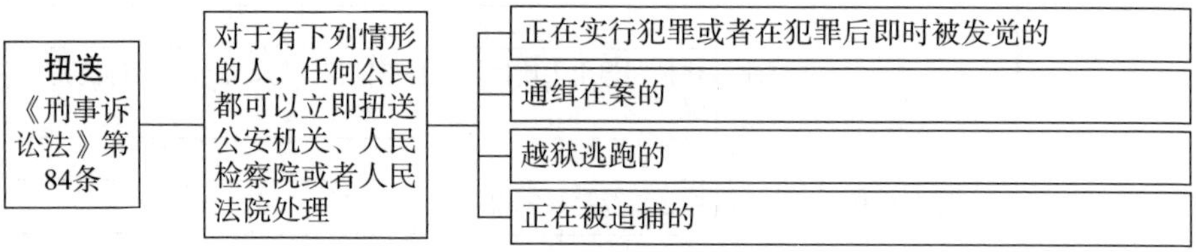

图6.6　扭送

课后习题

1. 犯罪嫌疑人薛某在侦查期间被查出患有传染性乙肝，侦查机关决定对其监视居住，在监视居住期间，薛某发生下列哪种情况，且情节严重的，侦查机关即可以对其逮捕(　　)。

A. 经执行机关批准会见其昔日的朋友

B. 在侦查机关传讯时及时到案

C. 指使其妻子威胁证人李某作假证

D. 经执行机关批准离开居所探望父母

2. 下列关于传唤、拘传的说法正确的是(　　)。

A. 传唤、拘传时是否给被传唤人饮食和必要的休息时间视犯罪嫌疑人供述情况而定

B. 侦查人员对在现场发现的犯罪嫌疑人，可以不经出示工作证件进行口头传唤

C. 任何情况下，传唤、拘传最长不得超过 12 小时

D. 不得以连续传唤、拘传的形式变相拘禁犯罪嫌疑人

3. 段某因涉嫌恐怖活动犯罪被公安机关指定居所执行监视居住，指定执行的处所可以是下列哪一处？(　　)

A. 看守所　　B. 留置室

C. 公安机关专门的办案场所　　D. 五星级酒店

课程链接

第七章　刑事附带民事诉讼

学习要点

本章对刑事附带民事诉讼的有关问题作了系统的阐述。学习本章应掌握以下知识要点:(1)刑事附带民事诉讼的概念和特点;(2)刑事附带民事诉讼的历史沿革;(3)刑事附带民事诉讼的意义;(4)刑事附带民事诉讼的当事人;(5)刑事附带民事诉讼的赔偿范围;(6)刑事附带民事诉讼的审理原则;(7)刑事附带民事诉讼的审理程序。

案例一

案情简介

马某强、郭某曾系山东天某能源股份有限公司(以下简称天某公司)员工。2017年10月,马某强从天某公司离职后借用他人身份成立山东福某达环保工程有限公司(以下简称福某达公司)。马某强实际控制、经营该公司,并聘用郭某任技术总监。2017年10月至2018年8月间,郭某违反保密协议和保密规定,在福某达公司使用天某公司的技术信息生产、经营与天某公司同类的流化床干燥装置,所得违法收入均进入福某达公司账户。

2019年4月16日,山东省济南市公安局高新技术产业开发区分局以犯罪嫌疑人马某强、郭某涉嫌侵犯商业秘密罪,移送山东省济南市高新技术产业开发区人民检察院(以下简称高新区检察院)审查起诉。高新区检察院综合审查全案证据,追加认定福某达公司涉嫌单位犯罪。

2019年10月14日,高新区检察院以侵犯商业秘密罪对被告单位福某达公司以及被告人马某强、郭某提起公诉。2020年6月10日,天某公司提起刑事附带民事诉讼。同年8月3日,山东省济南市高新技术产业开发区人民法院作出刑事附带民事一审判决，以侵犯商业秘密罪判处被告单位福某达公司罚金人民币30万元；分别判处被告人马某强、郭某有期徒刑4年和3年6个月，并处罚金人民币6万元和5万元；判决福某达公司赔偿天某公司经济损失人民币480余万元，马某强、郭某负连带赔偿责任。一审判决后，被告单位和2名被告人均提出上诉。二审期间，检察机关促成2名被告人自愿认罪认罚，福某达公司与天某公司在二审开庭前签订谅解协议书，主动赔偿权利人经济损失。2021年4月2日，山东省济南市中级人民法院以谅解协议书内容为基础，作出刑事附带民事调解书。二审法院将达成民事调解作为量刑上的酌定从轻情节予以考虑，于2021年6月4日作出二审判决，以侵犯商业秘密罪判处被告单位福某达公司罚金人民币30万元；分别判处被告人马某强、郭某有期徒刑3年缓刑4年和有期徒刑3年缓刑3年，并处罚金人民币6万元和5万元。[1]

思考问题

1. 在刑事诉讼过程中，天某公司是否有权提起附带民事诉讼？为什么？
2. 如何看待本案一审判决认定的附带民事诉讼的赔偿责任人？
3. 如何看待本案由于认罪认罚从宽对被告量刑的较大影响？

参考意见

1. 天某公司有权提起刑事附带民事诉讼。《刑事诉讼法》第101条规定："被害人由于被告人的犯罪行为而遭受物质损失的，在刑事诉讼过程中，有权提起附带民事诉讼。"在本案中，经审计，福某达公司侵犯商业秘密行为造成天某公司损失人民币480余万元，这符合《刑事诉讼法》第101条规定的"由于被告人的犯罪行为而遭受物质损失"情形，天某公司是适格的刑事附带民事诉讼原告。

2. 依据2021年《刑诉法解释》第180条的规定，"刑事被告人"是附带民事诉讼中第一顺位的、绝对意义的依法负有赔偿责任的人。该案例为最高人民检察院公布的知识产权典型案例，对于单位犯罪的附带民事诉讼赔偿责任人的认定具有借鉴意义。在单位犯罪中，单位和责任人员都是"刑事被告人"，如何适用《刑诉法

[1] 案例来源：该案件为2022年3月1日最高人民检察院发布四起检察机关知识产权综合性司法保护典型案例之二。案件内容参见《检察机关知识产权综合性司法保护典型案例》，载正义网，http://news.jcrb.com/jsxw/2022/202203/t20220301_2372038.html。

解释》第180条是一个现实问题。本案一审判决福某达公司赔偿天某公司经济损失人民币480余万元，马某强、郭某负连带赔偿责任。其中的法理在于本案为单位犯罪，福某达公司是非法利益的受益方，应该是赔偿责任的义务人；马某强、郭某是实施非法行为的具体责任人，也是公司分配利益(利润、工资、奖金等)的受益者，从而承担连带赔偿责任。

3.《刑事诉讼法》第15条规定："犯罪嫌疑人、被告人自愿如实供述自己的罪行，承认指控的犯罪事实，愿意接受处罚的，可以依法从宽处理。"这是我国刑事诉讼中的认罪认罚从宽原则。

2019年10月24日《认罪认罚从宽制度指导意见》提出："'认罚'考察的重点是犯罪嫌疑人、被告人的悔罪态度和悔罪表现，应当结合退赃退赔、赔偿损失、赔礼道歉等因素来考量。"2021年《刑诉法解释》第194条规定："审理刑事附带民事诉讼案件，人民法院应当结合被告人赔偿被害人物质损失的情况认定其悔罪表现，并在量刑时予以考虑。"本案的判决结果是二审法官综合适用了认罪认罚从宽和附带民事诉讼量刑条款，将两被告的一审判决改为缓刑，对两被告的量刑从宽幅度是较大的，体现了宽严相济的刑事司法政策。

案例二

案情简介

被告人牛某某，男，1978年12月26日生，无固定职业。

2020年8月至9月，牛某某(男，42岁)在明知被害人张某某(女，17岁，轻度精神发育迟滞、性自我防卫能力削弱)系弱智未成年人的情况下，采用锁门、脱衣、按压双手等方式多次对被害人实施强奸。根据上海市涉未成年人刑事案件集中管辖的要求，上海市宝山区人民检察院于2020年12月30日以牛某某涉嫌强奸罪向上海市静安区人民法院提起公诉。2021年3月1日，张某某及其法定代理人向上海市静安区人民法院提起刑事附带民事诉讼，主张精神损害赔偿。同日，上海市宝山区人民检察院决定对原告的刑事附带民事诉求支持起诉，对原告提出的赔偿数额未予以支持，请上海市静安区人民法院综合评估后判决。上海市静安区人民法院于2021年3月10日开庭，当庭作出一审判决，判决被告人牛某某犯强奸罪，判处有期徒刑10年，剥夺政治权利1年，一次性赔偿附带民事诉讼原告人张某某精神抚慰金人民币3万元。2021年5月28日，上海市第二中级人民法院作出刑事附带民事裁定，驳回上诉，维持原判。[1]

思考问题

1. 张某某及其法定代理人向人民法院提起刑事附带民事诉讼，是否有权主张精神损害赔偿？为什么？

2. 本案对类似案件附带民事诉讼的精神损害赔偿判决有哪些参考价值？

参考意见

1. 2021年《刑诉法解释》第175条第2款规定："因受到犯罪侵犯，提起附带民事诉讼或者单独提起民事诉讼要求赔偿精神损失的，人民法院一般不予受理。"该司法解释规定"一般"不予受理，这意味着特殊情况的刑事案件允许提起精神损害赔偿。该案便是一个可分析的典型案件。

根据《民法典》第1183条的规定，侵害自然人人身权益造成严重精神损害的，被侵权人有权请求精神损害赔偿。在刑事附带民事诉讼程序中，自然人的精神损害赔偿权利基本上被取消了，原理可能是被告人已经承担了刑事责任以及特定的物质损害赔偿责任，精神损害赔偿的民事责任显得没有必要了。本案精神抚慰金的判决，表明特殊案件的精神损害赔偿责任是必要的，也是合乎法理的。

2. 该案作为典型案件写进2021年6月1日最高人民检察院发布的《未成年人检察工作白皮书(2020)》。本案目前可以作为一个类似指导案例。该案一审法院认为："除了给予受性侵害未成年人人身损害和心理康复治疗等直接物质损失的赔偿外，给予一定的精神损害赔偿，更能体现对未成年人优先、特殊保护的原则。"此观点表明，我们可以两种方法解决此类案件的损害赔偿，一是认定未成年人的人

---

〔1〕 案例来源：上海宝山检察：《75号咖啡｜性侵未成年人案件中的精神损害赔偿问题及检察机关的司法应对》，载澎湃网2022年10月1日，https://www.thepaper.cn/newsDetail_forward_16025916。本章修订执笔人封安波经与陈邦达副教授、王晓华博士讨论交流，认为本案由上海市宝山区人民检察院向上海市静安区人民法院提起公诉是存在程序瑕疵的。依据我国宪法、人民检察院组织法、人民法院组织法，检察院、法院的各级领导、检察员、审判员由同级人大及常委会选举或任命；在同级、同一人大的监督之下，刑事诉讼程序的检察院和法院之间是分工制约、法律监督的关系。可见，在刑事诉讼程序中，同级、同一行政区的检察院和法院是对应关系，这是宪法原则。本案的正确做法是，案件移送给上海市静安区人民检察院审查起诉，然后由上海市静安区人民检察院向上海市静安区人民法院提起公诉。

身损害和心理康复治疗等直接物质损失,直接适用《刑事诉讼法》第101条规定的“物质损失”赔偿,这是扩大解释心理治疗费用为“物质损失”;二是采用精神损害赔偿方法,参照民法典规定进行裁判。“被害人在遭受侵害后未产生直接物质损失”,即现本案法院采用精神损害赔偿方法。本案被害人的精神损害是较为严重的,“案发后被害人脾气暴躁,害怕与陌生人接触,不敢一人睡觉”,“自我修复、调节能力也会同时削弱,这种精神伤害可能伴随其一生”。[1]该案给类似案件的启示是,性侵案件未成年人女性被告人遭受严重精神损害的情形,法院可以判决相应的、合适的精神抚慰金。

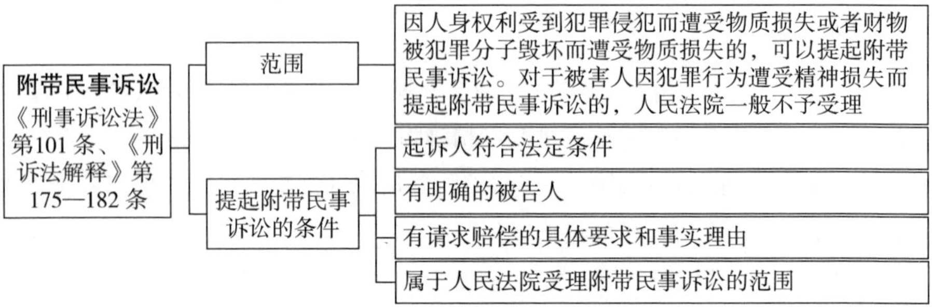

图7.1 附带民事诉讼

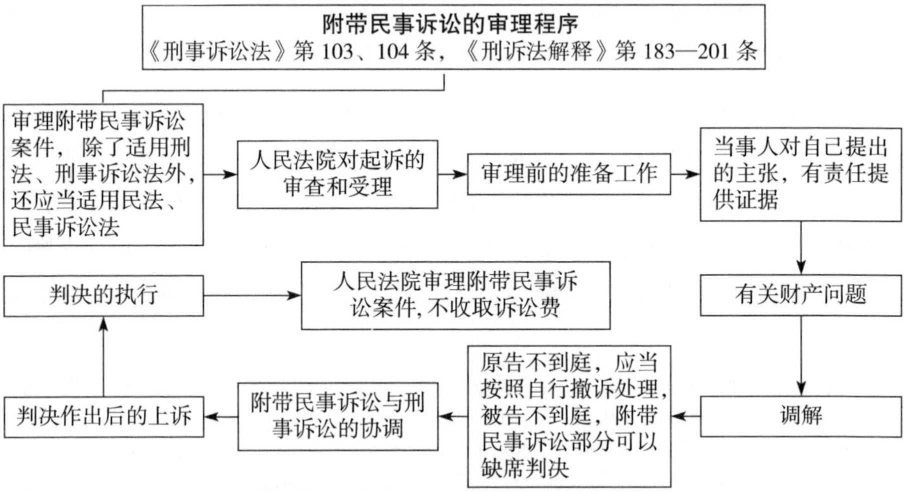

图7.2 附带民事诉讼的审理程序

---

〔1〕张华、刘芸志、祝丽娟:《遭受性侵害未成年人可以主张精神损害赔偿》,载《人民司法(案例)》2021年第29期。

课后习题

1. 韩某和苏某共同殴打他人，致使被害人李某死亡、吴某轻伤，韩某还抢走吴某的手机。后韩某被抓获，苏某在逃。关于本案的附带民事诉讼，下列哪一选项是正确的(　　)？

A. 吴某可通过附带民事诉讼要求韩某赔偿手机

B. 李某的父母和祖父母都有权提起附带民事诉讼

C. 韩某和苏某一并列为附带民事诉讼的被告人

D. 吴某在侦查阶段与韩某就民事赔偿达成调解协议并全部履行后又提起附带民事诉讼，法院不予受理

2. 甲系某地交通运输管理所工作人员，在巡查执法时致一辆出租车发生重大交通事故，司机乙重伤，乘客丙当场死亡，出租车严重受损。甲以滥用职权罪被提起公诉。关于本案处理，下列哪一选项是正确的(　　)？

A. 乙可成为附带民事诉讼原告人

B. 交通运输管理所可成为附带民事诉讼被告人

C. 丙的妻子提起附带民事诉讼的，法院应裁定不予受理

D. 乙和丙的近亲属可与甲达成刑事和解

3. 张一、李二、王三因口角与赵四发生斗殴，赵四因伤势过重死亡。其中张一系未成年人，王三情节轻微未被起诉，李二在一审开庭前意外死亡。在一审过程中，如果发生附带民事诉讼原、被告当事人不到庭情形，法院的下列做法正确的是(　　)。

A. 赵四父母经传唤，无正当理由不到庭，法庭应当择期审理

B. 赵四父母到庭后未经法庭许可中途退庭，法庭应当按撤诉处理

C. 王三经传唤，无正当理由不到庭，法庭应当采取强制手段强制其到庭

D. 李二父母未经法庭许可中途退庭，就附带民事诉讼部分，法庭应当缺席判决

课程链接

第八章　期间和送达

学习要点

本章对刑事诉讼法的期间和送达的有关问题作了系统的阐述。学习本章应掌握以下要点:(1)期间的概念和期间的计算;(2)送达的方式。

案例一

案情简介

2017 年 6 月 28、30 日陈某某、郑某某因涉嫌组织、领导传销活动罪分别被广东省中山市公安局东凤分局刑事拘留,同年 7 月 26 日被执行逮捕。2018 年 3 月 15 日,广东省中山市第二中级人民法院作为一审法院受理本案,并于同年 6 月 12 日向广东省中山市第二市区人民检察院出具调取证据材料建议书。因需要补充侦查,检察院于同年 6 月 14 日向法院出具延期审理建议书,法院于 6 月 15 日决定对本案延期审理,7 月 12 日检察院向一审法院建议恢复庭审。2018 年 10 月 9 日一审法院再次向检察院出具调取证据材料建议书,于是检察院在 10 月 11 日因补充侦查再次向法院建议延期审理,法院于 10 月 12 日决定对本案延期审理,11 月 9 日检察院向一审法院建议恢复庭审。广东省中山市第二中级人民法院最终于 2018 年 12 月 17 日作出一审判决,并于 12 月 21 日宣判。郑某某提出上诉,认为一审审判程序存在严重的超期情况,远超过法律规定的 3 个月,达到 9 个月才结案,是导致量刑畸重的重要原因。

经过二审审理,广东省中山市中级人民法院认为:“人民检察院补充侦查的案件,补充侦查完毕移送人民法院后,人民法院重新计算审理期限。可见,一审法院审理本案并不违反上述法律规定的审理期限。”因此认为该上诉理由不能成立,不予采纳。[1]

---

〔1〕 案例来源:广东省中山市中级人民法院刑事裁定书,(2019)粤 20 刑终 30 号。

思考问题

本案二审人民法院的做法是否合适？

参考意见

根据我国《刑事诉讼法》的规定，重新计算期间的法定情形有：(1)在侦查期间，发现犯罪嫌疑人另有重要罪行的，自发现之日起重新计算侦查羁押期限。(2)公安机关或者人民检察院补充侦查完毕后移送至人民检察院或者人民法院的，人民检察院或者人民法院重新计算审查起诉期限或者审理期限。(3)人民检察院或者人民法院改变管辖的公诉案件，从改变后的人民检察院或者人民法院收到案件之日起计算审查起诉期限或者审理期限。(4)第二审人民法院发回原审人民法院重新审判的案件，原审人民法院从收到发回的案件之日起，重新计算审理期限。(5)简易程序转为普通程序的第一审刑事案件，从决定转为普通程序的次日起重新计算审理期限。

在本案中，广东省中山市第二市区人民检察院于2018年6月14日、10月11日因案件需要补充侦查，分别向一审法院提出延期审理的建议。根据《刑事诉讼法》第205条的规定，人民检察院应当在1个月以内补充侦查完毕，因此人民检察院于7月12日以及11月9日建议恢复庭审符合要求。人民检察院补充侦查完毕后移送至人民法院的，人民法院重新计算审理期限，故同年7月12日以及11月9日人民法院重新计算审限。依照《刑事诉讼法》第208条第1款的规定，人民法院审理公诉案件，应当在受理后2个月以内宣判，至迟不得超过3个月。因此，本案中一审法院于2018年12月17日作出一审判决并未超过法定审理期限。二审法院经过审查认为原审法院没有超期审理，不予采纳该上诉理由的做法是正确的。

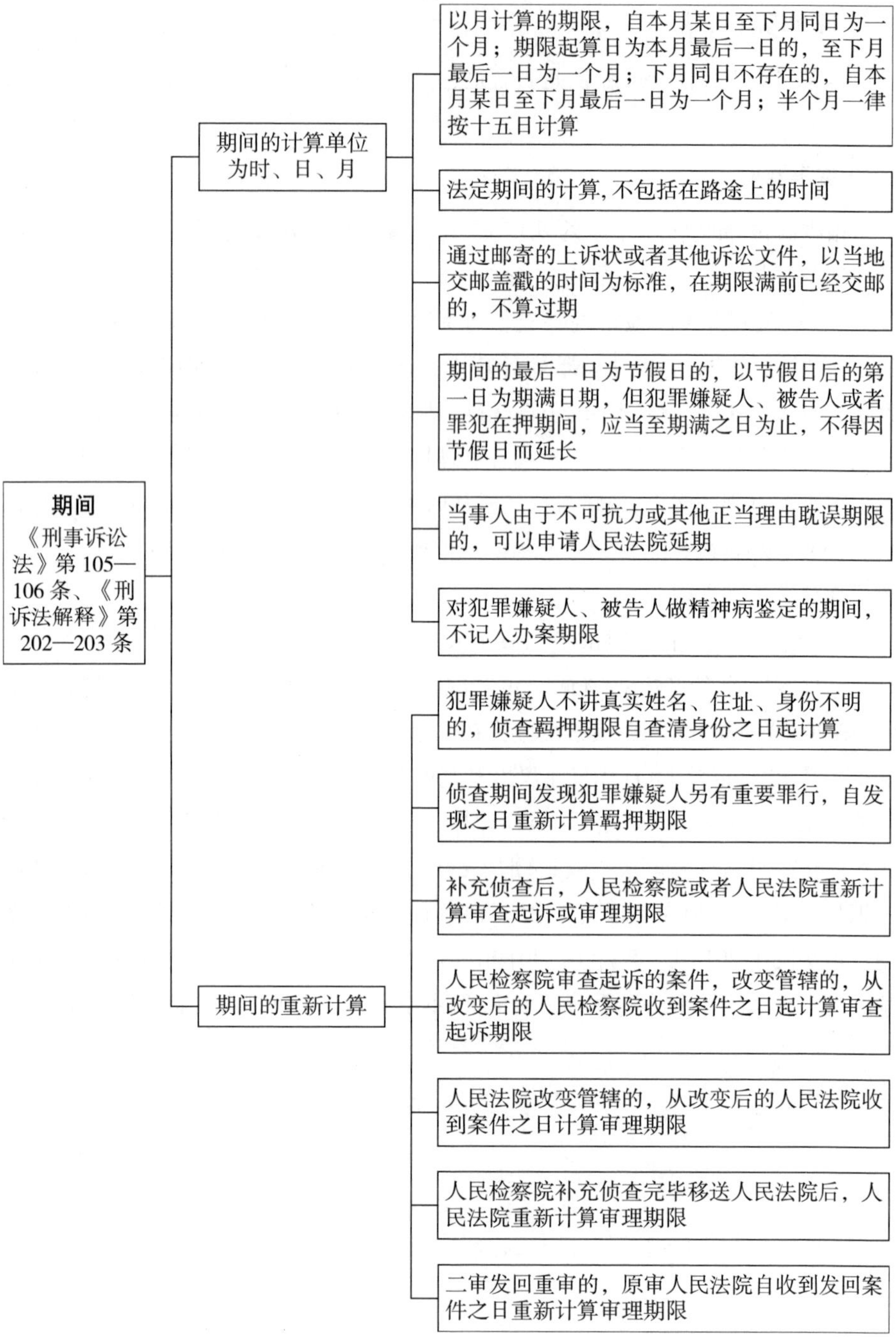
期间
《刑事诉讼法》第105—106条、《刑诉法解释》第202—203条
期间的计算单位为时、日、月
以月计算的期限，自本月某日至下月同日为一个月；期限起算日为本月最后一日的，至下月最后一日为一个月；下月同日不存在的，自本月某日至下月最后一日为一个月；半个月一律按十五日计算
法定期间的计算,不包括在路途上的时间
通过邮寄的上诉状或者其他诉讼文件，以当地交邮盖戳的时间为标准，在期限满前已经交邮的，不算过期
期间的最后一日为节假日的，以节假日后的第一日为期满日期，但犯罪嫌疑人、被告人或者罪犯在押期间，应当至期满之日为止，不得因节假日而延长
当事人由于不可抗力或其他正当理由耽误期限的，可以申请人民法院延期
对犯罪嫌疑人、被告人做精神病鉴定的期间，不记入办案期限
期间的重新计算
犯罪嫌疑人不讲真实姓名、住址、身份不明的，侦查羁押期限自查清身份之日起计算
侦查期间发现犯罪嫌疑人另有重要罪行，自发现之日重新计算羁押期限
补充侦查后，人民检察院或者人民法院重新计算审查起诉或审理期限
人民检察院审查起诉的案件，改变管辖的，从改变后的人民检察院收到案件之日起计算审查起诉期限
人民法院改变管辖的，从改变后的人民法院收到案件之日计算审理期限
人民检察院补充侦查完毕移送人民法院后，人民法院重新计算审理期限
二审发回重审的，原审人民法院自收到发回案件之日重新计算审理期限

图8.1　期间

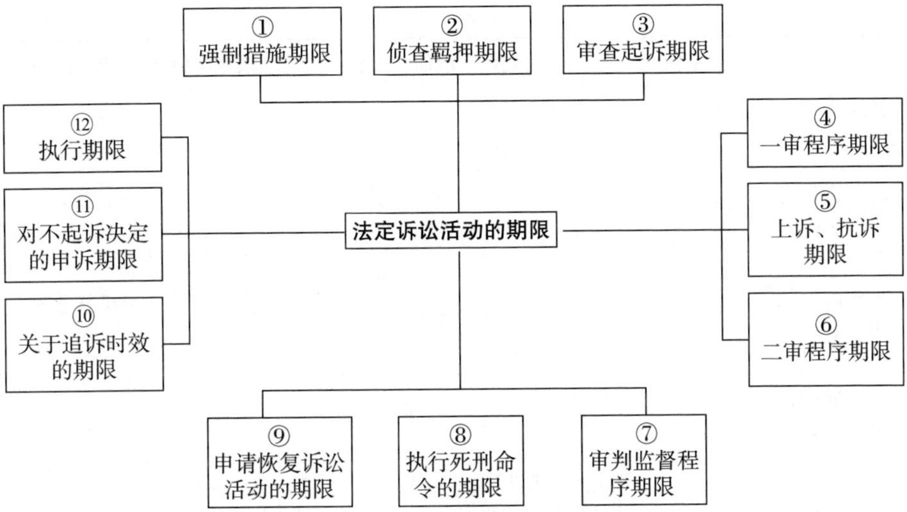

图 8.2　法定诉讼活动的期限

表 8.1　强制措施的期限

条文	主体	完成诉讼活动的内容	法定期限	诉讼行为
《刑事诉讼法》第 119 条	公、检、法	拘传的时间不得超过/案件特别重大、复杂，需要采取拘留、逮捕措施的，拘传持续时间不得超过	12 小时/24 小时	—
《刑事诉讼法》第 79 条	公、检、法	取保候审最长不得超过	12 个月	—
《刑事诉讼法》第 79 条	公、检、法	监视居住最长不得超过	6 个月	—
《刑事诉讼法》第 91 条	公安机关	拘留的期限，最长	37 日	—
《刑事诉讼法》第 85 条	公安机关	应当立即将被拘留人送看守所羁押，至迟不得超过	24 小时内	—
《刑事诉讼法》第 85 条	公安机关	除无法通知或者涉嫌危害国家安全犯罪、恐怖活动犯罪通知可能有碍侦查的情形以外，应在拘留后	24 小时内	通知被拘留人的家属
《刑事诉讼法》第 86 条	公安机关	对被拘留的人，应在拘留后	24 小时内	进行讯问
《刑事诉讼法》第 91 条	公安机关	对被拘留的人，认为需要逮捕的，应在拘留后	3 日内	提请人民检察院审查批准
《刑事诉讼法》第 91 条	公安机关	在特殊情况下，提请审查批准的时间可以延长	1—4 日	提请人民检察院审查批准

续表

条文	主体	完成诉讼活动的内容	法定期限	诉讼行为
《刑事诉讼法》第91条	公安机关	对于流窜作案、多次作案、结伙作案的重大嫌疑分子可以延长至	30日	提请人民检察院审查批准
《刑事诉讼法》第91条	人民检察院	对公安机关提请批准逮捕的案件,在接到提请批准逮捕书后	7日内	决定批准逮捕或不批准逮捕
《刑事诉讼法》第93条	公安机关	对被逮捕的人,应当立即将被逮捕人送看守所羁押。除无法通知的以外,应当	24小时内	通知被逮捕人的家属
《刑事诉讼法》第94条	公、检、法	经批准逮捕的人,在逮捕后	24小时内	进行讯问
《刑事诉讼法》第95条	人民检察院	应当对羁押的必要性进行审查。对不需要继续羁押的,应当建议予以释放或者变更强制措施。有关机关应当	10日内	将处理情况通知人民检察院
《刑事诉讼法》第167条	人民检察院	对直接受理的案件中被拘留的人,认为需要逮捕的,应当	14日内	作出决定
《刑事诉讼法》第167条	人民检察院	在特殊情况下,决定逮捕的时间可以延长	1—3日	作出决定
《刑事诉讼法》第170条	人民检察院	对于监察机关移送起诉的已采取留置措施的案件,应当对犯罪嫌疑人先行拘留,留置措施自动解除。在拘留后	10日内	作出是否逮捕、取保候审或者监视居住的决定
《刑事诉讼法》第170条	人民检察院	在特殊情况下,可以延长	1—4日	作出是否逮捕、取保候审或者监视居住的决定

表8.2 侦查羁押期限

条文	主体	完成诉讼活动的内容	法定期限	结果
《刑事诉讼法》第156条	公、检	对犯罪嫌疑人逮捕后的侦查羁押期限不得超过	2个月	结案
《刑事诉讼法》第156条	公、检	案情复杂、期限届满不能终结的案件,可以经上一级人民检察院批准延长	1个月	结案

续表

条文	主体	完成诉讼活动的内容	法定期限	结果
《刑事诉讼法》第158条	公、检	对于交通十分不便的边远地区的重大复杂案件,重大的犯罪集团案件,流窜作案的重大复杂案件,犯罪涉及面广、取证困难的重大复杂案件,经省、自治区、直辖市的人民检察院批准或者决定,可以延长	2个月	结案
《刑事诉讼法》第159条	公、检	对犯罪嫌疑人可能判处10年有期徒刑以上刑罚,经省、自治区、直辖市的人民检察院批准或者决定,可以再延长	2个月	结案
《刑事诉讼法》第157条	公、检	因为特殊原因,在较长时间内不宜交付审判的特别重大复杂的案件,由最高人民检察院报请全国人民代表大会常务委员会批准延期审理	—	结案

表8.3 审查起诉期限

条文	主体	完成诉讼活动的内容	法定期限	结果
《刑事诉讼法》第34条	人民检察院	自收到审查起诉材料之日起	3日内	告知犯罪嫌疑人有权委托辩护人
《刑事诉讼法》第172条	人民检察院	对于监察机关、公安机关移送起诉的案件,应	1个月内	作出起诉或者不起诉的决定
《刑事诉讼法》第172条	人民检察院	重大、复杂的案件,可以延长	15日	作出起诉或者不起诉的决定
《刑事诉讼法》第172条	人民检察院	犯罪嫌疑人认罪认罚,符合速裁程序适用条件	10日	作出起诉或者不起诉的决定
《刑事诉讼法》第172条	人民检察院	犯罪嫌疑人认罪认罚,符合速裁程序适用条件的,可能判处的有期徒刑超过1年的可以延长至	15日	作出起诉或者不起诉的决定
《刑事诉讼法》第175条	人民检察院	对于补充侦查的案件,应当	1个月内	补充侦查完毕,补充侦查以二次为限

表 8.4　对不起诉决定的申诉期限

条文	主体	完成诉讼活动的内容	法定期限	结果
《刑事诉讼法》第 180 条	被害人	对于人民检察院作出的不起诉决定不服,可以在收到决定书后	7 日内	向上一级人民检察院提出申诉
《刑事诉讼法》第 181 条	被不起诉人	对于人民检察院因"犯罪情节轻微,依照刑法规定不需要判处刑罚或者免除刑罚"而作出的不起诉决定不服,可以在接到决定书后	7 日内	向人民检察院提出申诉

表 8.5　一审程序期限

条文	主体	完成诉讼活动的内容	法定期限	结果
《刑事诉讼法》第 187 条	人民法院	应当在开庭	10 日以前	送达起诉书副本给被告人及其辩护人
《刑事诉讼法》第 187 条	人民法院	应当将开庭的时间、地点以传票、通知书的形式至迟在开庭	3 日以前	送达人民检察院、当事人、辩护人、诉讼代理人、证人、鉴定人、翻译人员
《刑事诉讼法》第 187 条	人民法院	对于公开审理的案件,在开庭	3 日以前	先期公布案由、被告人姓名、开庭的时间和地点
《刑事诉讼法》第 202 条	人民法院	当庭宣告判决的,应当	5 日内	将判决书送达当事人和提起公诉的人民检察院
《刑事诉讼法》第 208 条	人民法院	审理公诉案件,应当在受理后	2 个月内	宣判
《刑事诉讼法》第 208 条	人民法院	审理公诉案件,应当在受理后最迟不超过	3 个月	宣判
《刑事诉讼法》第 208 条	人民法院	对于可能判处死刑的案件或者附带民事诉讼的案件,以及交通十分不便的边远地区的重大复杂案件,重大的犯罪集团案件,流窜作案的重大复杂案件,犯罪涉及面广、取证困难的重大复杂案件,经上一级人民法院批准可以延长	3 个月	宣判

续表

条文	主体	完成诉讼活动的内容	法定期限	结果
《刑事诉讼法》第 208 条	人民法院	因特殊情况还需要延长的，报请最高人民法院批准	—	宣判
《刑事诉讼法》第 212 条	人民法院	适用普通程序审理的被告人未被羁押的自诉案件，应当在受理后	6 个月内	宣判
《刑事诉讼法》第 212 条	人民法院	适用普通程序审理的被告人被羁押的自诉案件	适用本法第 208 条第 1 款的规定	—
《刑事诉讼法》第 220 条	人民法院	适用简易程序审理的案件，应当在受理后	20 日内	审结
《刑事诉讼法》第 220 条	人民法院	对可能判处的有期徒刑超过 3 年的，可以延长至	一个半月	审结
《刑事诉讼法》第 225 条	人民法院	适用速裁程序审理的案件，应当在受理后	10 日内	审结
《刑事诉讼法》第 225 条	人民法院	对可能判处的有期徒刑超过 1 年的，可以延长至	15 日	审结

表 8.6　上诉、抗诉期限

条文	主体	完成诉讼活动的内容	法定期限	结果
《刑事诉讼法》第 230 条	被告人、自诉案件和附带民事诉讼当事人	不服判决，从接到判决的第二日起算	10 日内	上诉
《刑事诉讼法》第 230 条	人民检察院	不服判决，从接到判决的第二日起算	10 日内	抗诉
《刑事诉讼法》第 230 条	当事人	不服裁定，从接到裁定的第二日起算	5 日内	上诉
《刑事诉讼法》第 230 条	人民检察院	不服裁定，从接到裁定的第二日起算	5 日内	抗诉
《刑事诉讼法》第 229 条	被害人	不服地方各级人民法院的一审判决，有权自收到判决书后的	5 日内	请求人民检察院提出抗诉
《刑事诉讼法》第 229 条	人民检察院	应当在接到被害人及其法定代理人的请求后	5 日内	作出是否抗诉的决定并答复请求人

表 8.7　二审程序期限

条文	主体	完成诉讼活动的内容	法定期限	结果
《刑事诉讼法》第 231 条	原审人民法院	上诉人通过原审人民法院提出上诉的,原审人民法院应	3 日内	将上诉状连同案卷、证据一并移送上一级人民法院,同时将上诉状副本送交同级人民检察院和对方当事人
《刑事诉讼法》第 231 条	二审人民法院	上诉人直接向二审人民法院提出上诉的,二审人民法院应	3 日内	将上诉状副本交原审人民法院送交同级人民检察院和对方当事人
《刑事诉讼法》第 235 条	二审人民法院	应当在决定开庭审理后	及时	通知人民检察院查阅案卷
《刑事诉讼法》第 235 条	人民检察院	查阅案卷	1 个月内	查阅完毕。查阅案卷的时间不计入审理期限
《刑事诉讼法》第 243 条	二审人民法院	应当在	2 个月内	审结
《刑事诉讼法》第 243 条	二审人民法院	对于可能判处死刑的案件或者附带民事诉讼的案件,以及交通十分不便的边远地区的重大复杂案件,重大的犯罪集团案件,流窜作案的重大复杂案件,犯罪涉及面广、取证困难的重大复杂案件,经省、自治区、直辖市的人民检察院批准或者决定,可以延长	2 个月	审结
《刑事诉讼法》第 243 条	二审人民法院	因特殊原因还需要延长的	—	报请最高人民法院批准
《刑事诉讼法》第 243 条	最高人民法院	受理上诉、抗诉案件的审理期限	—	由最高人民法院决定

表 8.8　审判监督程序期限

条文	主体	完成诉讼活动的内容	法定期限	结果
《刑事诉讼法》第 258 条	人民法院	应当在作出提审、再审决定或者接受抗诉之日	3 个月内	审结
《刑事诉讼法》第 258 条	人民法院	应当在作出提审、再审决定或者接受抗诉之日	需延期的，6 个月内	审结
《刑事诉讼法》第 258 条	人民法院	指令下级人民法院再审的，应在接受抗诉之日	1 个月内	作出决定

表 8.9　执行死刑命令和申请诉讼继续进行的期限

条文	主体	完成诉讼活动的内容	法定期限	结果
《刑事诉讼法》第 262 条	下级人民法院	在接到最高人民法院执行死刑的命令后，应当	7 日内	交付执行
《刑事诉讼法》第 106 条	当事人	由于不能抗拒的原因或者其他正当理由而耽误期限的，在障碍消除后	5 日内	可以申请继续进行诉讼活动

表 8.10　追诉时效期限

<table>
<tr><th>条文</th><th>主体</th><th>完成诉讼活动的内容</th><th>法定期限</th><th>结果</th></tr>
<tr><td rowspan="5">《刑法》第 87 条</td><td>公、检、法</td><td>法定最高刑为不满 5 年有期徒刑的</td><td>经过 5 年</td><td>不再追诉</td></tr>
<tr><td>公、检、法</td><td>法定最高刑为 5 年以上不满 10 年有期徒刑的</td><td>经过 10 年</td><td>不再追诉</td></tr>
<tr><td>公、检、法</td><td>法定最高刑为 10 年以上有期徒刑的</td><td>经过 15 年</td><td>不再追诉</td></tr>
<tr><td>公、检、法</td><td>法定最高刑为无期徒刑、死刑的</td><td>经过 20 年</td><td>不再追诉</td></tr>
<tr><td>最高人民检察院</td><td>如果经过 20 年认为必须追究的，必须报最高人民检察院批准</td><td>—</td><td>—</td></tr>
<tr><td>《刑法》第 88 条</td><td colspan="3">在人民检察院、公安机关立案侦查或在人民法院受理案件以后，逃避侦查或者审判的，不受追诉期限的限制</td><td>不受限制</td></tr>
</table>

表 8.11　执行期限

条文	主体	完成诉讼活动的内容	法定期限	结果
《刑事诉讼法》第 267 条	人民检察院	认为暂予监外执行不当的，应在接到通知之日起	1 个月内	向决定或批准监外执行的机关提出书面意见
《刑事诉讼法》第 274 条	人民检察院	认为人民法院减刑、假释不当的，应在收到裁定书副本后	20 日内	向人民法院提出书面纠正意见
《刑事诉讼法》第 264 条	交付执行的人民法院	在判决生效后	10 日内	将有关的法律文书送达公安机关、监狱或者其他执行机关

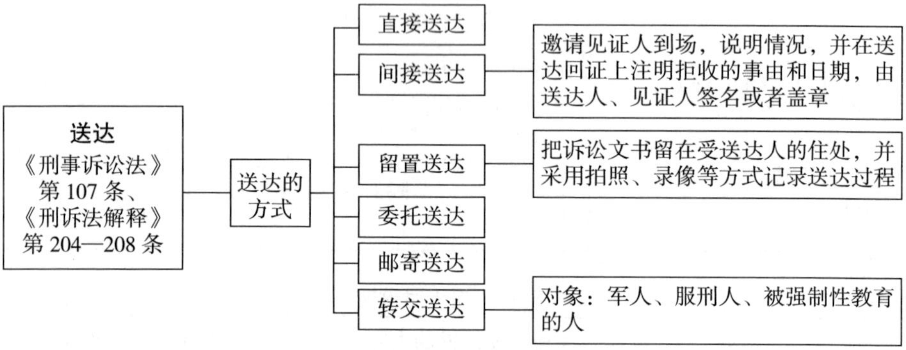

图 8.3　送达

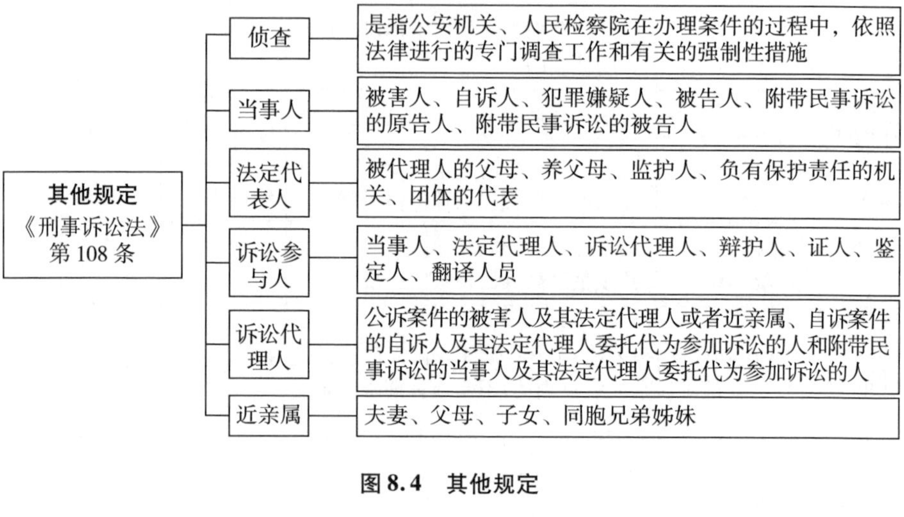

图 8.4　其他规定

课后习题

1. 刑事诉讼活动中,下列时间属于期日的是(　　)。

A. 开庭审判日

B. 判决生效日

C. 上诉的起算日

D. 上诉状的交邮日

2. 关于期间的计算,下列哪一选项是正确的(　　)?

A. 重新计算期限包括公、检、法的办案期限和当事人行使诉讼权利的期限两种情况

B. 上诉状或其他法律文书在期满前已交邮的不算过期,已交邮是指在期间届满前将上诉状或其他法律文书递交邮局或投入邮筒内

C. 法定期间不包括路途上的时间,比如有关诉讼文书材料在公、检、法之间传递的时间应当从法定期间内扣除

D. 犯罪嫌疑人、被告人在押的案件,在羁押场所以外对患有严重疾病的犯罪嫌疑人、被告人进行医治的时间,应当从法定羁押期间内扣除

3. 在下列哪些情形下,经公诉人建议法庭延期审理的时间一次不得超过1个月(　　)?

A. 发现事实不清、证据不足的

B. 发现遗漏罪行、遗漏同案犯罪嫌疑人,需要补充侦查或者补充提供证据的

C. 发现遗漏罪行或者遗漏同案犯罪嫌疑人,虽不需要补充侦查和补充提供证据,但需要提出追加或者变更起诉的

D. 需要通知开庭前未向人民法院提供名单的证人、鉴定人或者经人民法院通知而未到庭的证人出庭陈述的

4. 被告人徐某为未成年人,法院书记员到其住处送达起诉书副本,徐某及其父母拒绝签收。关于该书记员处理这一问题的做法,下列哪些选项是正确的(　　)?

A. 邀请见证人到场

B. 在起诉书副本上注明拒收的事由和日期,由该书记员和见证人签名或盖章

C. 采取拍照、录像等方式记录送达过程

D. 将起诉书副本留在徐某住处

课程链接

第二编

审 前 程 序

第九章　立案程序

学习要点

本章对刑事立案程序有关问题作了系统的阐述。学习本章应掌握以下要点：(1)立案的概念和特征；(2)立案的根据和条件；(3)立案的程序。

案例一

案情简介

被害人康某，山西省柳林县成家庄镇聚财塔村人。2021年10月，在张大的介绍下，康某在山西省柳林县青龙村苏四开设的赌场参与赌博，并因此欠下苏四3万元钱赌债，后经张大担保其才得以离开。在约定的期限内，康某一直未归还赌债，并对苏四避而不见。2022年3月4日晚10时许，张大、康二、王三、伙同苏四，为了向康某索要其欠苏四的赌债，将康某从聚财塔村“星之宇”网吧劫持到苏四在吕梁市离石区东属巴村的家中，张大、康二、王三伙同苏四先后对康某进行威胁、殴打，迫使康某向家中索要钱财。次日晚5时许，在收到康某母亲派人送来的1万元人民币后，苏四、康二、王三才将康某予以释放。

同年四五月份，在苏四的一再催要下，张大替康某偿还了剩余的2万元赌债。2022年11月9日晚，高五与张大的弟弟张二在柳林县柳林镇“君爵台球厅”内发现了康某，张大在接到其弟张二的电话后亦来到君爵台球厅。为了向康某索要自己替其向苏四偿还的剩余2万元赌债，被告人张大、高五先后在柳林县柳林镇十八米街“永胜”旅馆、“安心园”旅馆内非法限制康某人身自由40余小时。

随后，山西省柳林县公安局根据下列事实，对该非法拘禁案正式立案：

1. 被害人康某的陈述；

2. 证人康某母亲张三以及证人"安心园"旅店老板的书面证言。[1]

思考问题

1. 立案的概念和任务是什么?
2. 通常立案的材料来源有哪些?本案的立案根据有哪些?
3. 法律规定的立案标准是什么?本案符合立案标准吗?

参考意见

1. 立案是指公安机关、人民检察院或人民法院对报案、举报、控告或自首的材料进行审查后,判明有无犯罪事实存在和应否追究刑事责任,并决定是否将案件交付侦查或审判的诉讼活动。

立案的任务,就是对报案、举报、控告和自首等有关材料进行审查,确定是否存在犯罪事实和犯罪嫌疑人,以决定是否进行侦查或审判。具体地讲有三项任务:(1)接受报案、举报、控告和自首,按照案件管辖规定,确定是否属于本机关管辖。不属于本机关管辖的,则应当移送有关主管机关处理,并通知报案人、控告人、举报人;若必须采取紧急措施的,应先采取措施,然后移送。属于自己管辖范围的,有权决定是否立案。(2)通过审查,确定是否具备立案条件,这是此阶段最关键、最重要的任务。通过对所有掌握的证据包括有罪证据和无罪证据、罪轻证据和罪重证据进行审查,以确定是否需要立案。(3)作出立案或者不予立案的决定,做好不立案的复议工作。一旦决定立案,则案件即应交付审判或进入侦查;决定不立案的,应当将不立案的原因及时通知相关人员,并做好控告人不服的复议工作。

2. 刑事立案材料主要有以下几种来源:

(1)单位和个人的报案或者举报。任何犯罪都是对国家、单位安全和利益的破坏,是对公民个人人身权利、财产权利、民主权利及其他合法权益的侵犯,因此任何单位和个人在发现事实后都有权利、也有义务向公安、司法机关报案或举报;同时大部分犯罪都是在公民的身边发生的,因而单位和个人的举报和报案就成为最主要的来源。

(2)被害人或其法定代理人的报案、控告。被害人是遭受犯罪行为直接侵害

[1] 案例来源:山西省柳林县人民法院刑事判决书,(2014)柳刑初字第11号。

的人,对犯罪有强烈的追究愿望,又由于亲身经历犯罪行为的侵害,故能提供较为翔实的材料。同时由于被害人可能死亡,或丧失行为能力,其法定代理人也可以报案,对于被害人或其代理人受到威胁的,其他知情公民可以报案或举报。

(3)司法机关自行发现犯罪事实或犯罪嫌疑人。在我国,公安机关和人民检察院处在直接同犯罪作斗争的第一线,他们通过日常的办案工作如执勤巡逻或检察业务,可能获得犯罪事实或犯罪嫌疑人的有关材料,从而构成立案的材料来源。

(4)犯罪嫌疑人的自首。自首是指在犯罪分子在作案后,在罪行未被司法机关发觉前,自动投案,如实交代自己的罪行,并接受司法机关的审查和审判的行为。按照我国刑法的规定,犯罪人自首的可以从轻、减轻或免除处罚,因此在刑事诉讼中有许多犯罪分子为表示悔过,自己主动或在亲友的劝导下,按有关规定向公安、司法机关自首。

在本案中,公安机关的立案根据是被害人康某的陈述(被害人的控告)和相关证人的证言(个人的报案或者举报)。

3. 根据《刑事诉讼法》第 112 条之规定,立案的条件包括事实条件和法律条件。事实条件指认为有犯罪事实存在,包括已经发生的、正在发生的和将要发生的。这里的事实是根据刑法规定构成犯罪的行为事实而非其他事实,是客观存在的有证据证明的事实而非虚构的,是根据已有材料的审查,怀疑有犯罪事实而无须达到确有的标准。法律条件是指根据刑法及其他有关法律的规定,其行为已经构成犯罪,需要追究刑事责任。

本案符合立案的条件。本案一众被告为索取赌债而限制他人人身自由,并在拘禁过程中对被害人实施殴打,四被告人的行为均符合非法拘禁罪的构成要件。以上事实有被害人和相关证人证言的证明,完全符合立案条件。

案例二

案情简介

张某乘坐火车出差,在出站验票时与检票人员黄某发生了纠纷,两人发生口角进而大打出手,幸而被站内其他工作人员制止。随后,双方都在市医院做了检查,经鉴定皆为轻微伤。张某心想两人都有过错也都已负伤,而且在人生地不熟的城市,不想再生事端,便因此作罢,老实安分地在当地完成出差的工作任务。在相关工作人员的见证下,两人达成了和解。然而检票员黄某仍心怀不满,私下雇了当地流氓,跟踪张某,趁其不备在张某所住的宾馆外把他打成了轻伤。事发后,张某立刻向当地公安机关报案,但是公安机关人员的答复是这个案件是由于在火车站的纠纷引起的,属铁路公安的管辖范围,他们没有权力管。而后,张某又来到了当地的铁路公安部门,得到的回复依旧是不在管辖范围内,不予立案。张某不服,却一筹莫展,投诉无门,眼看出差期限已到,就要离开。

思考问题

1. 派出所民警接到报案后,应该如何做?

2. 民警给的不立案理由是否符合法律规定?

3. 对派出所的不立案决定,张某有哪些法律上的救济措施?

参考意见

1. 派出所民警接到报案后,应该开始立案程序,具体包括:

(1)对立案材料的接受。公安机关接到报案后,应立即接受。在明确告知报案人诬告的法律责任后,积极诚恳地接待报案人,并制作笔录。对于报案人,应当在刑事诉讼过程中为其保密。

(2)对立案材料的审查。公安机关在接收报案材料后,应根据管辖范围和立案条件对材料进行审查,如不属于自己管辖的,而又需立即采取紧急措施的,先采取措施再移送有关主管部门;属于自己管辖的,应对是否符合立案条件进行立即审查,以确定是否应当立案。

(3)对立案材料的处理。经过审查后,认为有犯罪事实且需要追究刑事责任的,由承办人将制作好的立案报告书或立案报告表连同有关证据材料报送本机关主管领导批准后,予以立案;如经过审查后,认为没有犯罪事实或犯罪事实显著轻微,不需要追究刑事责任的,承办人应当制作不立案决定书,写明案件的材料来源、不立案的理由和法律依据,经主管机关或主管部门的领导批准后,公布不立案决定。

本案中民警接到被害人的报案后,应对被害人进行询问、对犯罪嫌疑人进行讯问,并根据被害人的陈述和犯罪嫌疑人的供述,根据有关标准,确定是否需要追究刑事责任,并作出立案与否的决定。

2. 本案中警察不予立案不符合法律规定。

根据《公安部刑事案件程序规定》第15条的规定:“刑事案件由犯罪地的公安机关管辖。”第26条规定:“铁路公安机关管辖铁路系统的机关、厂、段、院、校、所、队、工区等单位发生的刑事案件,车站工作区域内、列车内发生的刑事案件,铁路沿线发生的盗窃或者破坏铁路、通信、电力线路和其他重要设施的刑事案件,以及内部职工在铁路线上工作时发生的刑事案件。”本案中,张某是在宾馆外被黄某雇佣的流氓所伤,并不在铁路公安机关管辖的范围内。且经鉴定为轻伤,符合立案的两个标准即事实条件(认为有犯罪事实)和法律条件(需要追究刑事责任)。当地公安机关给出的不立案理由不符合法律规定。

3. 根据《刑事诉讼法》第112、210条和《刑诉规则》第557、558条,《公安部刑事案件程序规定》第179条的规定,对于公安机关的不立案决定,张某可以有三条救济途径:其一,在收到不立案通知书的7日内向公安机关申请复议,复议机关应在30日内予以答复;其二,向人民检察院提出申诉,由人民检察院负责控告申诉检察部门受理,启动对公安机关的立案监督程序;其三,可以不经申诉直接向人民法院提起刑事自诉。

案例三

案情简介

2008年7月13日凌晨4时许,犯罪嫌疑人莫某某、庞某1伙同庞某2到被害人龙女士位于广东省佛山市顺德区伦教街道一处住宅车库附近,莫某某驾驶摩托车在附近接应,庞某1和庞某2则戴上白色手套,并各持一个铁制钻头守候在被害人住宅车库两旁。5时15分许,庞某1、庞某2见被害人龙女士驾驶小汽车从车库出来,庞某2走到汽车驾驶室旁,庞某1走到汽车副驾驶室旁,分别用铁制钻头敲打两边的汽车玻璃,抢走龙女士放在副驾驶室的一个装有80,360元现金和票据的手袋。

两人得手后,立即朝摩托车接应的地方跑去。莫某某即启动摩托车搭载庞某2和庞某1逃跑。龙女士见劫匪骑的是摩托车,随后驾驶汽车追赶欲取回被抢财物。当追至不远的小区二期北面的绿化带,被害人驾驶汽车将摩托车连同摩托车上的三人同时撞倒。莫某某、庞某1被撞倒后爬起逃跑并分别躲藏,庞某2则当场死亡。

公安民警接报后赶到现场先后抓获莫某某、庞某1,并在现场缴获被抢赃物以及作案工具。根据有关的证据,公安机关未对龙女士致死庞某2的行为进行追究。[1]

思考问题

公安机关的做法是否符合法律规定?

参考意见

按照《刑事诉讼法》的规定,对于是否决定立案,要看是否符合两项条件:事实条件(认为有犯罪事实)和法律条件(根据刑事法律的有关规定,其行为已经构成犯罪,需要追究刑事责任)。

按照《刑法》第20条的规定:"为了使国家、公共利益、本人或者他人的人身、财产和其他权利免受正在进行的不法侵害,而采取的制止不法侵害的行为,对不法侵害人造成损害的,属于正当防卫,不负刑事责任。""对正在进行行凶、杀人、抢劫、强奸、绑架以及其他严重危及人身安全的暴力犯罪,采取防卫行为,造成不法侵害人伤亡的,不属于防卫过当,不负刑事责任。"按此规定,正当防卫需要具备以下条件:必须要有不法侵害行为的发生,必须是正在进行的不法侵害,必须是出于保护国家、公共利益、本人或者他人的人身、财产和其他权利免受正在进行的不法侵害的意图,正当防卫必须是针对不法侵害者本人实行,正当防卫不能明显超过必要限度造成重大损害;对于严重暴力性犯罪,没有"必要限度"的要求。在本案中,两犯罪嫌疑人虽然已经犯罪得手,但仍在被害人的视线范围内,属于侵害行为虽然成功,但仍在进行的阶段,此时被害人为保护自己的正当合法利益,用车追赶并撞击犯罪嫌疑人,属于合法的自卫行为,即使造成了犯罪嫌疑人的伤亡,也不属于防卫过当,属于《刑法》第20条规定的无限防卫权的情形,属于正当防卫。按照《刑事诉讼法》第16条的规定,有下列情形之一的,不追究刑事责任,已经追究的,应当撤销案件,或者不起诉,或者终止审理,或者宣告无罪:"(六)其他法律规定免予追究刑事责任的。"可见,公

---

〔1〕 案例来源:刘艺明、陈笑尘、卢放兴:《女司机开车撞死劫匪法院认定为正当防卫》,载《广州日报》2009年3月26日。

安机关对于龙女士的正当防卫行为的认定及不予追究其刑事责任是正确的。

案例四

案情简介

李某夫妇系某市个体户，因不同意女儿李目（化名）与农村打工青年何广（化名）恋爱，多次责骂女儿，不让女儿出门，并让儿子找朋友将何广毒打一顿。扬言如果再找李目就要他小命。一日，李目借故出门找到何广后，两人抱头痛哭，觉得走投无路，今生无缘做夫妻，就一起死。当晚两人留下遗书，双双卧轨身亡。何广父母料理完儿子后事，悲痛欲绝。但想到儿子不能白死，却又不知到何处告状，遂去某律师事务所询问。值班的见习律师小华告诉何广父母，此案是暴力干涉婚姻自由案，属于自诉案件。但因被害人已死亡，自诉人不存在，因此无法提起刑事诉讼。但其儿子死后的丧葬等费用，可以通过提起民事诉讼的方式，要求李某夫妇及其儿子赔偿。

思考问题

小华的答复是否正确？

参考意见

小华的答复不完全正确。这是因为：

（1）在本案的定性上，小华的答复是符合法律规定的。李某夫妇及其儿子的行为已构成暴力干涉婚姻自由罪，且造成严重后果，应承担刑事法律责任。

（2）在本案的起诉主体上，小华的答复不正确。暴力干涉婚姻自由罪属于自诉案件范围，但是否必须由被害人本人才能提起诉讼呢？这要视情况而定。我国《刑事诉讼法》第114条规定：“对于自诉案件，被害人有权向人民法院直接起诉。被害人死亡或者丧失行为能力的，被害人的法定代理人、近亲属有权向人民法院起诉。人民法院应当依法受理。”由此可见，在自诉案件中，首先，应由被害人行使起诉权。其次，在被害人死亡或者丧失行为能力的情况下，其法定代理人、近亲属也有权向人民法院起诉。因此，在本案中，何广的父母有权作为自诉人向法院起诉李某夫妇及其儿子犯暴力干涉婚姻自由罪，并提起附带民事诉讼，要求被告人赔偿丧葬等费用。因此,小华关于因自诉人死亡,无法提起刑事诉讼和只能通过民事诉讼要求赔偿的答复缺乏法律依据,是不正确的。

案例五

案情简介

路某与卢某系邻居,平时关系不错。路某在某国有银行任信贷科长,与其妻两人月收入2000元左右。路某与其妻要供养年幼的女儿和年老的父母,但家里却有成套的红木家具和高档家用电器,并有两辆豪华摩托车,日常的吃、穿、用也很奢侈。卢某一直怀疑路某收入不正当,但碍于情面未去举报。后因两家小孩打架,引起大人不睦,于是卢某便去公安局举报路某巨额财产来源不明的问题,并提供了路某夫妇收入及家庭财产开支情况材料。公安机关对卢某的举报材料非常重视,派了两名侦查人员进行审查。通过向路某夫妇单位、同事、邻居和亲友的调查,了解到路某夫妇的收入等情况与卢某举报的情况基本相符,但开支远远超过收入。与此同时侦查人员还了解到,路某有修理家用电器的特长,10年前就担任一家家用电器修理店的技术顾问。常在周末去店里修理电器,解决疑难问题,收入颇丰。因怕单位领导知道,路某一直未对外声张。同事和邻居均不知道此事。鉴于路某的具体情况,公安机关最后未予立案。

思考问题

1. 卢某的举报是否属诬告?

2. 该案由公安机关进行立案审查是否正确?

参考意见

1. 卢某的举报不是诬告,而是错告。举报、报案和控告是一种最常见、最重要的立案材料来源,在审查举报、控告材料时,要严格掌握规定和界限。只要不是故意捏造事实、伪造证据,即使举报、控告的内容与事实有出入,甚至是错告的,也不应以诬告陷害论处。本案中卢某的举报即属于这种情况。经审查,卢某所提供的情况与调查的实际情况相符合。卢某既没有捏造事实,也没有伪造证据,只是因不了解情况而错告。因此,不应以诬告陷害而论处。

2. 路某作为国有银行的工作人员，被人举报犯巨额财产来源不明罪，这涉及立案管辖的问题。卢某到公安机关举报，接到举报后，公安机关应按照立案管辖范围规定进行审查。根据《监察法》第 11 条及《监察法实施条例》(2021 年)第 26 条的规定，国家工作人员犯巨额财产来源不明罪，应属于监察机关立案管辖范围。因此，本案的路某虽经调查未被立案，但由公安机关进行立案审查缺乏法律依据，因而在程序上是不正确的。

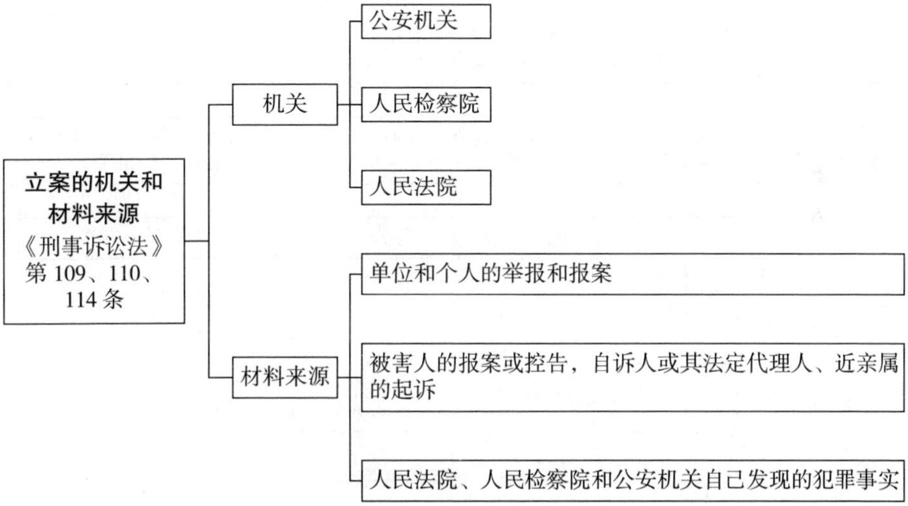

图 9.1　立案的机关和材料来源

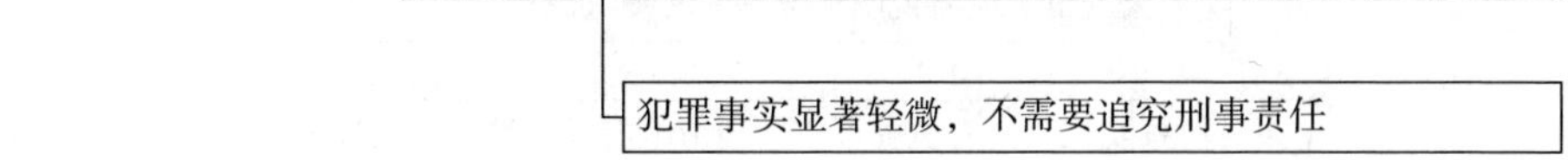

图 9.2　立案和不立案的条件

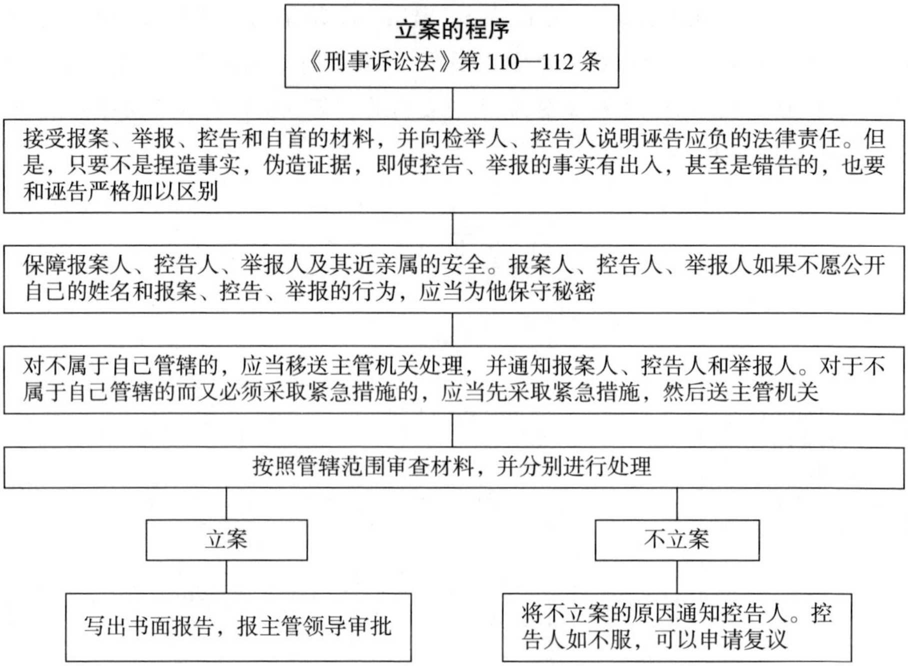

图9.3 立案的程序

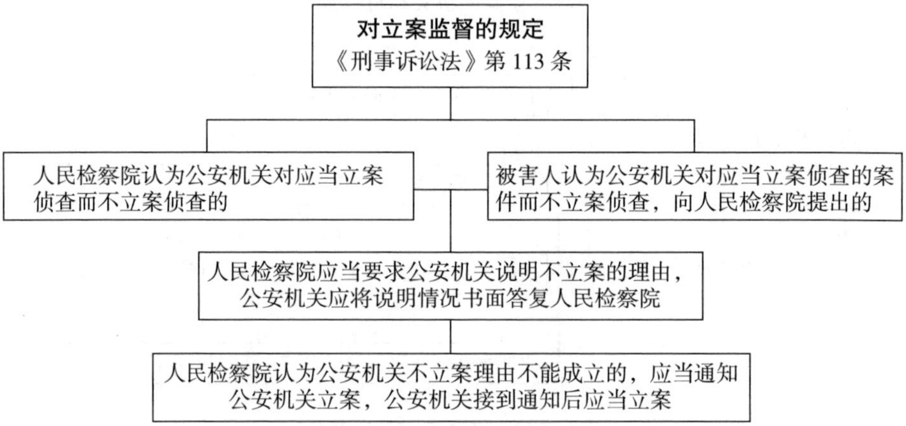

图9.4 对立案监督的规定

课后习题

1. 某深山老林里发现一具高度腐烂的尸体。村民立即向公安机关报案,公安机关立即赶赴现场进行勘验检查。虽无法查清该尸体的身份,但因该尸体背部以及腹部有刀伤,可以初步排除自杀。公安机关负责人认为该案侦破的难度很大,决定暂时不予立案。人民检察院对于该公安机关的做法可以(　　)。

A. 要求公安机关立即立案

B. 要求公安机关说明不立案的理由,认为理由不成立的,建议其尽快立案

C. 要求公安机关将案件移交人民检察院立案侦查

D. 要求公安机关说明不立案的理由,认为理由不成立的,通知其立案

2. 甲的汽车被盗。第二日,甲发现乙开的是自己的汽车(虽然更换了汽车号牌但仍可认出),遂前去拦车。在询问时,乙突然将车开走。甲追了一段路未追上,遂向公安机关陈述了这一事实,要求公安机关追究乙的法律责任。甲这一行为的法律性质是什么(　　)?

A. 报案

B. 控告

C. 举报

D. 扭送

课程链接

第十章　侦查程序

学习要点

本章着重对刑事诉讼侦查阶段有关问题作了系统的阐述。学习本章应掌握以下要点:(1)侦查的概念和意义;(2)侦查行为;(3)侦查终结;(4)人民检察院对直接受理案件的自行侦查;(5)补充侦查;(6)侦查监督。

案例一

案情简介

2004年2月23日中午1时20分,云南大学生命科学学院生物技术专业4名学生被发现死在该校学生公寓6栋317室里。法医鉴定表明,4人是被钝器打击致死,死亡时间大约在2月16日至18日。从现场遮盖死者的报纸上提取了一枚犯罪嫌疑人的指纹,经鉴定,是死者同宿舍的马加爵的。为此对马加爵开展调查并发现马加爵在案发后行为反常,现在处于下落不明的状态,遂认定马加爵为重大嫌疑人。为调动全国公安机关的力量,尽快破案,公安部发布了A级通缉令,悬赏20万元,通缉在逃的马加爵。全国的公安干警也布下天罗地网,全力排查马加爵。3月15日晚7时左右,三亚一电焊工在去三亚河西岸第一市场买菜时,发现疑似马加爵的男子在捡破烂,遂向公安机关举报,公安抓捕马加爵后立即对其予以关押。

3月17日晚上8点左右,侦查人员对马加爵进行了第一次审讯:

问:“根据法律对你进行讯问,要如实回答问题,不得隐瞒,知不知道?”

答:“嗯。”

问:“你叫什么名字?”

答:“马加爵。”

问:“你在哪儿上学,还是在哪儿打工?”

答:“在云南大学上学。”

问:“云南大学的哪个系?”

答:“生物技术系。”

问:“你住在什么地方?”

答:“6号楼317室。”

问:“为什么要杀人?”

答:“因为有一次打牌时吵架。”

问:“为什么会吵架?”

答:“其实我(打牌)根本没作弊。”

问:“就是他们说你作弊了,后来唐学李说你经常作弊,是不是啊?”

答:“嗯,我根本没作弊,就和他们吵起来了,然后吵出来很多东西。”

……

最后,讯问完毕,侦查人员让马加爵在讯问笔录上签名。[1]

思考问题

根据现行法律,回答下列问题:

1. 本案是通过公安部的通缉令,全国公安机关协同作战才取得如此战果的,在此,刑事诉讼法对通缉有何要求,具体程序如何?

2. 对犯罪嫌疑人进行审讯是侦查人员的一项职权,对此刑事诉讼法有何程序要求?

3. 本案在审讯的过程中有何不妥之处?

参考意见

1. 通缉是指公安机关对依法应当逮捕而在逃的犯罪嫌疑人,以发布通缉令的方式,通报有关地区的公安机关和广大人民群众,缉拿其归案的一种侦查行为。

按照《刑事诉讼法》第155条的规定对通缉有以下要求:(1)对象的特定性即

[1] 案例来源:《马加爵称杀人只因打牌时被疑作弊》,“法治在线”栏目2004年3月16日播出,https://news.sina.com.cn/s/2004-03-16/14033029415.shtml。

只能对应当逮捕的犯罪嫌疑人,并且其在逃;(2)主体的特定性即只能由公安机关发布命令,采取措施,具体决定由公安机关负责人决定;(3)范围的限定性即只能在发布机关管辖的范围内有效,超出自己管辖范围的,应当报请有权决定的机关发布。

发布通缉令的程序如下:

(1)决定逮捕。经过对案情的分析认为应该逮捕的,应报请人民检察院批准逮捕;经批准后,发现犯罪嫌疑人在逃的,经由公安机关负责人决定通缉。

(2)发布通缉令。公安机关承办案件的人员根据通缉决定,制作通缉令,除需要保密的事项外,对被通缉人的具体情况、通缉的原因、案件的简要情况作出叙述,最后加盖发布机关公章及日期、联系方式等。

(3)通缉令的发布机关和方法。县以上的公安机关可以在本辖区内通缉,超出辖区范围的,应层报省、直辖市、自治区公安机关或公安部发布通缉令;毗邻地区可以按协作规定办理,并报上级公安机关备案。发布通缉令的方法是多样的,只要在法律允许的范围内让协助部门、单位、公民知道其内容,从而有利于发现犯罪嫌疑人即可。

(4)补发通缉通报。在通缉令发布后,侦查机关发现有新情况的,可以补发通缉通报,并写明通缉令的编号和日期,以便联系。

(5)执行通缉令。通缉令是一种特殊的命令,有关机关应当认真执行,通力协助,发动群众提供线索,尽快将被通缉人缉拿归案。

(6)撤销通缉令。在逃犯罪嫌疑人被缉拿、投案或者死亡的,发布通缉令的机关应当在原发布通缉令的范围内发布撤销通缉令,以免浪费人力、物力,影响其他工作。

2. 按照《刑事诉讼法》第 52 条、第 118—123 条及相关司法解释的规定,对犯罪嫌疑人的讯问应遵循以下程序:

(1)讯问的主体。在侦查中讯问犯罪嫌疑人,必须由侦查人员进行,其他人员无此权力;侦查人员必须不得少于两人。

(2)关于讯问的地点和时间。对于已经被拘留或者逮捕的犯罪嫌疑人,应当在拘留或逮捕后 24 小时内在羁押场所内进行讯问;如发现错拘、错捕的,应立即释放并发给释放证明。对于未被拘留或逮捕的犯罪嫌疑人,可以传唤到犯罪嫌疑人所在市、县的指定地点或者到他的住处进行讯问,但是应当出示人民检察院或者公安机关的证明文件。对在现场发现的犯罪嫌疑人,经出示工作证件,可以口头传唤,但应当在讯问笔录中注明。适用传唤或者拘传方式讯问犯罪嫌疑人的,持续时间不得超过12小时,案情重大、复杂,需要采取拘留、逮捕措施的,传唤、拘传持续的时间不得超过24小时。不得以连续传唤、拘传的形式变相拘禁犯罪嫌疑人。传唤、拘传犯罪嫌疑人,应当保证犯罪嫌疑人的饮食和必要的休息时间。

(3)关于讯问次序和内容。侦查人员在讯问犯罪嫌疑人时,应当首先讯问其是否有犯罪行为,让其陈述有罪的情节或者无罪的辩解,然后再向其提出问题。第一次讯问,应当问明犯罪嫌疑人的姓名、别名、曾用名、出生年月日、户籍所在地、现住地、籍贯、出生地、民族、职业、文化程度、家庭情况、社会经历、是否属于人大代表、政协委员、是否受过刑事处罚或者行政处理等情况。侦查人员讯问的内容应与案件相关,否则犯罪嫌疑人可以拒绝回答。侦查人员在讯问犯罪嫌疑人的时候,应当告知犯罪嫌疑人如实供述自己罪行可以从宽处理的法律规定。对于共同犯罪的同案犯罪嫌疑人,应当分别进行讯问,未被讯问的犯罪嫌疑人不得在讯问现场。

(4)讯问特定犯罪嫌疑人的特殊要求。讯问未成年犯罪嫌疑人时,应当通知其法定代理人到场;讯问聋、哑犯罪嫌疑人时,应当有通晓聋、哑手势的人参加,为他们提供翻译服务;讯问不通晓当地语言文字的人、外国人和无国籍人时,也应当为他们提供翻译人员。

(5)讯问的禁止规定。侦查人员必须依法定程序讯问犯罪嫌疑人,严禁刑讯逼供和以威胁、引诱、欺骗以及其他非法的方法收集证据,不得强迫任何人证实自己有罪。

(6)关于讯问笔录。犯罪嫌疑人的供述和辩解是一种法定的证据,对其的讯问必须制作笔录,并应如实地反映讯问的内容。讯问笔录应当交犯罪嫌疑人核对,没有阅读能力的,侦查人员要如实向其宣读。如果记录有遗漏或者差错,犯罪嫌疑人可以进行补充或者更正。笔录经犯罪嫌疑人核对无误后,应当由其在笔录上逐页签名、捺指印。拒绝签名、捺指印的,侦查人员应当在笔录上注明。侦查人员、翻译人员也应当在讯问笔录上签名。犯罪嫌疑人请求自行书写供述的,应当准许;必要时,侦查人员也可以要求犯罪嫌疑人亲笔书写供词。制作讯问笔录应当使用能够长期保持字迹的材料。

(7)告知犯罪嫌疑人可以聘请律师。犯罪嫌疑人在被侦查机关第一次讯问或者采取强制措施之日起,可以聘请律师为其提供法律帮助,代理申诉、控告;申请变更强制措施;向侦查机关了解犯罪嫌疑人涉嫌的罪名和案件有关情况,提出意见。犯罪嫌疑人被逮捕的,律师可以为其申请取保候审。涉及国家秘密的案件,犯罪嫌疑人聘请律师,应当经侦查机关批准。上述权利,侦查人员在讯问时应当告知犯罪嫌疑人。

(8)对讯问过程录音或录像。侦查人员在讯问犯罪嫌疑人的时候,可以对讯问过程进行录音或者录像;对于可能判处无期徒刑、死刑的案件或者其他重大犯罪案件,应当对讯问过程进行录音或者录像。录音或者录像应当全程进行,保持完整性。

3. 根据上述的程序要求,本案中侦查人员的讯问存在以下问题:

(1)马加爵是在3月15日晚7时左右被抓捕羁押的,按照《刑事诉讼法》的规定应在24小时内进行讯问即在3月16日晚7时左右之前进行讯问,但在本案中侦查人员却到3月17日晚8时左右才讯问,违反时间的规定。

(2)按照《刑事诉讼法》的规定,侦查人员在讯问时,应首先讯问犯罪嫌疑人是否有犯罪行为,让他自己陈述有罪的情节或无罪的辩解,然后再讯问其他事项;在本案中,侦查人员没有遵循这一要求,最后也没有让其对是否有罪作陈述。

(3)侦查人员在讯问时,不得刑讯逼供、引诱、威胁、欺骗或其他非法方法进行;在本案中,侦查人员在讯问马加爵本人的相关情况后,直接提问"为什么要杀人",是典型的诱供。

(4)没有告知犯罪嫌疑人相关的诉讼权利。犯罪嫌疑人在被侦查机关第一次讯问或者采取强制措施之日起,可以聘请律师为其提供法律帮助,代理申诉、控告;申请变更强制措施;向侦查机关了解犯罪嫌疑人涉嫌的罪名和案件有关情况,提出意见。犯罪嫌疑人被逮捕的,律师可以为其申请取保候审。涉及国家秘密的案件,犯罪嫌疑人聘请律师,应当经侦查机关批准。上述权利,侦查人员在讯问时应当告知犯罪嫌疑人。而在本案中,侦查人员没有履行告知的义务。

案例二

案情简介

2023年1月19日晚,江某与其友吴某、贾某、何某等人酒后到某酒店KTV大厅娱乐。21时许,吴某、何某在洗手间与赵某发生纠纷,吴某立即返回KTV大厅,叫贾某等人前去帮助,并随手拿刀再次冲入包房向赵某连刺四刀(后抢救无效死亡),同时口中吼道:"全部跪下,不准动!"赵某被刺后说:"他们有刀,都跪下。"吴某对跪在地上的人拳脚相加,并对行动缓慢的顾某、叶某、何某、庞某4人一阵乱捅,4人受重伤倒地,江某等人趁乱逃跑。在逃跑的过程中,江某打电话给在公安局的朋友丁某说:"我捅了娄子,在某酒店KTV的某某包房里,你快去帮忙摆平。"丁某本来应和另一位干警一起值班,但另一位干警有事,就跟丁某说了声,办事去了。丁某接电话后,只能一人打车前去。来到包房,他立即让酒店老板赶走无关人员,并嘱咐他亲自在门外看守,以防止别人破坏现场。他首先对4位受伤人员进行询问:他们为何挨打,对方有多少人。他看伤者受伤太重后,就叫老板打电话叫救护车,自己开始进行勘验检查。由于手段有限,又没有其他人帮忙,在把伤者送走,就草草作了笔录,让老板拉了一个伙计,两个人在笔录上签字画押;同时让老板把包房收拾一下,继续营业。回到警局,正好另一位干警已回,就让其也在笔录上签字。后来,4位伤者有2人受伤过重死亡。由于在打斗过程中,人比较多,现场保护得不够,勘验检查不仔细,所以笔录上很多东西记载得比较粗糙,没有多少价值,致使作案人长期外逃。

思考问题

1. 勘验检查是一种重要的侦查行为,其对象和任务是什么?
2. 勘验检查有哪些程序性的要求?
3. 本案在勘验检查中存在哪些问题?

参考意见

1. 勘验检查是指侦查人员对犯罪有关的场所、物品、人身、尸体进行检查和检验,以发现和收集与犯罪有关的物品、痕迹、伤情或者生理状况等的侦查行为。

勘验的对象是犯罪有关的场所、物品和尸体;而检查的对象是活人的身体,包括犯罪嫌疑人、被害人的身体,必要时,也可以对证人的听觉和视觉进行检查,以确定其视力和听力情况,从而判断其证言的证据能力。

勘验检查的任务:(1)发现、固定、收集物证,包括物品和痕迹;(2)通过勘验检查活动,获得勘验检查笔录这一证据;(3)通过勘验检查活动,深化对案情的认识,判断案件的性质,分析犯罪嫌疑人及其实施犯罪行为的特点,从而确定侦查方向和范围。

2. 根据《刑事诉讼法》第128条至第135条及相关司法解释的规定,勘验检查

的种类有:现场勘验、物证检验、尸体剖验、人身检查、侦查实验五种,其程序要求分别如下:

(1)现场勘验。①接到报案后,侦查人员应当迅速赶赴案发现场,做好现场保护工作;②进行现场勘验的侦查人员,必须持有人民检察院或公安机关的有效证明文件;③进行现场勘验,必须邀请两名与案件无关的公民作为见证人;④进行现场勘验,首先应向发现人、报案人、现场保护人了解现场原始情况,然后圈定勘验范围,由外向内,有计划、有步骤地进行;⑤对现场情况,应当仔细观察、认真分析、研究,并采取各种技术手段提取和保全证据;⑥在案发现场上,如果有受伤的被害人,应及时送往医院抢救。对尸体应进行尸表检查,必要时,可由法医进行解剖和检验;⑦对犯罪现场情况应进行综合分析,推断案件的性质,确定侦查的方向和范围;⑧制作勘验笔录,并由参加勘验的人员和见证人签名。

(2)物证检验。①要认真、仔细地分析研究物品和痕迹的特征及其形成,并通过分析,弄清痕迹、物品与案件事实有无联系;②对侦查人员难以判明的,应当指派或者聘请具有专门知识的人进行鉴定;③在物证检验时,应当有见证人在场。

(3)尸体剖验。①要了解案情,询问死者的自然情况,并作记录。②进行尸表检查,如不能确定死亡时间或死因的,要进行尸体解剖。对于死因不明的尸体,公安机关有权决定解剖,并通知死者家属到场。对于需要进行开棺解剖尸体的,应报请县以上的公安机关批准。③最后应制作笔录,记明检验中所见的全部情况及作出的结论,然后由尸检人员和家属签名。

(4)人身检查。①人身检查作为侦查行为,必须由侦查人员进行,必要时可以指派或聘请法医或医师等具有专门知识的人,在侦查人员主持下依法进行;②对犯罪嫌疑人拒绝人身检查的,可以强制进行;③对被害人的人身检查,应征求其本人同意,不得强制进行;④对妇女的人身检查,应由女工作人员或者医师进行;⑤人身检查应根据案情确定检查的部位,不得任意扩大范围,不得侮辱被检查人的人格;⑥可以提取指纹信息,采集血液、尿液等生物样本。

(5)侦查实验。①进行侦查实验,必须经县级以上的公安机关负责人批准;②侦查实验必须在与有关事实或者行为发生时的条件相同的情况下进行,如果原条件不具备,应当在最近似的条件下进行实验;③侦查实验应当在相同情况下反复实验,便于正确判断其结果,防止偶然性;④禁止一切足以造成危险、侮辱人格或者有伤风化的行为;⑤侦查实验应制作笔录,反复实验的,每次都应制作笔录,笔录的内容包括案件发生的时间、地点、简要案情、侦查实验的目的和要求,记录侦查实验的方法、过程和结果，记录侦查实验开始和结束的时间，参加人员的姓名、工作单位和职务，参加者应在笔录上签名或者盖章，并注明年、月、日；⑥必要时，应当对侦查实验过程进行录音或录像。

3. 本案中进行的是现场勘验，其程序问题主要有：

(1)违反了回避的规定。按照《刑事诉讼法》第29条的规定，在本案中江某与丁某有朋友关系，可能影响公正处理案件的，因而丁某应该回避，不能参加侦查活动。

(2)缺少必要的见证人。进行勘验，应当邀请两名与案件无关的公民作为证人。丁某没有邀请，且让酒店老板在外看守，违反了规定。

(3)勘验检查的顺序错误。对于有伤员的，应先把受伤人员及时送往医院抢救；其次应对发现人或报案人、现场保护人进行询问，了解情况，这些必要的程序，丁某都没有进行。

(4)勘验检查笔录的签名错误。笔录应由参加勘验的人员和见证人签名，其他人不能在笔录上代替签名；在本案中，丁某让实际上没有参与勘验的老板及其伙计、另一位干警签名的做法是错误的。

案例三

案情简介

被告人杜某某，男，1970年4月3日出生于某市，汉族，中专文化，原系某市公安局下属分局的副局长。

某日，被告人杜某某与其妻、子一起开着敞篷吉普去郊游。那天天气不错，郊区路宽人少，车也不多，因此，杜某某车开得很快，多次违规超车。当车开到一个岔路口时，杜某某强行上道，险些与一辆正常行驶的工程车相撞，其子和妻也险些被甩出车外。杜某某大怒，驱车超过工程车并将其强行拦下。杜某某的妻子下车对工程车上的两名驾驶员进行辱骂，随后一名驾驶员下车扇了她两个耳光。杜某某看到妻子被打，立即前来助战，哪知也不是对手，遂恼羞成怒，返回吉普车拿出放在外套里面的手枪并推上子弹，举枪就要向那位驾驶员射击。不想突然一把大扳手从工程车上扔出来正中其头部，杜某某立即倒地，很快不省人事。一看要出人命，路人及其妻子立即把他抬上车，送往附近医院，但最后杜某某不治而亡。案件发生后,由于人手不够,与杜某某同一个分局的干警赵某、张某被派去调查当地农民。为了做工作的方便,干警把三农民开车带到一个加油站进行询问。下面是公安干警对围观的农民的调查:

问:"我们是公安局的,依法对你们三人进行调查。你们要如实交代当天我们副局长是如何死的,可知道?"

答:"好的,干部尽管问。"

问:"当天你们三人都是在现场的?"

答:"是的,打架全过程我们都看到了。"

问:"他们为何打架?"

答:"这个不清楚。""后来听那个女的说,工程车抢道,所以就下车去要说他们一下。"

问:"两个驾驶员不听,就下车打人,是不是?"

答:"有一个人下来打了那个女的,另一个人在……"

问:"另一个人是不是也要下车来打人?"

答:"还没下来,突然那个死的人也下来打,但打不过那个开车的,然后马上就回去取了枪。"

问:"他拿枪时,枪口是朝上的? 要朝天鸣枪示警对吧?"

答:"这倒不清楚。我们仨看到他拿出枪,用手在枪上推了一下,大约是上子弹,然后枪口从下朝上动,还没动到上面(即朝天)就被另一个司机扔出的大扳手打倒。"

问:"那两个人有没有要跑?"

答:"这倒没看到。"

问:"好,今天就调查到这,下次再来找你们。你们不要把今天的事对人乱讲,可知道?"

答:"好的。"

问:"三人谁把字签一下。"

其中一个农民签了字,其余两人没签。(本案经过改编)

思考问题

1. 何为证人? 询问证人有何意义?

2. 按我国法律,询问证人有何程序要求? 本案程序是否存在问题?

参考意见

1. 证人是指知道案件情况,能够辨别是非和正确表达的人;生理上、精神上有缺陷或者年幼,不能辨别是非,不能正确表达的人,不能做证人。

询问证人,是指侦查人员为查明案件事实,用言词的方式,向知道案情并能辨别是非、正确表达的人进行询问,调查了解与案件情况有关的事实的侦查行为。由于证人知道案情而大多又与案件本身无利害关系,因而询问证人是一种常用的侦查手段,其意义体现在:

(1)是党的群众路线在刑事诉讼中的体现,是发动群众揭露犯罪、证实犯罪的基本方式。

(2)询问证人是获得证人证言这种证据的法定方法。犯罪行为大多是在群众实施,犯罪嫌疑人也大多隐藏在群众之中,通过深入群众、调查研究,从而发现证人,提取证人证言。

(3)通过询问证人可以核实案件事实,审查犯罪嫌疑人的情况,防止对无罪的人进行追究,及时查获犯罪嫌疑人。

2. 根据《刑事诉讼法》第 124—127 条、第 281 条及相关司法解释的规定,询问证人应遵守如下程序:

(1)询问的主体。在侦查程序中,作为侦查询问的询问证人,只能由侦查人员进行。其他任何人都不具有询问的资格,所收集的证言,不具证据效力。(2)询问证人的地点。可以在现场进行,也可以到证人的所在单位、住所或者证人提出的地点进行询问,在必要时可以通知证人到人民检察院或公安机关提供证言。在现场询问证人,应当出示工作证件,到证人所在单位、住处或者证人提出的地点询问证人,应当出示人民检察院或公安机关的证明文件。(3)询问方式。询问证人应当个别进行。一个案件,如果有数个证人,无论是在法庭上还是在法庭外,都要分别询问,未进行询问的证人不得在询问现场或其他可以听到询问情况的地方,以防止互相影响,损害证言的真实性。侦查人员不得向证人泄露案情或者表示对案件的看法,严禁采用暴力、威胁等非法方法询问证人。(4)告知法律责任。侦查人员询问证人,应当首先告知他应当如实地提供证据、证言和有意作伪证或隐匿罪证要负的法律责任。(5)对未成年人的特别规定。对于询问未满 18 岁的证人,应当通知其法定代理人到场,并由侦查人员根据案件和证人情况决定。询问未成年证人的,要用通俗易懂的语言提问。询问聋、哑证人,应当有懂得聋哑手势的人参加作为解释。(6)为证人保密。侦查人员有权询问证人,也有义务为证人保密。对于证人不愿透露自己的姓名和报案、举报行为的,侦查机关应当为证人保密。(7)询问证人应当制作笔录。证人证言是法定的证据,询问的目的之一就是获得证人证言。询问证人笔录是对证言的固定,有条件的可以录音固定证言。询问笔录应交证人核对,对没有阅读能力的,应当向其宣读。如果记载有差错或遗漏的,证人可以修改或补充。对无异议的笔录,证人应签名或盖章,侦查人员也要签名。证人也可以自行书写证言。

根据以上的法定程序要求,本案存在以下程序问题:

(1)询问主体错误。本案中的两名干警是与当事人有利害关系的,应该回避而未回避;而且两名干警在本案中并非执行侦查任务的,不属于侦查人员。

(2)询问地点错误。本案中的询问地点是在加油站,不属于证人的单位,也不是公安机关;且干警并未出示有关的证件。

(3)询问方式错误。本案有三名证人,按规定应分别进行询问,但干警却一起询问,此做法不当。

(4)没有履行告知法律责任。按法律规定,侦查人员在询问开始时,应告知证人有如实作证的义务和虚假作证的法律后果,本案中干警没有履行这一告知的义务。

(5)笔录错误。所有参加询问的证人都应分别签名,本案中只有一名证人签名是不当的。

(6)询问方式错误。侦查人员询问证人应当避免诱导性的询问,在本案中,干警存在多处的诱导,直接影响证据的真实性。

案例四

案情简介

2022年11月2日,民警张某正在某小区外进行夜间巡逻,突然看到一个形迹可疑的男子,他背着一个鼓鼓囊囊的双肩包,四处张望,神色慌张。张某怀疑该名男子可能实施了盗窃行为,于是进行了追捕。由于天黑,男子也看不清来者何人,于是一路狂奔,直至到了该名男子的住所,张某才控制住该名男子。在出示了身份证件后,张某强行进屋,对该名男子的背包以及住所进行了全面搜查。从该名男子的背包内未发现任何可疑物品，仅装有一些洗漱用品及换洗衣物。但从屋内的柜子里查获手机、平板电脑等电子产品5台，项链、戒指等贵金属首饰若干，现金2万元。该名男子辩称这是同住的室友黄某的，自己并不知情。张某仍将该名男子拘留并将上述物品一并扣押带回警局，未制作扣押清单。在调查过程中，公安机关发现了该名男子还有挪用公款的嫌疑，于是依法冻结了其银行账户。而后，由于张某所在的单位办案经费紧张，经公安局领导批示，暂时从搜查到的钱款中挪用1万元作为经费，并将其账户内2万多元通过冻结并划到公安局的专用账号中。

思考问题

1. 搜查的概念与特征是什么？

2. 搜查有何程序要求？本案在程序上是否符合要求？

3. 对查询冻结犯罪嫌疑人存款有何程序要求？本案在此是否有问题？

参考意见

1. 搜查，作为侦查行为是指侦查人员为收集物证、书证，查获犯罪嫌疑人，依法对犯罪嫌疑人以及可能隐藏犯罪嫌疑人或者罪证的人身、物品、住处和其他有关场所，进行搜索的一种侦查行为。

搜查是法定的侦查行为，它具有以下法律特征：

（1）强制性。搜查的任务就是要查获犯罪嫌疑人或犯罪的证据，这就决定了必须依靠国家强制力，对有关物品、人身、场所进行搜索，并且不允许任何人阻拦。

（2）公开性。搜查应依法公开进行，一般应在白天进行，要让被搜查的有关人在场，同时邀请2个见证人在场。查获与案件有关物品，应当开列清单一式两份，其中一份应留给被搜查的人。

（3）扩展性。搜查的对象，不限于犯罪嫌疑人，只要有一定理由怀疑其身上可能隐藏有与案件有关的实物证据，就可以依法对任何人的身上进行搜查。搜查的物品、场所，也不限于犯罪嫌疑人的，只要有一定的理由，认为可能藏有罪证或犯罪嫌疑人的物品、场所，都可以依法进行搜查。

（4）合法性。搜查应依法进行，非法搜查，侵犯公民人身、民主权利的，应当追究法律责任。

2. 根据《刑事诉讼法》第136—140条的规定，凡在刑事诉讼中进行搜查，应严格遵守如下程序:(1)搜查是侦查行为,应当由侦查人员进行,为了实现搜查任务,防止违法行为的发生,侦查人员应不得少于两人;(2)进行搜查,必须出示搜查证,这是合法搜查与非法搜查的区分标志,但是在执行逮捕、拘留的时候,遇有紧急情况,不另用搜查证也可以进行搜查;(3)在搜查时,应当有被搜查人或他的家属、邻居或者其他见证人在场;(4)搜查妇女的身体,应当由女工作人员进行;(5)搜查的范围,可以对可能隐藏罪犯或者犯罪证据的人的身体、物品、住处和其他的地方进行搜查;(6)搜查应当制作笔录,对搜查中发现的对案件有证明意义的赃款、赃物、违禁品,以及其他实物证据,依法应当扣押的,应当开列扣押清单。

根据上述的程序要求,本案存在的程序问题有:(1)违反了搜查人数的要求。搜查时应当由侦查人员进行,且侦查人员应不得少于两人。本案中只有民警张某一人进行搜查,不符合法律规定。(2)违反了有关人员在场的要求。搜查时应当有被搜查人和其他见证人,本案中只有民警张某与犯罪嫌疑人,并且也没有其他任何见证人,是违反了法律规定的。(3)未制作扣押笔录。搜查完毕,需要扣押的,应制作扣押清单,并由搜查人员和当事人及见证人签名或盖章,扣押单应由被搜查人持有一份。但在本案中,张某并没有按照法律规定制作扣押清单,也未让该名男子签名及持有一份。

3. 根据《刑事诉讼法》第 144 条和《涉案财物管理规定》,查询冻结犯罪嫌疑人的存款应遵守如下程序:(1)应当取得县级以上人民检察院检察长或公安机关负责人的批准,并填写查询犯罪嫌疑人存款通知书、协助查询存款通知书,通知有关的金融机构、邮电机关执行。需要冻结犯罪嫌疑人存款的,也应办理相应的手续。如果是查询、冻结归侨、侨眷的存款,应征求当地侨务、统战部门的意见,并要报请地级检察机关或公安机关批准。(2)对于犯罪嫌疑人的存款,侦查机关不得重复冻结,但是可以要求有关部门,在对犯罪嫌疑人的存款即将解冻时,通知人民检察院和公安机关,以便接着再行冻结。(3)对于冻结的存款,侦查机关不得扣划。对于在侦查、审查起诉中犯罪嫌疑人死亡的,对其存款依法应当没收或返还被害人的,可以申请法院裁定,并通知冻结犯罪嫌疑人存款的有关金融机构或邮电机关上缴国库或返还给被害人。(4)对于已冻结的存款,经查明与案件无关的,应当在 3 日以内解除冻结。

按照相关的规定,侦查机关不得对冻结的存款进行扣划。本案中,对该名犯罪嫌疑人冻结的存款,公安机关划拨到公安机关的专用账号是违反规定的行为。

案例五

案情简介

2014年5月28日，在山东省招远市罗峰路麦当劳快餐厅内发生一起命案，1名女子遭到5名男女的疯狂殴打，最终不治身亡。5名犯罪嫌疑人因涉嫌故意杀人罪，经山东省招远市人民检察院批准，于6月2日被依法逮捕。经调查，5名犯罪嫌疑人均为“全能神”邪教组织成员。2014年5月28日21时许，为宣扬邪教，发展成员，在山东省招远市罗峰路麦当劳快餐厅内向周围就餐人员索要电话号码，遭被害人吴某某（女，35岁，山东省招远市人）拒绝后，认为其为“恶魔”“邪灵”，应将其消灭，遂实施殴打，致被害人死亡。有关上述犯罪嫌疑人的精神病鉴定也正在进行中。

思考问题

1. 鉴定的意义是什么？
2. 鉴定人的确定及条件是什么？
3. 鉴定的程序要求有哪些？

参考意见

1. 鉴定是法定的一种侦查行为，是侦查机关为了查明案情，指派或聘请具有专门知识的人，对案件中有关专门性问题进行比对、分析和鉴别，作出推断结论的一种活动。

鉴定的意义在于：鉴定行为是取得鉴定意见这一证据的唯一途径，是收集证据的一种方法；鉴定可以使与案件有关的各种物品、文件、痕迹、尸体发挥对案件的证明作用；鉴定可以帮助侦查人员了解有关的专门性问题，从而正确认定案件事实，揭露犯罪、证实犯罪；鉴定可以帮助侦查人员排除某些伪证，防止无辜的人利益受到损害。

2. 凡是需要采用鉴定行为查明案件事实的，应当选择鉴定人。作为侦查行为的鉴定，凡侦查机关内部具有解决案件中专门问题的鉴定人，应当正式指定他对案件中的专门问题进行鉴定；凡是需要聘请外单位的鉴定人的，应当适时办理委托鉴定手续。

鉴定人应具有以下条件：具有解决案件中专门问题的知识和技能；与案件及其

当事人没有利害关系,不具有法律规定的回避条件的情形;工作态度认真负责,工作作风细致、严谨。

3. 鉴定的具体程序如下:(1)选择鉴定人。对侦查机关内部的鉴定人,予以正式指派;聘请外单位的鉴定人,应由送检人填写委托鉴定登记表,由县以上的侦查机关发聘请书。(2)侦查机关向鉴定人送交足够的有关鉴定材料,包括对比样本,介绍必要的案情,并明确提出需要通过鉴定解决的问题,但不得暗示或强迫鉴定人作出某种结论。(3)应当要求鉴定人在鉴定后,及时出具明确的鉴定意见,并且签名以示负责。如果是多人一起鉴定的,意见一致的,共同作出鉴定意见并共同在上签名;如意见不一致的,可以分别制作鉴定意见。鉴定单位也必须在鉴定意见上盖公章。(4)侦查机关的办案人员,对于鉴定意见应当进行审查,必要时,经批准,可以进行补充鉴定或者重新鉴定。

案例六

案情简介

王某国是王某庆的儿子。某日,王某庆一大早就背着秤杆到附近山区的封某1家去买猪,因碰到以前的熟人,就到封某1家先看了猪,约定下午来称。下午1时许,王某国看父亲上午没回来就到封某1家去看个究竟。到了那里,看见父亲正在和他们称猪,也就上前帮忙。封某1以为其子来做手脚,于是对猪的重量不满,并发生争吵。于是就约定用另一杆秤重秤,并让在此帮忙的封某1的侄子封某2去把村里的秤借来。由于借来的秤也有点问题,双方对重量再次发生争辩。最后王某庆决定不买了。在回去的路上,封某2与王家父子继续争吵,并趁其不备,用杆秤狠狠地打了一下王某国,秤砣也因杆秤而失去平衡砸到王某庆。吃此大亏的王家父子哪肯罢休,回去抄上杀猪刀就匆匆赶过来。封家也知道王家吃了亏,肯定会回来报复。封某1与封某2就一人用气枪、一人用猎枪在封某1家守着。王家父子气势汹汹地过来,周围的邻居和封家的亲戚就过来劝阻,让其不要进去找人。王家父子哪里肯听,拿出刀来威胁道:“今天谁也不准挡我,否则我遇谁砍谁!”一看这阵势,邻居就都让开,只有亲戚还在劝。就在王某庆要摆脱阻拦,冲向封某1的房子时,猎枪响了。封某1原来是个猎手,枪法很准。子弹正中王某庆的头部,王某庆应声倒下。王某国一看封家使枪,顾不上父亲就跑去报案了。王某庆后来不治而亡。封家一看事情也闹大了,就商量让封某2来替罪,毕竟封某1是两家的主心骨,封某2一家也是靠着他才得以过活。封某2想了平时叔叔对他家的照顾,在得到封某1保证在其替罪后照顾他全家的承诺后,向公安机关自首。公安机关对王某国、附近的邻居等进行了调查询问,对封家叔侄也进行了讯问;扣押了猎枪、气枪并就弹道进行了鉴定,据此,公安机关对封某2予以逮捕,并宣布侦查终结,向人民检察院移送了起诉意见书。

思考问题

1. 侦查终结的概念及意义是什么?
2. 侦查终结的条件是什么? 本案是否符合侦查终结的条件?
3. 结合本案,谈谈侦查终结后案件的处理程序是怎样的?
4. 如果检察机关认为本案不符合侦查终结的规定,可以采取哪些补救措施?

参考意见

1. 侦查终结是指侦查机关对于由自己立案侦查的案件,经过一系列的侦查活动,认为案件事实已经查清,证据确实、充分,足以对犯罪嫌疑人是否实施犯罪和应否承担刑事责任作出认定,从而对案件依法作出的一种处理程序。

侦查终结的意义在于:侦查终结,标志着侦查任务的完成,或者终止本案诉讼活动,或者把本案的诉讼推向下一程序;停止对不承担刑事责任者的追诉,维护其合法权益;通过侦查终结,适时将事实清楚,证据确实、充分,依法应当追究刑事责任的案件,及时移送给人民检察院审查起诉,为提起公诉奠定可靠基础。

2. 根据《刑事诉讼法》的规定,侦查终结必须符合下列三个条件:(1)案件事实清楚。查明案件事实是侦查程序的任务,只有完成其任务,才有可能侦查终结。案件事实清楚,包括犯罪嫌疑人有罪或者无罪的全部事实,情节已经查清,侦查机关认为有关犯罪的时间、地点、行为手段、行为过程以及行为结果等都已经查清,有关犯罪线索也全部查清。(2)证据确实、充分。要求通过侦查获得的证据是真实可靠的,足以证明所认定有罪或无罪的事实。犯罪嫌疑人的罪行的所有情节都得到证实,或者犯罪嫌疑得到澄清。(3)法律手续完备。在侦查活动中,侦查人员使用的各种诉讼文书是依法侦查的凭证。在侦查终结时,对各种诉讼文书应当进行清理、核对,检查各种应当有的诉讼文书是否齐全;如果发现遗漏的,应及时予以补齐。只有具备以上三个条件,才能侦查终结。

根据以上的条件规定,本案并不符合侦查终结的条件。本案从形式上看,似乎符合了事实清楚、证据确实充分、手续完备的要求,但并没有从证据上认定是封某2实施了杀人行为,而只是仅仅根据犯罪嫌疑人的供述来认定,是典型的口供中心主义。在此,公安机关应当对犯罪嫌疑人进行进一步的侦查,如侦查实验等来验证到底是封某2还是封某1实施了犯罪行为:封某1是位老猎手,枪法极准;而封某2是位年轻人,对打猎一窍不通,在当时的激烈紧张的情况下,很难让人相信其能打中受害人。并且,还应对作案工具上的指纹应当予以核实等。可见,本案既不符合事实清楚的要求,也不符合证据确实、充分的要求。

3. 根据《刑事诉讼法》第161—163条的规定,在案件侦查终结前,辩护律师提出要求的,侦查机关应当听取辩护律师的意见,并记录在案。辩护律师提出书面意见的,应当附卷。侦查终结的案件,根据案件的不同情况,作出移送起诉或者撤销案件的决定。

公安机关侦查终结的案件,如果认为案件事实清楚,证据确实、充分,依法应当追究刑事责任的,应当制作起诉意见书,连同案卷材料、证据一并移送同级人民检察院审查决定;同时将案件移送情况告知犯罪嫌疑人及其辩护律师。

公安机关在侦查过程中,发现犯罪嫌疑人的行为不构成犯罪,或者依法不应追究刑事责任的,应当作出撤销案件的处理决定。犯罪嫌疑人已被逮捕的,应当立即释放,发给释放证明,并通知原批准逮捕的人民检察院。

在案件的侦查过程中,如果被害人依法提起附带民事诉讼的,应记录在案;如果案件是移送人民检察院审查起诉的,应在起诉意见书中予以注明。如果案件被撤销的,应及时告知被害人另行向人民法院提起民事诉讼。

由于本案中,事实上是封某1实施了犯罪行为,应当对封某1实施逮捕,并对其提起公诉,同时应释放封某2,并发给释放证明。

4. 根据《刑事诉讼法》第175条的规定,人民检察院认为公安机关侦查终结的案件事实不清、证据不足的,可以作出退回补充侦查的决定,并指明需要侦查的内容。

经过补充侦查后,人民检察院仍认为还有事实不清,或者证据不足,可以再次退回补充侦查,或者根据退回补充侦查情况,直接决定不起诉。

补充侦查以两次为限,对于补充侦查的案件应当在一个月内完成补充侦查;经过两次补充侦查后,人民检察院仍认为事实不清或证据不足的,不符合起诉条件的,应当作出不起诉的决定。

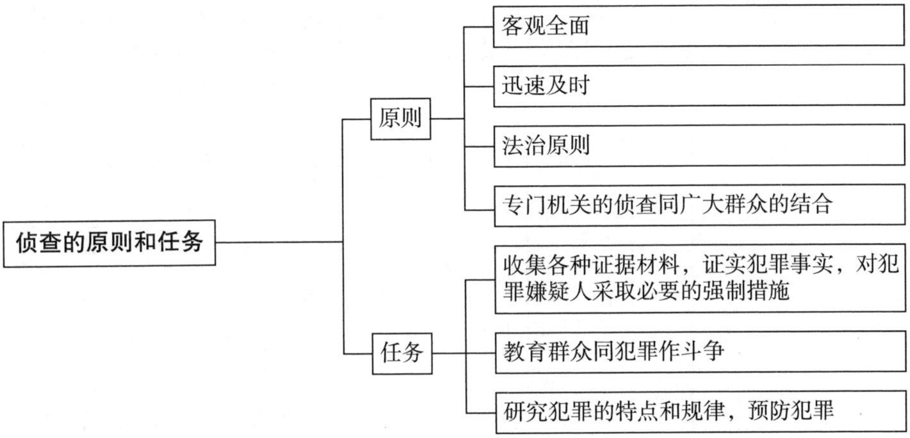

图 10.1　侦查的原则和任务

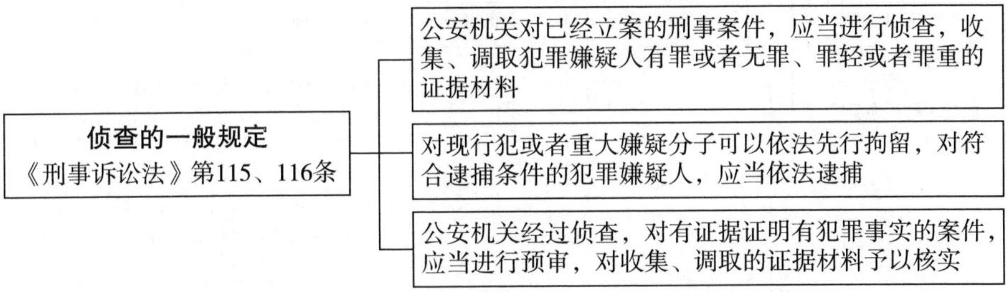

图 10.2　侦查的一般规定

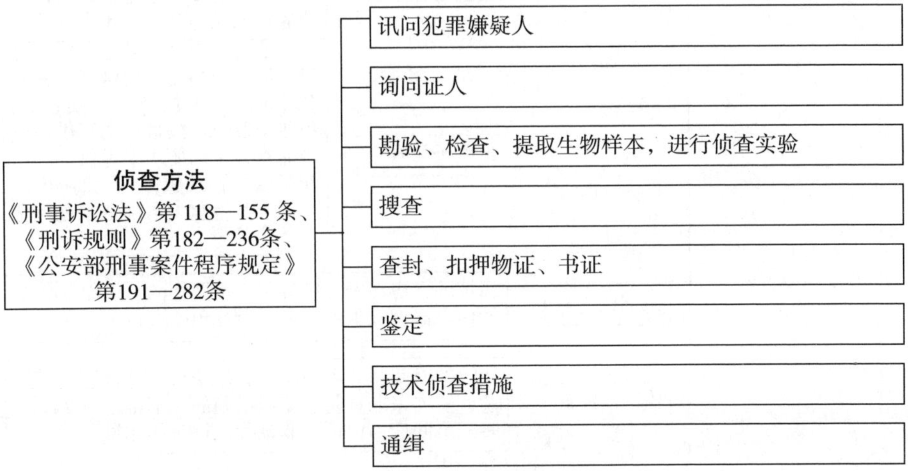

图 10.3　侦查方法

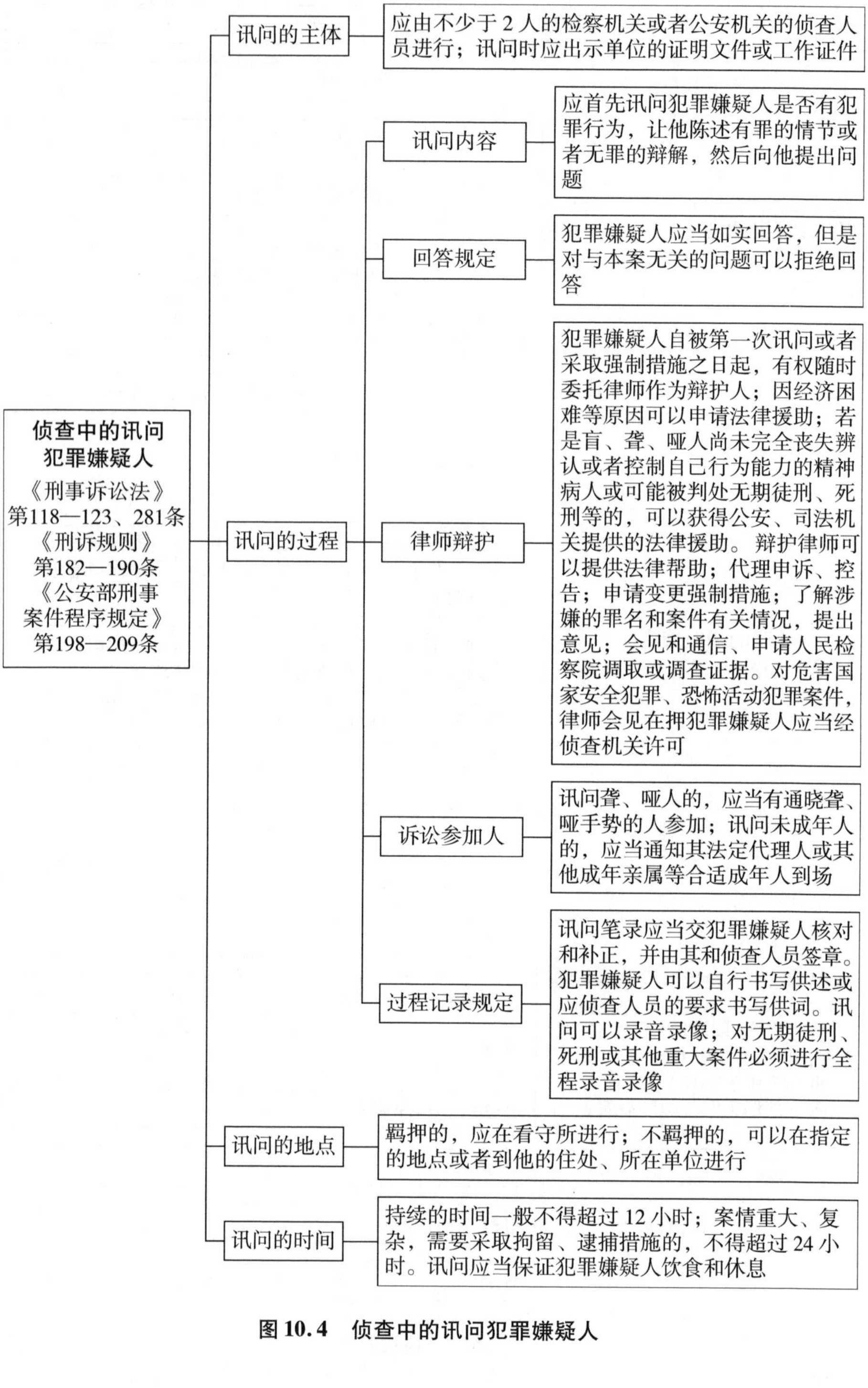

图10.4　侦查中的讯问犯罪嫌疑人

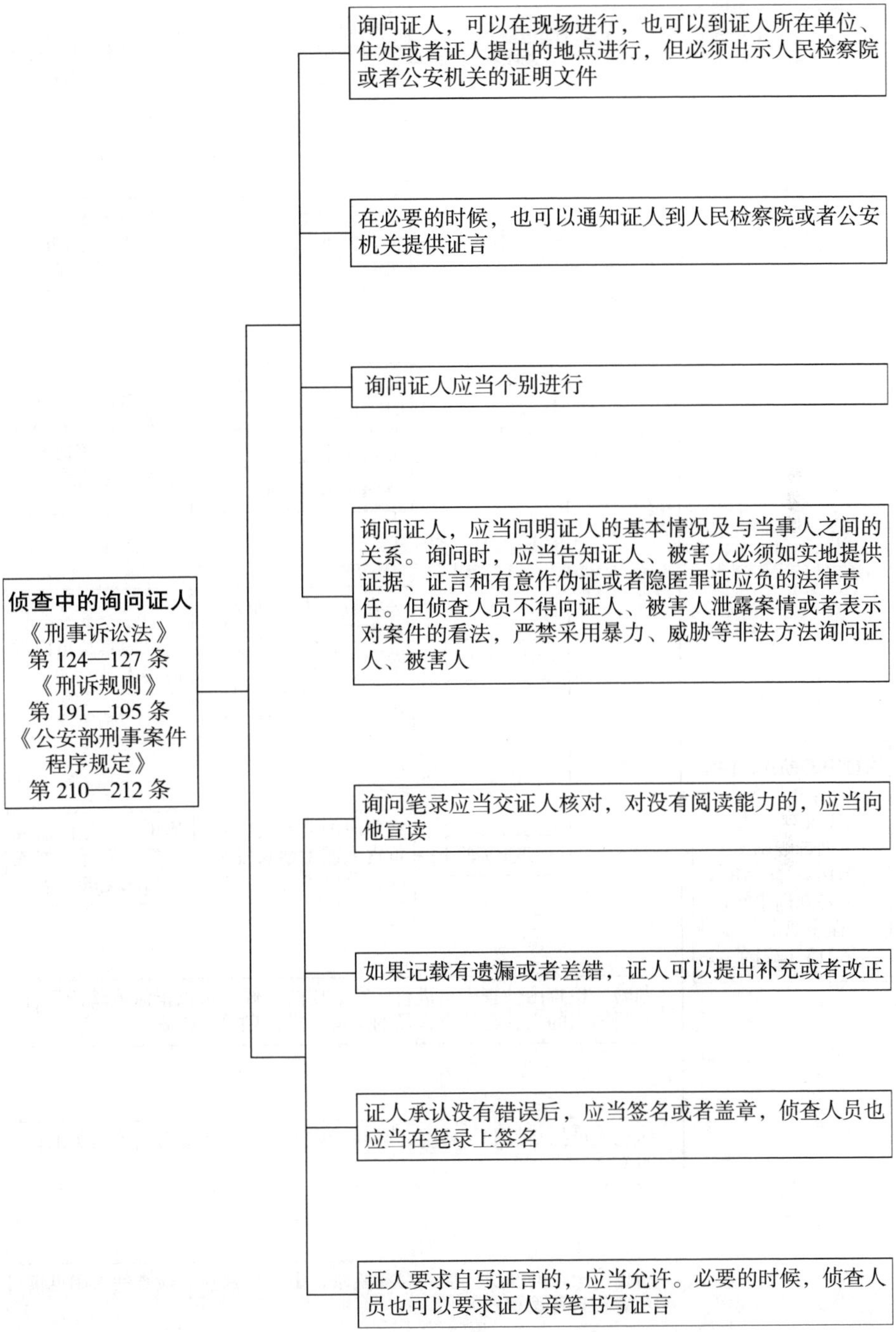

图 10.5　侦查中的询问证人

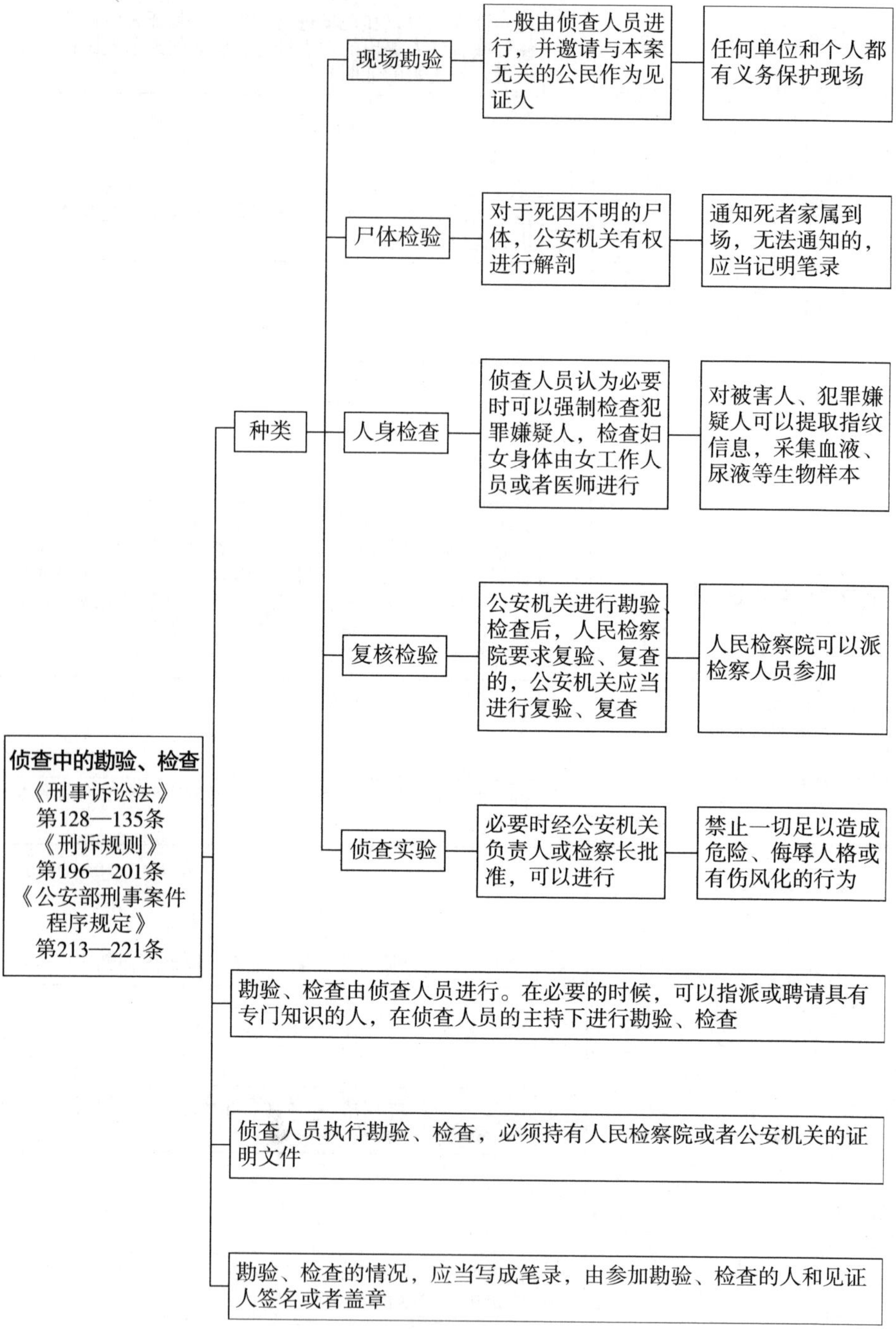

图 10.6　侦查中的勘验、检查

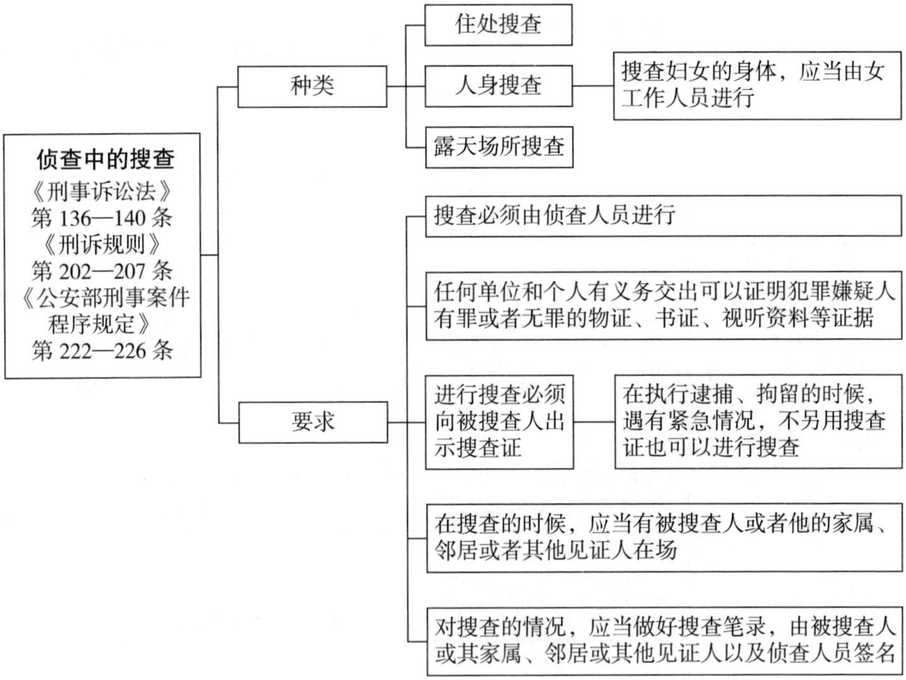

图 10.7　侦查中的搜查

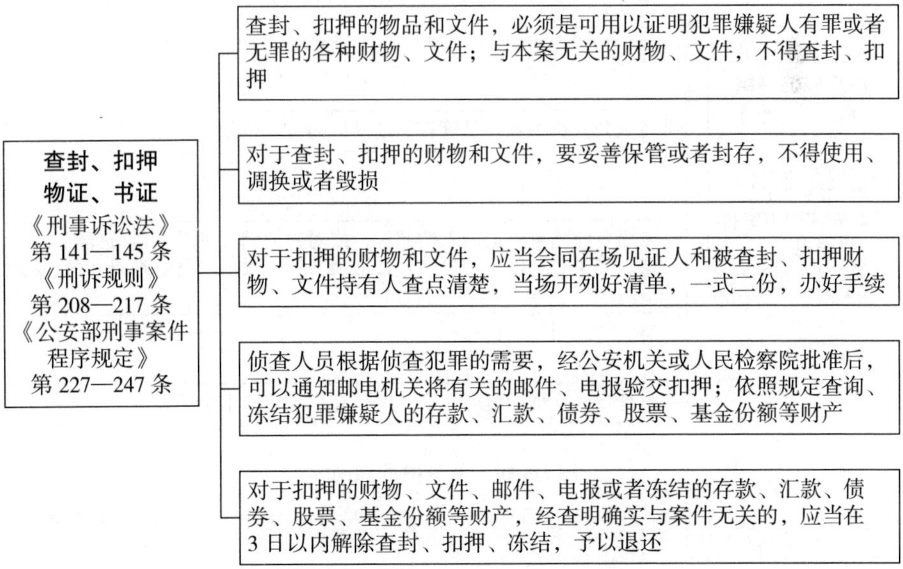

图 10.8　查封、扣押物证、书证

侦查中的鉴定
《刑事诉讼法》
第 146—149 条
《刑诉规则》
第218—222条
《公安部刑事案件程序规定》
第248—257条

- 鉴定人必须是具有专门知识的人。鉴定的问题，只能是某些专门性问题，而不能是法律问题
- 必须向鉴定人介绍必要的案情，向鉴定人提交尽可能充分的鉴定材料；提出明确的要求
- 鉴定人进行鉴定后，要写出鉴定意见，多名鉴定人意见不一致的，应在鉴定意见上注明，并分别签字盖章。鉴定人故意作虚假鉴定的，应当负法律责任
- 用作证据的鉴定意见，应当及时告知犯罪嫌疑人、被害人。如果犯罪嫌疑人、被害人提出申请，可以补充鉴定或者重新鉴定
- 对犯罪嫌疑人作精神病鉴定的期间不记入办案期限

图 10.9　侦查中的鉴定

侦查中的通缉
《刑事诉讼法》
第155条
《刑诉规则》
第232—236条
《公安部刑事案件程序规定》
第274—282条

- 通缉的对象是应该逮捕而在逃的犯罪嫌疑人或者已被逮捕的犯罪嫌疑人脱逃的
- 各级公安机关在自己管辖的地区以内可以直接发布通缉令
- 通缉令应附有被通缉人的照片，或对被通缉人的外貌进行详细描述，除了必须保密的事项外，应当写明案发的时间、地点和简要案情
- 超越自己管辖的地区，应当报请有权决定的上级机关发布

图 10.10　侦查中的通缉

技术侦查措施
《刑事诉讼法》第150—154条
《刑诉规则》第227—231条
《公安部刑事案件程序规定》第263—273条

- 具体对象：公安机关在经过严格的审批手续后，可以对下列案件采取技术侦查措施：（1）危害国家安全犯罪、恐怖活动犯罪、黑社会性质的组织犯罪、重大毒品犯罪案件；（2）故意杀人、故意伤害致人重伤或者死亡、强奸、抢劫、绑架、放火、爆炸、投放危险物质等严重暴力犯罪案件；（3）集团性、系列性、跨区域性重大犯罪案件;（4）利用电信、计算机网络、寄递渠道等实施的重大犯罪案件，以及针对计算机网络实施的重大犯罪案件；（5）其他严重危害社会的犯罪案件，依法可能判处7年以上有期徒刑的。
  人民检察院在立案后，对于利用职权实施的严重侵犯公民人身权利的重大犯罪案件，经过严格的批准手续，可以采取技术侦查措施，交有关机关执行。追捕被通缉或者批准、决定逮捕的在逃的犯罪嫌疑人、被告人，经过批准，可以采取追捕所必需的技术侦查措施。不受以上案件范围的限制
- 执行要求：必须严格按照批准的措施种类、适用对象和期限执行技术侦查；对采取技术侦查措施过程中知悉的国家秘密、商业秘密和个人隐私，应当保密；对采取技术侦查措施获取的与案件无关的材料，必须及时销毁；获取的材料，只能用于对犯罪的侦查、起诉和审判，不得用于其他用途；有关单位和个人应当配合，并对有关情况予以保密
- 具体措施：在必要的时候，经公安机关负责人决定，可以由有关人员隐匿其身份实施侦查。但是，不得诱使他人犯罪，不得采用可能危害公共安全或者发生重大人身危险的方法。对涉及给付毒品等违禁品或者财物的犯罪活动，可以依照规定实施控制下交付
- 证据效果：依照技术侦查措施规定采取侦查措施收集的材料在刑事诉讼中可以作为证据使用。如果使用该证据可能危及有关人员的人身安全，或者可能产生其他严重后果的，应当采取不暴露有关人员身份、技术方法等保护措施，必要的时候，可以由审判人员在庭外对证据进行核实
- 有效期：批准采取技术侦查措施的决定自签发之日起3个月以内有效。对于不需要继续采取技术侦查措施的，应当及时解除；对于复杂、疑难案件，期限届满仍有必要继续采取技术侦查措施的，经过批准，有效期可以延长，每次不得超过3个月

图10.11　技术侦查措施

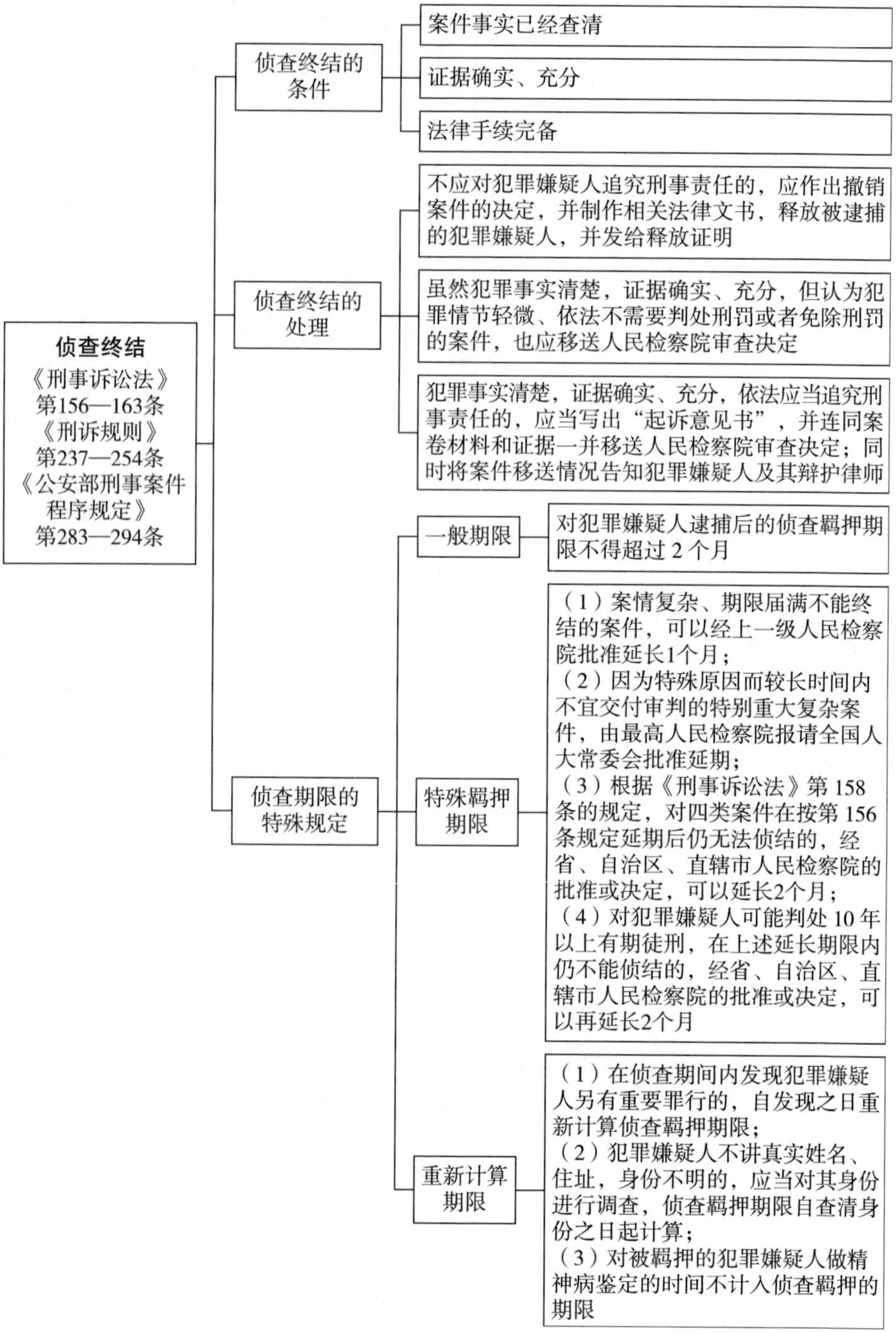
侦查终结
《刑事诉讼法》第156—163条
《刑诉规则》第237—254条
《公安部刑事案件程序规定》第283—294条
侦查终结的条件
案件事实已经查清
证据确实、充分
法律手续完备
侦查终结的处理
不应对犯罪嫌疑人追究刑事责任的，应作出撤销案件的决定，并制作相关法律文书，释放被逮捕的犯罪嫌疑人，并发给释放证明
虽然犯罪事实清楚，证据确实、充分，但认为犯罪情节轻微、依法不需要判处刑罚或者免除刑罚的案件，也应移送人民检察院审查决定
犯罪事实清楚，证据确实、充分，依法应当追究刑事责任的，应当写出“起诉意见书”，并连同案卷材料和证据一并移送人民检察院审查决定；同时将案件移送情况告知犯罪嫌疑人及其辩护律师
侦查期限的特殊规定
一般期限
对犯罪嫌疑人逮捕后的侦查羁押期限不得超过2个月
特殊羁押期限
（1）案情复杂、期限届满不能终结的案件，可以经上一级人民检察院批准延长1个月；
（2）因为特殊原因而较长时间内不宜交付审判的特别重大复杂案件，由最高人民检察院报请全国人大常委会批准延期；
（3）根据《刑事诉讼法》第158条的规定，对四类案件在按第156条规定延期后仍无法侦结的，经省、自治区、直辖市人民检察院的批准或决定，可以延长2个月；
（4）对犯罪嫌疑人可能判处10年以上有期徒刑，在上述延长期限内仍不能侦结的，经省、自治区、直辖市人民检察院的批准或决定，可以再延长2个月
重新计算期限
（1）在侦查期间内发现犯罪嫌疑人另有重要罪行的，自发现之日重新计算侦查羁押期限；
（2）犯罪嫌疑人不讲真实姓名、住址，身份不明的，应当对其身份进行调查，侦查羁押期限自查清身份之日起计算；
（3）对被羁押的犯罪嫌疑人做精神病鉴定的时间不计入侦查羁押的期限

图 10.12 侦查终结

人民检察院对直接受理的案件的侦查
《刑事诉讼法》第164—168条

- 人民检察院直接受理的案件中符合规定情形，需要逮捕、拘留犯罪嫌疑人的，由人民检察院作出决定，由公安机关执行
- 人民检察院对直接受理的案件中被拘留的人，应当在拘留后的24小时以内进行讯问。在发现不应当拘留的时候，必须立即释放，发给释放证明
- 人民检察院对直接受理的案件中被拘留的人，认为需要逮捕的，应当在14日以内作出决定。特殊情况下，决定逮捕的时间可以延长1日至3日。对不需要逮捕的，应当立即释放；对于需要继续侦查，并且符合取保候审、监视居住条件的，依法取保候审或者监视居住
- 人民检察院侦查终结的案件，应当作出提起公诉、不起诉或者撤销案件的决定

图10.13　人民检察院对直接受理的案件的侦查

课后习题

1. 某市公安机关在侦查何某泼硫酸故意伤害一案时，需要对被害人进行伤情医学鉴定，鉴定共耗费两个星期的时间，以下对这段鉴定时间的看法正确的是（　　）。

A. 该段鉴定时间应当记入办案期限

B. 该段鉴定时间可以记入办案期限

C. 该段鉴定时间可以不计入办案期限

D. 该段鉴定时间应当不计入办案期限

2. 检察院审查案件可以退回公安机关补充侦查。下列关于退回补充侦查的哪一表述是错误的（　　）？

A. 退回补充侦查应在一个月以内侦查完成

B. 退回补充侦查以两次为限

C. 审查起诉期间改变管辖的，改变管辖前后退回补充侦查的次数可以超过两次

D. 审查起诉期间改变管辖的，改变管辖前后退回补充侦查的次数总共不得超过两次

3. 关于扣押物证、书证，下列哪个做法是正确的（　　）？

A. 侦查人员在搜查钱某住宅时，发现一份能够证明钱某无罪的证据，无须扣押

B. 在杜某故意杀人案中，侦查机关依法扣押杜某一些物品和文件。对与本案无关的物品和文件，侦查机关应当在5日内解除扣押、冻结，退还杜某

C. 公安机关在侦查刘某盗窃案件中，可以依照规定查询，冻结刘某的存款、汇款

D. 在对周某盗窃罪审查起诉中，周某死亡，检察院决定将依法冻结的周某的赃款的一部分上缴国库，其余部分返还给被害人

课程链接

第十一章　起诉程序

学习要点

本章对起诉程序有关问题作了系统的阐述。学习本章应掌握以下要点：(1)起诉的概念和意义；(2)提起公诉的程序；(3)提起自诉的程序。

案例一

案情简介

2021年11月7日21时5分许，范某醉酒后驾驶苏H×××××号小型轿车，从某市香溢园小区出发，途经水渡口大道、合肥路、深圳路，沿深圳路由西向东行驶至深圳路与宁连路交叉路口西侧50米时，碰撞护栏，造成车辆及护栏损坏的道路交通事故，被巡逻的民警现场查获。经鉴定，范某血液中乙醇含量为210.2mg/100ml。[1]

思考问题

1. 人民检察院接到相关的证据和起诉意见书后，要进行刑事诉讼中的哪一程序？其目的是什么？

2. 这一程序要核实哪些内容？

3. 这一程序是如何操作的？

4. 结合上述的程序处理，本案应当作出何种决定？

---

〔1〕 案例来源：江苏省淮安经济技术开发区人民法院刑事一审判决书，(2022)苏0891刑初44号。

参考意见

1. 人民检察院接到公安机关移送的证据和起诉意见书后,应对其进行审查,以决定是否符合起诉的条件,并作出提起公诉与否的决定,这一程序就是刑事诉讼中的审查起诉。审查起诉活动是保证办案质量的重要环节,为刑事诉讼程序提供了一个重要的过滤机制,通过审查起诉可以发现侦查工作中的瑕疵和漏洞,纠正侦查工作中的错误,保证提起公诉的案件真正达到事实清楚,证据确实、充分的条件,从而既严厉惩治犯罪,又保障公民的基本人权。

2. 审查起诉的审查过程是一个验证真伪的过程,检察官在这一阶段实质上具有一种"准法官"的功能:他要对案件事实、证据和适用法律进行审查判断并作出相应的处置决定,为此,检察官应对下列事项进行审查:

(1)事实审查。就是对案件指控的事实从现实可能性和是否符合公诉条件方面进行的审查,这种审查应当是由粗到细、由全局到局部乃至细节的过程,可以分解为事实总体审查和事实要素审查两部分内容。

事实总体审查是指从事实构成要素相互联结的全局以及各个事实之间的关系上进行审查,既要从指控事实的总体又要从若干以文字记载为表现形式的证据的内容上审查。审查是否事实清楚,已经查清的事实是否符合现实可能性和逻辑性,对于事实不清或缺乏现实生活的逻辑性的,既可以退回侦查机关补充侦查,也可以自行侦查澄清。

事实要素审查是指比照实体法中犯罪构成要件事实,对指控犯罪的事实进行审查,以及对与定罪量刑有关的其他事实要素进行审查。犯罪构成要件事实存在与否是构成犯罪、区分此罪和彼罪的主要依据,是实质诉权存在的基础,应当予以重点审查。

对案件事实进行审查过程中,还应达到查明或者确认下述事实:有无法定的从重从轻、减轻或者免除处罚的情节,以及与此相关的共同犯罪案件的犯罪嫌疑人在犯罪活动中的各自地位、作用和相互关系以及各自所应承担的责任;有无遗漏罪行和其他应当追究刑事责任的人;是否属于《刑事诉讼法》第16条不应当追究刑事责任的情形;有无附带民事诉讼。

(2)证据审查。包括对证据质的审查和量的审查。

质的审查主要包括相关性的审查,看证据是否与案件定罪量刑有关的事实存在联系,对于没有相关性的,应予以排除;客观性审查,即对为人所感知的或在现场和现场外遗留的反映案件事实以及与之相关的事实的痕迹、物品、文字材料等犯罪信息的审查;合法性审查,包括对收集证据的主体、手段,证据的内容和形式的审查。

量的审查即看指控的犯罪是否符合事实清楚,证据确实、充分的要求,其具体体现为:案件事实均有必要的证据予以证明;证据之间、证据与案件事实之间的矛盾得到合理的排除;得出的结论是唯一的,排除了其他可能性。

(3)法律审查。即审查犯罪性质和罪名的认定是否正确。

3. 审查起诉的程序主要包括如下:

(1)受理程序。人民检察院在收到公安机关以及其他侦查机关移送审查的案件,以及人民检察院审查起诉部门在收到检察机关侦查部门移送审查起诉的案件时,应当首先进行形式审查:起诉书以及案卷材料是否齐备,移送的实物与物品清单是否相符,犯罪嫌疑人是否在案采取强制措施的情况。对于具备受理条件的,人民检察院审查起诉部门应当填写受理审查起诉案卷登记表;对于起诉意见书、案卷材料不齐备的,或者移送的实物与物品清单不符的,应当要求补充移送;对于犯罪嫌疑人在逃的,应当要求在保证犯罪嫌疑人到案后再移送审查起诉;共同犯罪中部分犯罪嫌疑人在逃的,不影响其他在案人员的审查起诉。

(2)审查程序。①指定承办人。人民检察院受理移送审查起诉后,应当指定检察员或者经检察长批准代行检察员职务的助理检察员办理,也可以由检察长办理。②审查。由承办人对案件进行全面的审查,包括:根据案件事实和诉讼材料审查证据是否已经随案移送,不宜移送的证据的清单、复制件、照片或者其他证明文件是否随案移送;与犯罪有关的财物及孳息是否扣押、冻结并妥善保管,以供核查;侦查活动是否合法、采用的强制措施是否适当;是否属于本院管辖。③听取意见。人民检察院审查案件,应当讯问犯罪嫌疑人,听取辩护人、被害人及其诉讼代理人的意见,并制作笔录附卷。辩护人、被害人及其诉讼代理人提出书面意见的,应当附卷。直接听取辩护人、被害人及其诉讼代理人的意见有困难的,可以通知辩护人、被害人及其诉讼代理人提出书面意见,在指定期限内未提出意见的,应当记录在案。

(3)处理。根据《刑事诉讼法》第175—177条的规定,对于不同情况分别作出如下处理。①作出提起公诉决定:凡认为犯罪事实已经查清,证据确实、充分,依法应当追究刑事责任的,按照审判管辖提起公诉。②作出不起诉决定:凡认为犯罪嫌疑人没有犯罪事实或符合《刑事诉讼法》第16条的规定的,应当作出不起诉决定,并释放在押嫌疑人;对于犯罪情节轻微,依照刑法规定不需要判处刑罚或者免除刑罚的,可以作出不起诉决定。③作出退回补充侦查决定:凡认为犯罪事实不清、证据不足,依法退回补充侦查,补充侦查以两次为限。

4. 本案应当作出移送法院审查起诉的决定。

本案中,范某酒驾涉嫌构成危险驾驶罪,应当承担刑事责任,按照法律规定,应当依法向法院提起诉讼。起诉时,检察机关可以根据范某认罪认罚态度和具体表现,提出相适应的量刑建议。

案例二

案情简介

田某1与田某2系邻居,两人因为宅基地素有矛盾。2021年9月1日上午,田某1以田某2家院内种植的两棵桑树挡住其阳光为由,将两棵桑树砍倒。田某2发现后与田某1争吵,随后步行去村部准备请村干部处理。田某1持竹棒沿小路追赶并将田某2拦住,用竹棒打击田某2上半身,将田某2打伤。经鉴定,田某2构成轻伤一级一处,轻伤二级一处。

田某1打伤田某2后并不甘心,又产生杀死田某2的想法,并伺机作案。2021年11月17日上午9时57分,田某1持锄头进入田某2家厨房,趁田某2正在吃饭,用锄头打击田某2头部,致田某2重型颅脑损伤,当场死亡。打死田某2后,田某1因自认为田某3(系田某1胞弟)曾多次损坏其电视机线、丢弃其电视机遥控器,便产生打死田某3的想法。随后多次到田某3店外察看田某3是否在店内。10时31分,田某1发现田某3在店内后,返回家中取来打死田某2的锄头,进入店内用锄头打击田某3头部。田某3反抗并从田某1手中夺过锄头,随后逃出店外。田某1追出店外,又从路边捡起石头继续紧追。田某3摆脱不成后跑到村部,田某1也追赶至村部,后被村干部制止。2021年11月18日上午,村民发现田某2死在其厨房内,遂向村干部报告,村干部杨某报警。民警赶到现场,怀疑是田某1所为,欲找田某1核实情况。田某1在其家中听到田某2已被发现死亡且民警已到现场后,服农药企图自杀,被民警送往医院抢救。[1]

---

〔1〕 案例来源:湖南省张家界市中级人民法院刑事判决书,(2022)湘08刑初9号。

思考问题

1. 检察机关提起公诉的条件有哪些？本案的被告人是否符合提起公诉的条件？

2. 若提起公诉，则具体的提起公诉的程序是怎样的？

3. 结合本案谈谈检察机关出庭支持公诉，在庭审辩论中要注意哪些事项？

参考意见

1. 根据《刑事诉讼法》第 176 条的规定，人民检察院提起公诉需要符合实体条件和程序条件。实体条件包括：犯罪事实已经查清，包括犯罪的时间、地点、动机、目的、行为、手段、情节、过程、后果等都已查明，没有漏罪和遗漏人犯的情况；证据确实充分，证据的客观性、关联性都得到了证实，证据之间及证据与案件事实之间的矛盾业已排除，犯罪事实构成的每一部分都有相应的证据予以证明；依法应当追究刑事责任等。程序条件包括：起诉书中有明确的指控犯罪事实。

在本案中，田某 1 因为生活矛盾产生伤人和杀人之心，同时会因为琐事而伤害他人，对此需要重点对田某 1 的精神状态予以判断和认定。如果可以排除其患有精神病或者说伤人和杀人时并未发病，那么就需要追究其刑事责任。

2. 提起公诉的具体程序：

（1）制作起诉书。人民检察院决定提起公诉后，应当提交书面的起诉文件，这是人民法院开展审判活动的依据，其主要内容包括：①人民检察院的名称、文件名称、编号；②犯罪嫌疑人的基本情况，包括姓名、性别、年龄、国籍、民族、籍贯、文化程度、单位、职业、住址、前科、所采取的强制措施名称及决定执行年、月、日；③所认定罪名、案件来源、起诉过程；④犯罪构成要件各要素以及罪前表现、最后态度以及应负的罪责；⑤依据的法律条款具体规定，罪名的构成，应负的刑事责任及负何种刑事责任，有无从重、加重、从轻、减轻的事实情节；⑥结尾包括“此致…… 人民法院”、担任起诉工作的检察员职务、姓名、制作时间及检察院印章；⑦附项包括犯罪嫌疑人羁押处所，是否采取强制措施，案卷册数、赃物清单，共犯中不起诉部分的不起诉决定书副本，刑事附带民事诉讼状。

（2）起诉书的移送。起诉书制作完备后，人民检察院将起诉书副本若干，连同证据材料一起，一并移送同级人民法院审理。如果是共同犯罪案卷，按共犯人数向人民法院提交起诉状，如有被害人的案件，应将起诉书送达被害人。

3.出庭支持公诉是指人民检察院将案件向人民法院提起公诉后,在法院开庭审判时,依法派员以国家公诉人的身份出庭支持提出的指控,参加法庭调查和辩论,完成对犯罪嫌疑人的指控,要求人民法院追究其刑事责任的活动。

法庭辩论是在法庭调查之后的一项重要庭审活动。在我国当前加强被告人的人权保护和庭审的控辩对抗的情况下,法庭辩论是对控辩各自立场的集中展示,也是对相对方立场的有力驳斥,关系到案件事实的明晰、法律适用的准确。人民检察院作为国家公诉机关,不仅应当惩治犯罪,也应当保护无辜的人不受犯罪的追究,为此,人民检察院在辩论中应充分注意辩论的技巧:

(1)辩论的依据。辩论应当依据事实、证据和法律进行,无论需要反驳的辩论意见是多么的无理、刁钻,都不能试图以压抑对方的辩护权利来保证控诉的效果;有理不在声高,公诉人应始终保持冷静平和的心态、机敏灵活的头脑和能言善辩的口才;事实胜于雄辩,清楚无误的事实、确实充分的证据以及明确的法律规定是辩论的最有力保证。

(2)同对方辩论时应当针对不正确的意见进行,同时应认真听取对方中肯的意见,不能因一时的冲动或立场的不同而失去公诉人的立场。

(3)法庭辩论中,公诉人与被害人、诉讼代理人意见不一致的,公诉人应当认真听取他们的意见;诉讼代理人和被害人都有在庭上发言的权利,公诉人不得因意见不合而压制其权利;对于意见的不合应交由法庭裁判,公诉人可以不予以理会。

在本案中,检察机关出庭公诉辩论要牢牢把握证据,防止被告翻供串供,特别是警惕田某1以患有精神病为由进行辩解,同时还要对田某1的犯罪动机予以准确证明,对其人身危险性予以客观评价。

案例三

案情简介

2021年5月16日19时许,秦某乙与李某某在上海市象岛都城小区内因停车问题发生肢体冲突,秦某甲见状遂伙同秦某乙殴打李某某。在此过程中,秦某甲拳击李某某眼部致其受伤。经鉴定,李某某右眼眶内侧壁、下壁骨折,构成轻伤。

2021年5月16日19时许,秦某甲被民警传唤到案。到案后,秦某甲如实供述了动手伤人的基本犯罪事实。秦某甲愿意赔偿李某某人民币170,000元,并取得了李某某的谅解。

上海市松江区人民检察院认为，秦某甲实施了故意伤害行为，但是其认罪认罚，依据《刑事诉讼法》第15条的规定，可以从宽处理。同时，秦某甲具有自首情节，根据《刑法》第67条第1款，可以从轻处罚。此外，案发后秦某甲已赔偿被害人并取得被害人的谅解，可以酌情从轻处罚。综上认定，秦某甲犯罪情节轻微，不需要判处刑罚。根据《刑事诉讼法》第177条第2款的规定，决定对秦某甲不起诉。[1]

思考问题

1. 不起诉的种类有哪些？分别有何条件？本案中不起诉的被告人属于哪种不起诉？

2. 不起诉的程序有哪些？

参考意见

1. 根据我国《刑事诉讼法》第16条、第175条第4款、第177条和第282条的规定，我国的现行不起诉分为四种类型：法定不起诉、相对不起诉、存疑不起诉和附条件不起诉。

法定不起诉的条件包括：犯罪嫌疑人没有犯罪事实的；情节显著轻微、危害不大，不认为是犯罪的；犯罪已过追诉时效期限的；经特赦令免除刑罚的；依照刑法告诉才处理，没有告诉或者撤回告诉的；犯罪嫌疑人、被告人死亡的；其他法律规定免予追究刑事责任的。

相对不起诉的条件是对于犯罪情节轻微，依照刑法规定不需要判处刑罚或者免除刑罚的，具体包括以下情形：《刑法》第37条所规定，对于犯罪情节显著轻微的，不需要判处刑罚；在中华人民共和国领域外犯罪，刑法规定应负刑事责任，但在国外已受过刑事处罚，可免除刑罚；聋、哑、盲人犯罪，可从轻、减轻、免除刑事责任；正当防卫或紧急避险超过必要限度，产生社会危害性，应当酌情减轻刑事责任或免除刑罚；预备行为构成犯罪的，可比照刑法该条款，从轻、减轻或免除刑事责任；中止犯罪，可减轻或免除刑罚；共犯中起次要作用和辅助作用的从犯，比照主犯从轻、减轻或免除刑罚；胁从犯或被诱骗参加犯罪者，按其犯罪情节，比照主犯从轻、减轻

〔1〕 案例来源：上海市松江区人民检察院不起诉决定书，沪松检刑不诉〔2021〕413号。

或免除刑罚;有自首情节的罪行较轻的犯罪嫌疑人,或罪行较重、犯罪后自首并有立功表现者,可减轻或免除刑罚。

存疑不起诉是指对于补充侦查的案件,人民检察院仍然认为证据不足,不符合起诉条件的,应当作出不起诉决定。其程序要件是人民检察院必须对不符合起诉条件的案件退回补充侦查,以两次为限。实体要件是指案件的证据不足:犯罪构成要件事实缺乏必要的证据予以证明的;据以定罪的证据存在疑问,无法查证属实的;据以定罪的证据之间、证据与案件事实之间的矛盾不能合理排除的;根据证据得出的结论具有其他可能性,不能排除合理怀疑的;根据证据认定案件事实不符合逻辑和经验法则,得出的结论明显不符合常理的。

附条件不起诉是指在未成年人涉嫌刑法分则第四章、第五章、第六章规定的犯罪,且可能判处1年有期徒刑以下刑罚的,符合起诉条件,但有悔罪表现的,人民检察院可以作出附条件不起诉的决定。附条件不起诉的实体条件包括涉嫌的犯罪是刑法分则第四章、第五章、第六章规定的犯罪,可能判处的刑罚应在1年有期徒刑以下,符合起诉的要件,有悔罪表现;程序条件包括听取公安机关、被害人的意见。

本案中对秦某甲的不起诉是相对不起诉。虽然秦某甲实施了故意伤害行为,但是其认罪认罚,依据相关规定,可以从宽处理;同时秦某甲还具有自首情节,可以从轻处罚。此外,案发后秦某甲已赔偿被害人并取得被害人的谅解,可以酌情从轻处罚。由此认定,秦某甲犯罪情节轻微,不需要判处刑罚。

2. 不起诉的程序包括:

(1)决定不起诉。不起诉决定分别由检察长和检察委员会作出;对于补充侦查的案件,人民检察院仍然认为证据不足,不符合起诉条件的;对于犯罪情节轻微,依照刑法规定不需要判处刑罚或者免除刑罚的,经检察委员会讨论决定,作出不起诉决定。对于符合《刑事诉讼法》第16条规定的情形之一的,经检察长决定,作出不起诉决定。

(2)制作不起诉决定书。凡是不起诉的案件都应以不起诉决定书作为终止诉讼的标志,不起诉书的内容包括被不起诉人的具体情况、案由和案件来源、案件事实、不起诉的法律根据和决定事项、告知事项。

(3)不起诉决定书应当公开宣布。不起诉决定书自公开宣布之日起生效。

(4)不起诉决定书应当送达被害人或者其近亲属及其诉讼代理人、被不起诉人及其辩护人以及被不起诉人的所在单位。被不起诉人在押的,应当立即释放;被采取其他强制措施的,应当通知执行机关解除。

(5)对不起诉决定的复议、复核和复查。对于公安机关移送起诉的案件,人民检察院决定不起诉的,应当将不起诉决定书送达公安机关。公安机关认为不起诉的决定有错误的时候,可以要求复议,如果意见不被接受,可以向上一级人民检察院提出申请复核。人民检察院应当在收到要求复议意见书或者复核意见后的30日内作出决定。

(6)对不起诉决定的申诉。

①被害人的申诉。被害人对不起诉决定不服,在申诉期限内提出申诉的,由上一级人民检察院审查起诉部门受理;在申诉期满后提出的,人民检察院是否受理,应当根据案件具体情况和申诉人提出的申诉理由决定。决定受理的,由作出不起诉决定的人民检察院控告申诉部门受理。被害人申诉期限为7日。

②被不起诉人的申诉。被不起诉人对不起诉决定不服,一般是对作出不起诉决定的理由不服,被不起诉人在申诉期限内向人民检察院提出申诉的,由作出决定的人民检察院审查起诉部门受理。

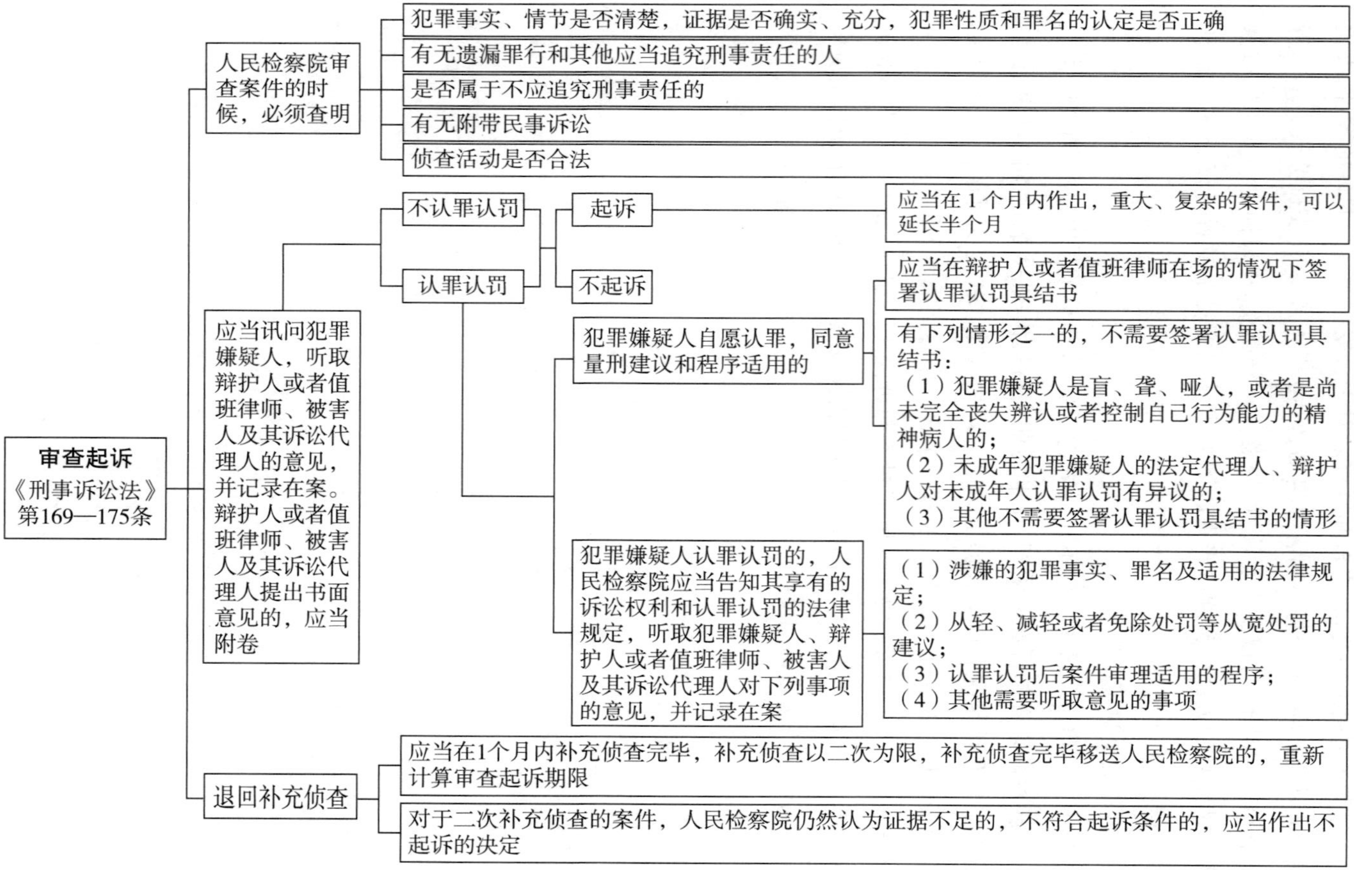
审查起诉
《刑事诉讼法》第169—175条
人民检察院审查案件的时候，必须查明
犯罪事实、情节是否清楚，证据是否确实、充分，犯罪性质和罪名的认定是否正确
有无遗漏罪行和其他应当追究刑事责任的人
是否属于不应追究刑事责任的
有无附带民事诉讼
侦查活动是否合法
应当讯问犯罪嫌疑人，听取辩护人或者值班律师、被害人及其诉讼代理人的意见，并记录在案。辩护人或者值班律师、被害人及其诉讼代理人提出书面意见的，应当附卷
不认罪认罚
认罪认罚
起诉
不起诉
应当在 1 个月内作出，重大、复杂的案件，可以延长半个月
犯罪嫌疑人自愿认罪，同意量刑建议和程序适用的
应当在辩护人或者值班律师在场的情况下签署认罪认罚具结书
有下列情形之一的，不需要签署认罪认罚具结书：
（1）犯罪嫌疑人是盲、聋、哑人，或者是尚未完全丧失辨认或者控制自己行为能力的精神病人的；
（2）未成年犯罪嫌疑人的法定代理人、辩护人对未成年人认罪认罚有异议的；
（3）其他不需要签署认罪认罚具结书的情形
犯罪嫌疑人认罪认罚的，人民检察院应当告知其享有的诉讼权利和认罪认罚的法律规定，听取犯罪嫌疑人、辩护人或者值班律师、被害人及其诉讼代理人对下列事项的意见，并记录在案
（1）涉嫌的犯罪事实、罪名及适用的法律规定；
（2）从轻、减轻或者免除处罚等从宽处罚的建议；
（3）认罪认罚后案件审理适用的程序；
（4）其他需要听取意见的事项
退回补充侦查
应当在1个月内补充侦查完毕，补充侦查以二次为限，补充侦查完毕移送人民检察院的，重新计算审查起诉期限
对于二次补充侦查的案件，人民检察院仍然认为证据不足的，不符合起诉条件的，应当作出不起诉的决定

图 11.1　审查起诉

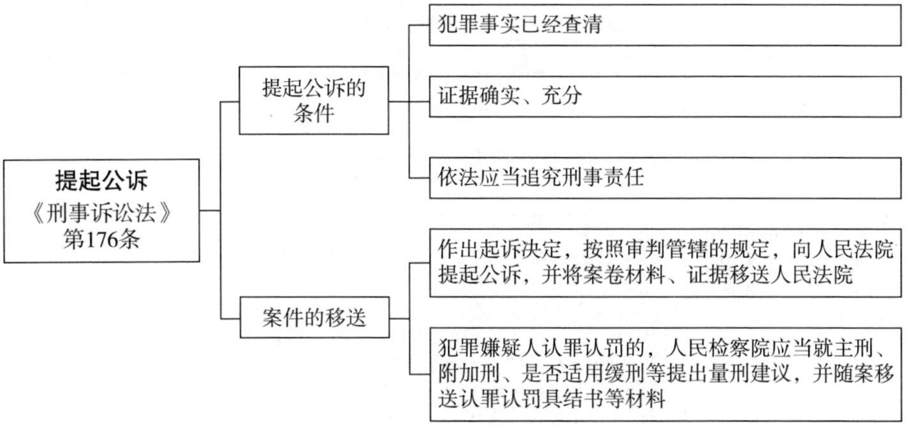

图 11.2　提起公诉

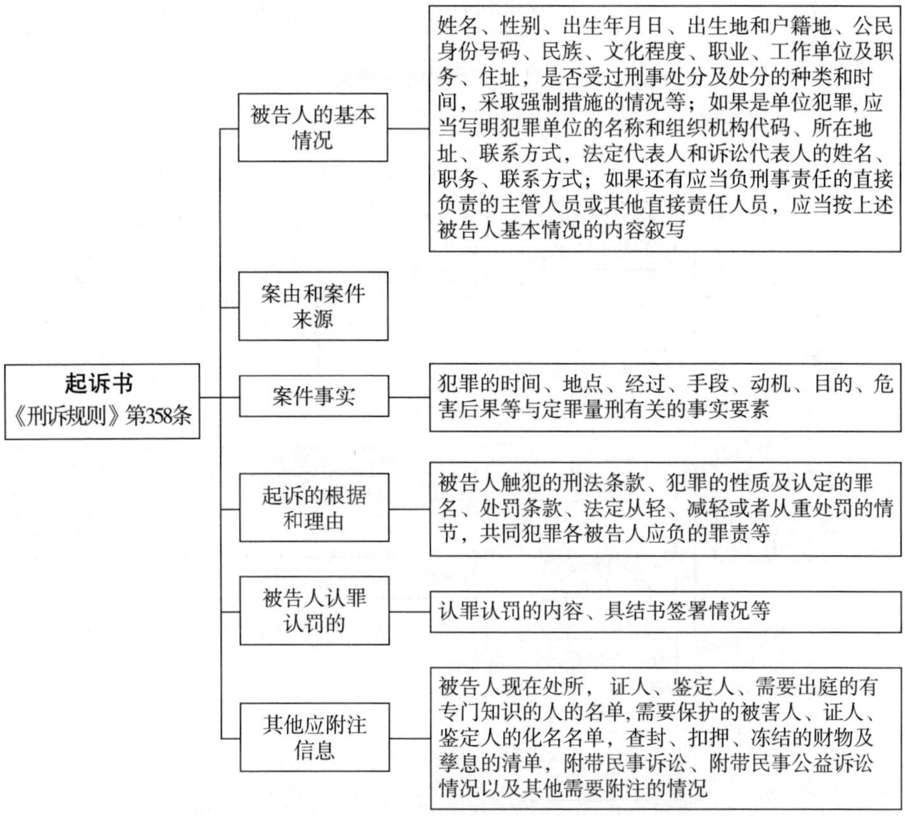

图 11.3　起诉书

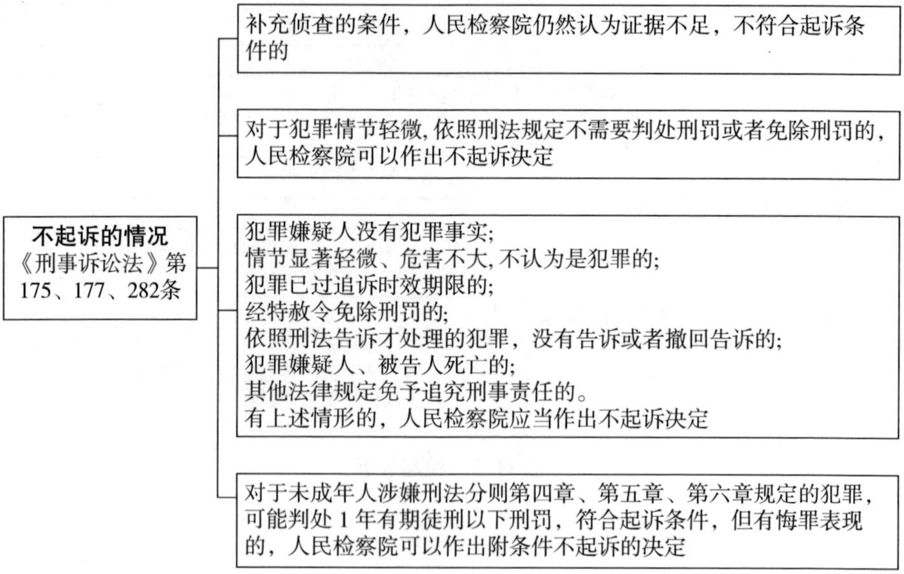

图 11.4　不起诉的情况

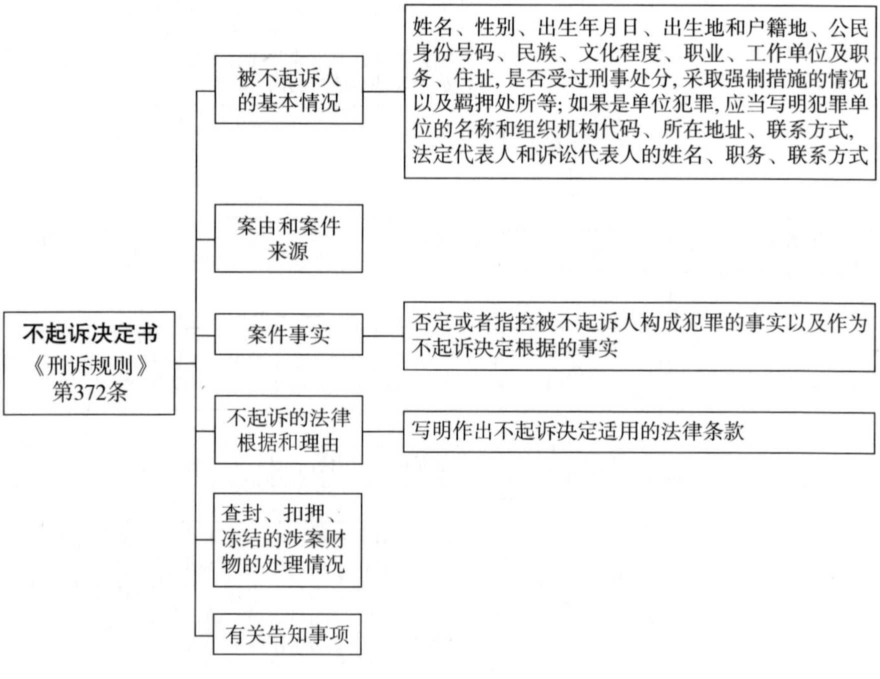

图 11.5　不起诉决定书

不起诉的程序
《刑事诉讼法》
第177—182条

- 人民检察院决定不起诉的案件，应当同时对侦查中查封、扣押、冻结的财物解除查封、扣押、冻结。对被不起诉人需要给予行政处罚、外分或者需要没收其违法所得的，人民检察院应当提出检察意见，移送有关主管机关处理。有关主管机关应当将处理结果及时通知人民检察院
- 不起诉的决定,应当公开宣布,并且将不起诉决定书送达被不起诉人和他的所在单位。如果被不起诉人在押，应当立即释放
- 对于公安机关移送起诉的案件，人民检察院决定不起诉的，应当将不起诉决定书送达公安机关。公安机关认为不起诉的决定有错误的时候，可以要求复议，如果意见不被接受，可以向上一级人民检察院提请复核
- 对于有被害人的案件，决定不起诉的，人民检察院应当将不起诉决定书送达被害人。被害人如果不服，可以自收到决定书后7日以内向上一级人民检察院申诉，请求提起公诉。人民检察院应当将复查决定告知被害人
- 对于不起诉决定依据是“犯罪情节轻微，依照刑法规定不需要判处刑罚或者免除刑罚的”作出的,被不起诉人如果不服，可以自收到决定书后7日以内向人民检察院申诉。人民检察院应当作出复查决定，通知被不起诉的人，同时抄送公安机关
- 犯罪嫌疑人自愿如实供述涉嫌犯罪的事实，有重大立功或者案件涉及国家重大利益的，经最高人民检察院核准，公安机关可以撤销案件，人民检察院可以作出不起诉决定，也可以对涉嫌数罪中的一项或者多项不起诉
  根据前款规定不起诉或者撤销案件的，人民检察院、公安机关应当及时对查封、扣押、冻结的财物及其孳息作出处理

图 11.6　不起诉的程序

课后习题

1. 下列说法错误的有(　　)。

A. 起诉或者不起诉,人民检察院应当依法作出决定

B. 认罪认罚是犯罪嫌疑人的权利和选择,任何人不得强迫其认罪认罚

C. 认罪认罚之后,犯罪嫌疑人不能反悔

D. 犯罪嫌疑人认罪认罚之后,对于检察院提出的量刑建议,法院应当采纳

2. 下列情形,人民检察院可以作出不起诉决定的,包括(　　)。

A. 犯罪情节轻微,依法不需要判处刑罚或者免除刑罚的

B. 犯罪嫌疑人认罪认罚的

C. 犯罪嫌疑人、被告人死亡的

D. 经两次补充侦查,证据依然不足的

课程链接

第三编

审 判 程 序

第十二章　审判程序概述

学习要点

本章对审判有关的基本概念、基本理论和基本知识作了系统的阐述。学习本章应掌握以下要点：(1)审判的概念、特征和任务；(2)审判要素与功能；(3)审判原则和制度；(4)审判组织。

案例一

案情简介

2021年5月至6月，犯罪嫌疑人卜某某在某市市北区住处，使用其本人的6个银行账户在一互联网“跑分”平台帮助他人转账，在“跑分”过程中，卜某某的中国农业银行账户接收被害人刘某被骗后转账的资金5万元，中国工商银行账户接收被害人罗某被骗后转账的资金4.9万元。接收上述被骗资金后，卜某某明知上述资金可能系违法犯罪所得，仍然通过手机银行将该9.9万元先后转账至“跑分”平台指定的银行账户。卜某某在该平台内“跑分”非法获利1.5万元。卜某某被查获到案，如实供述了犯罪事实。

市北区人民检察院以犯罪嫌疑人卜某某犯掩饰、隐瞒犯罪所得罪向人民法院提起公诉，人民法院依法组成了合议庭进行审理。在庭审中，辩护人认为卜某某的行为系帮助电信诈骗分子获取被害人财物，且仅是获取被害人财物过程中的一环，获利较少，其行为应认定为帮助信息网络犯罪活动罪。合议庭经审理后认为对该案的罪名难以定夺，于是提请本院院长将案件提交审判委员会讨论决定，后合议庭根据审委会的讨论决定做出判决：被告人卜某某犯掩饰、隐瞒犯罪所得罪，判处有期徒刑1年6个月，并处罚金人民币1万元。一审宣判后，被告人卜某某不服，向中级人民法院提出上诉,认为原审判决认定事实有错误,其行为应认定为帮助信息网络犯罪活动,且原审判决量刑过重。中级人民法院在审理后认为一审法院认定事实没有错误,但量刑过轻应当改判,于是改判如下:被告人卜某某犯掩饰、隐瞒犯罪所得罪,判处有期徒刑2年,并处罚金人民币2万元。被告人认为中级人民法院的改判是违法的,因此接着向省高级人民法院提出上诉,要求纠正中级人民法院的错误。〔1〕

思考问题

1. 论述合议庭与审判委员会的关系,本案中合议庭将案件提交审判委员会讨论决定的做法,是否合乎法律的规定?

2. 二审法院的改判是否正确?

3. 在中级人民法院的判决宣告后,被告人是否能够继续上诉?

参考意见

1. 合议庭是人民法院实现其审判职能的基本组织形式,它的职能是代表人民法院对具体的案件行使审判权。审判委员会是人民法院内部对审判工作进行集体领导的组织形式,审委会一般由法院院长、副院长和法院各个庭的庭长组成的,其任务是讨论重大、疑难、复杂案件和总结审判经验及其他有关审判工作的问题。审判委员会不直接主持或参加法庭审判,不能以自己的名义发布裁判,但它对重大疑难案件享有讨论决定权。审判委员会讨论案件,应当在合议庭审理的基础之上进行,并且应当充分听取合议庭成员关于审理和评议情况的说明,审判委员会对案件作出的最后处理意见,合议庭必须执行。审判委员会与合议庭的关系,是指导与被指导、监督与被监督的关系。根据《刑事诉讼法》第185条的规定:"合议庭开庭审理并且评议后,应当作出判决。对于疑难、复杂、重大的案件,合议庭认为难以作出决定的,由合议庭提请院长决定提交审判委员会讨论决定。审判委员会的决定,合议庭应当执行。"本案合议庭对案件定性难以作出决定,可以提请院长决定提交审判委员会讨论决定,该做法符合法律的规定。

2. 二审法院改判加重被告人刑罚的做法是错误的。我国刑事二审审判中实行"上诉不加刑"原则,其核心含义是指二审法院在审理只有被告人一方提出上诉的

〔1〕 案例来源:山东省青岛市中级人民法院刑事判决书,(2022)鲁02刑终121号。

案件时，不得加重刑罚。其中，不加刑包括二审法院不得在刑种不变的情形下加重刑罚。本案中，只有被告人提出上诉，二审人民法院在不改变刑种（有期徒刑）的前提下，增加了刑罚的数量（由1年6个月改为2年），违背了二审审判程序中的上诉不加刑原则。

3. 被告人无权继续上诉，而只能向有关司法机关进行申诉。我国刑事诉讼实行两审终审制度，即一个案件最多经过两级人民法院的审理便告终结。本案经过了区人民法院和中级人民法院的审理，并且本案也不是死刑案件，中级人民法院的裁判作为第二审裁判即为终审生效裁判。因此，被告人无权再对案件提出上诉。若被告人认为案件的终审裁判存在错误，可以向人民法院或者人民检察院提出申诉，请求启动审判监督程序，申诉期间不停止二审生效判决的执行。

案例二

案情简介

犯罪嫌疑人杨某某以获利为目的，多次容留张某、吴某在其经营的通顺旅馆中从事卖淫活动并从中抽取嫖资。某县公安民警在通顺旅馆将涉嫌容留卖淫的犯罪嫌疑人杨某某、涉嫌卖淫的张某、吴某抓获。经查，杨某某、张某、吴某的年龄分别为32周岁、30周岁和27周岁。某县人民法院以该案涉及个人隐私为由决定不公开审理，但未当庭宣布不公开审理。经审理后认为被告人杨某某将其经营的旅馆提供给他人从事卖淫活动的行为已构成容留卖淫罪，判处拘役4个月，并处罚金人民币5000元。被告人未上诉。

某县人民检察院提出抗诉，认为原审法院以该案涉及个人隐私为由不公开审理，审判程序违法，可能影响公正审判。二审法院经审理认为，根据《刑事诉讼法》第188条的规定，人民法院审判第一审案件应当公开进行。但是有关国家秘密或者个人隐私的案件，不公开审理。本案犯罪嫌疑人杨某某容留卖淫行为，不涉及其个人隐私，该案也不存在国家秘密及商业秘密，故应当公开开庭进行审理。原审法院以本案涉及个人隐私不公开审理，属程序违法，应予纠正。因此，裁定撤销原审人民法院判决，发回重审。[1]

---

〔1〕 案例来源：河北省蔚县人民法院刑事判决书，(2019)冀0726刑再1号。

思考问题

请结合本案谈谈对“审判公开原则”的理解。

参考意见

审判公开原则,指人民法院审理刑事案件和宣告刑事判决时,除特殊情况外,均应当公开进行,允许公民到法庭旁听,允许新闻媒体进行采访和报道。审判公开原则是当代世界各国立法上普遍采用的原则,我国《宪法》第130条和《刑事诉讼法》第11条均将其作为一项重要原则加以确认。审判公开原则包括以下三个方面的内容。

1. 开庭前相关内容的先期公布。开庭前应当将案由、被告人姓名、开庭时间及地点以恰当的方式进行公布,方便公民前来旁听或媒体进行采访报道。

2. 审判过程公开。庭审应当公开进行,当庭进行案件事实的调查和证据的出示、质证,当庭展开控辩双方的辩论。但是,无论案件是否公开审理,法庭对案件的评议一律不公开进行。

3. 审判结果公开。案件的判决结果要公开宣告,宣告的内容既应当包括判决的内容,也应当包括据以判决的理由与依据。

但是,“审判公开原则”不是绝对的,存在特殊例外情形。《刑事诉讼法》第188条规定:“人民法院审判第一审案件应当公开进行。但是有关国家秘密或者个人隐私的案件,不公开审理;涉及商业秘密的案件,当事人申请不公开审理的,可以不公开审理。不公开审理的案件,应当当庭宣布不公开审理的理由。”《刑诉法解释》第557条规定:“开庭审理时被告人不满18周岁的案件,一律不公开审理。”可见,审判公开原则具有四种例外情形,有关国家秘密、个人隐私的案件和开庭时被告人为未成年人的案件,法院应当不公开审理;而涉及商业秘密的案件,当事人申请不公开审理的,法院可以不公开审理。

杨某某、张某、吴某在开庭审理时均已经年满18周岁,本案既不涉及未成年人的保护,也不涉及国家秘密、商业秘密以及个人隐私问题,应当公开审理。原审法院未当庭宣布不公开审理的理由,不公开审理属于程序违法,根据《刑事诉讼法》238条的规定,二审法院对违反有关公开审判的规定的,应当裁定撤销原判,发回重审。

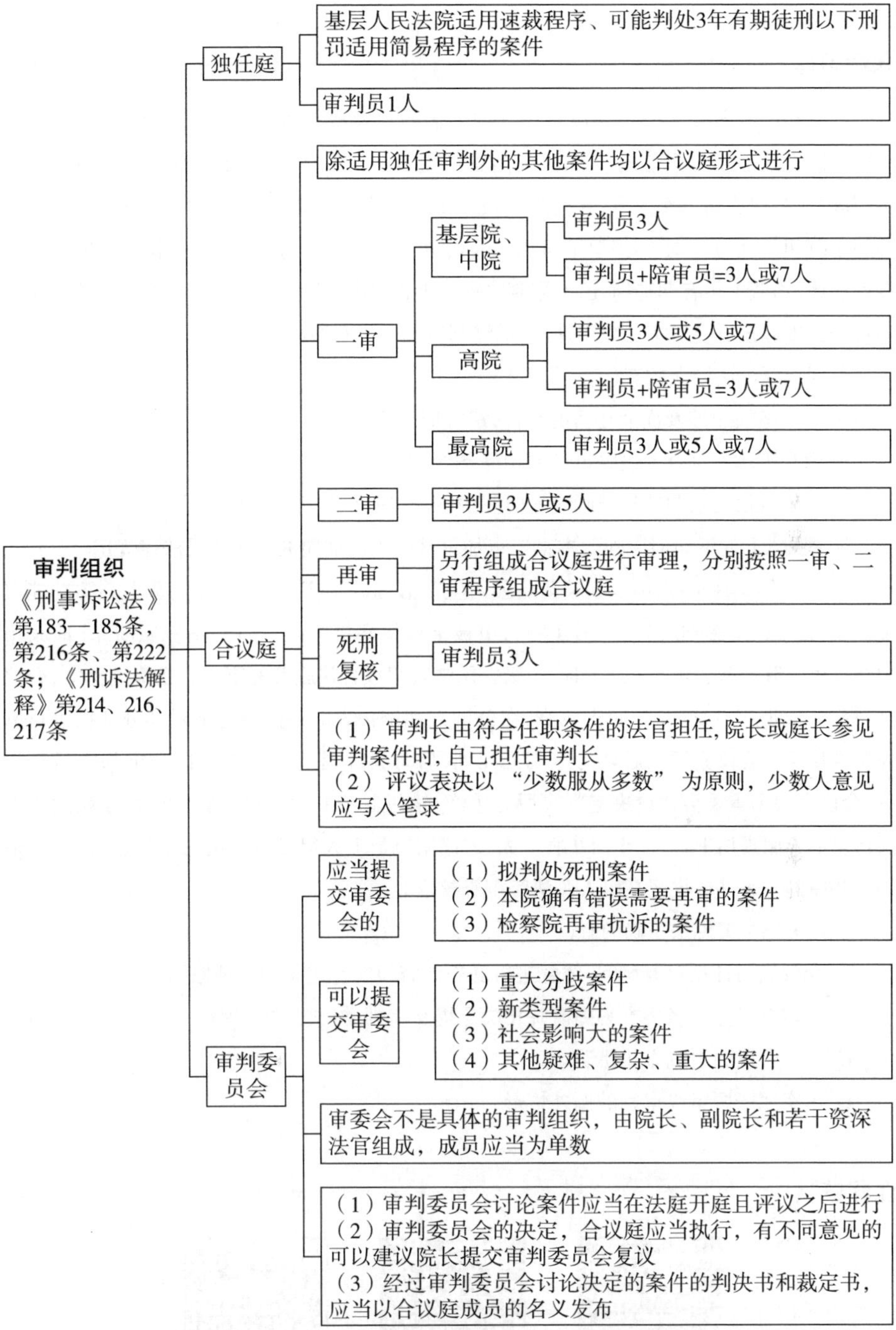
审判组织
《刑事诉讼法》第183—185条，第216条、第222条；《刑诉法解释》第214、216、217条
独任庭
基层人民法院适用速裁程序、可能判处3年有期徒刑以下刑罚适用简易程序的案件
审判员1人
合议庭
除适用独任审判外的其他案件均以合议庭形式进行
一审
基层院、中院
审判员3人
审判员+陪审员=3人或7人
高院
审判员3人或5人或7人
审判员+陪审员=3人或7人
最高院
审判员3人或5人或7人
二审
审判员3人或5人
再审
另行组成合议庭进行审理，分别按照一审、二审程序组成合议庭
死刑复核
审判员3人
（1）审判长由符合任职条件的法官担任，院长或庭长参见审判案件时，自己担任审判长
（2）评议表决以“少数服从多数”为原则，少数人意见应写入笔录
审判委员会
应当提交审委会的
（1）拟判处死刑案件
（2）本院确有错误需要再审的案件
（3）检察院再审抗诉的案件
可以提交审委会
（1）重大分歧案件
（2）新类型案件
（3）社会影响大的案件
（4）其他疑难、复杂、重大的案件
审委会不是具体的审判组织，由院长、副院长和若干资深法官组成，成员应当为单数
（1）审判委员会讨论案件应当在法庭开庭且评议之后进行
（2）审判委员会的决定，合议庭应当执行，有不同意见的可以建议院长提交审判委员会复议
（3）经过审判委员会讨论决定的案件的判决书和裁定书，应当以合议庭成员的名义发布

图12.1 审判组织

课后习题

1. 甲和乙因盗窃A公司的设备设计图纸而被检察机关以侵犯商业秘密罪提起公诉。一审法院合议庭由1名法官、2名人民陪审员组成。据悉，人民陪审员丙27岁，研究生学历，其职业为司法局工作人员；人民陪审员丁32岁，高中学历，自由职业。庭审中，为了节约庭审时间，合议庭要求辩护律师每次发言时间不得超过5分钟。一审判决后，甲获2年有期徒刑，乙获1年有期徒刑，乙不服判决提起上诉，同时检察机关也认为被告人乙的量刑均畸轻遂提起抗诉。二审法院审理后，最终判决乙2年有期徒刑。

下列选项说法错误的有（　　）。

A. 因本案属于涉及商业秘密的案件，法院应当不公开审理

B. 丙和丁均不符合人民陪审员的担任条件

C. 一审合议庭限制辩护律师发言时间的行为，违反了“辩论原则”

D. 根据“上诉不加刑原则”，本案二审加重被告人乙刑罚的做法违反法律规定

2. 2021年3月9日，甲成立某药品公司生产假药并销售，导致大量消费者心肺功能严重受损，在社会上影响恶劣。5月17日，甲被某市检察机关以“生产、销售假药罪”向某市中级人民法院提起公诉。7月7日，中级人民法院组成合议庭开庭审理。庭审过程中，合议庭对部分证据存有疑问，宣布先休庭，在公诉人和辩护人的共同参与下对部分证据进行庭外调查核实。合议庭评议后认为应判处死刑，后将案件提请院长决定提交审判委员会讨论，合议庭根据审委会讨论决定判决甲犯生产、销售假药罪，情节特别严重，判处死刑立即执行。甲不服提出上诉，二审由法官2人、人民陪审员1人组成合议庭对案件进行审理，最终维持原判。案件遂报至高级人民法院审查核准。

下列关于本案说法正确的有（　　）。

A. 合议庭对证据存有疑问，休庭进行庭外调查核实有违集中审理原则

B. 一审合议庭应当将本案提请院长决定提交审判委员会讨论决定

C. 二审合议庭组成方式错误

D. 本案属于两审终审制的例外情形

课程链接

第十三章　第一审程序

学习要点

本章着重对刑事诉讼第一审程序有关问题作了系统的阐述。学习本章应掌握以下要点:(1)第一审程序的概念和意义;(2)公诉案件的第一审普通程序;(3)自诉案件的第一审程序;(4)简易程序;(5)速裁程序。

案例一

案情简介

2019年4月,被告人王某、陈某共谋盗窃后,流窜至某县国际大酒店停车场内,采用电子干扰器干扰驾驶员锁车门,待驾驶员离开后再打开车门和后备箱实施盗窃的方法,先后盗走被害人田某、被害人谭某车内现金、电脑、香烟等物品,经鉴定被盗款物共计价值1万元。2019年5月13日,被告人王某、陈某再次准备在县国际大酒店停车场内实施盗窃时被当场抓获。对于犯罪的事实和盗得的赃款,两被告人供认不讳。检察机关依法向人民法院提起公诉。

该县人民法院在对案件进行审查后,对于起诉书中记载的上述事实没有异议。但是,通过查阅移送来的其他材料,发现了以下犯罪事实并没有记载入起诉书中:2018年8月3日深夜,被告人李某与左某某曾经在该县某小区金某家里实施过盗窃,获得手表以及翡翠珠宝等物合计人民币4000元以及作废信用卡一张,之后王某利用该信用卡进行了诈骗活动。合议庭成员在开庭前讨论案情,认为检察机关在起诉状中遗漏了重要的犯罪事实,但事关重大,于是决定提请院长提交审判委员会讨论决定。经审判委员会讨论,对于请示的事项达成一致,要求将全案退回检察机关进行补充侦查,将有关的犯罪事实和相应的指控予以补上。同时,审判委员会的成员对于案件的实体处理发表了意见,并向合议庭作了传达。

但检察机关没有听从法院的要求,坚持以原先的起诉书中的内容进行公诉。于是在法庭的审理中,合议庭根据审判委员会的指示,对于被告人王某利用作废信用卡进行诈骗的事实进行了仔细的讯问,并进行了庭外调查,收集了确凿、充分的证据。在法庭上,被告人王某的辩护人认为:"王某利用作废信用卡诈骗的事实,起诉书未予指控,法庭不能对此进行审理。"对于此,审判长没有理睬,审判继续进行,并在判决书中认定王某犯信用卡诈骗罪、处有期徒刑 4 年,犯盗窃罪、处有期徒刑 3 年,决定合并执行 5 年。对被告人陈某判处有期徒刑 4 年,决定执行 4 年。

思考问题

1. 本案中合议庭成员认为有遗漏的罪行,要求将全案退回补充侦查是否正确?为什么?

2. 对于利用信用卡进行诈骗的事实,法庭能否进行证据的收集,并审理做出判决?如果法庭的做法是错误的,那么在现行制度内,王某的诈骗犯罪行为是否将不受追究?

参考意见

1. 合议庭要求将全案退回补充侦查的行为是错误的。检察机关在将案件提起公诉后,人民法院必须对公诉案件进行审查。在审查后,法院的处理应当是:

(1)对于属于告诉才处理的案件,应当退回人民检察院,并告知被害人有权提起自诉;(2)对于不属于本院管辖或者被告人不在案的,应当退回人民检察院;(3)对于不符合《刑诉法解释》第 218 条第 2 项至第 9 项规定之一,需要补充材料的,应当通知人民检察院在 3 日内补送;(4)对于依照《刑事诉讼法》第 200 条第 3 项的规定宣告被告人无罪后,人民检察院根据新的事实、证据重新起诉的,人民法院应当依法受理;(5)依照《刑诉法解释》第 296 条的规定,人民法院裁定准许撤诉的案件,没有新的事实、证据,人民检察院重新起诉的,人民法院应当退回人民检察院;(6)对于符合《刑事诉讼法》第 16 条第 2 项至第 6 项规定情形的,应当裁定终止审理或者退回人民检察院;(7)对于被告人真实身份不明,但符合《刑事诉讼法》第 160 条第 2 款规定的,人民法院应当依法受理。

法院的这种审查主要是一种程序性的措施，紧紧围绕着是否将被告人交付法庭审判，不能够将之与审判混为一谈。根据《刑事诉讼法》第 186 条的规定："人民法院对提起公诉的案件进行审查后，对于起诉书中有明确的指控犯罪事实的，应当决定开庭审判。"这里不涉及被告人到底是犯罪的实体问题。具体而言，就是如果在审查之后，只要起诉书中有明确的指控犯罪事实，法院就应当决定开庭审判，不得以上述材料不充足为由而不开庭审判。

虽然根据上文，《刑事诉讼法》仍允许人民法院要求检察机关对于有关材料进行补充（《刑诉法解释》第 219 条也有这种规定），但这与将全案退回补充侦查的性质完全不同。本案中，检察机关提起了公诉，且起诉书中有明确的指控犯罪事实，就表明国家对于被告人的犯罪行为的追究活动已经正式进入了审判阶段，法院应当履行法定职责，对于该案件予以受理，并作出裁判。

2. 王某利用信用卡进行诈骗的事实是未经起诉的犯罪事实，法庭对此进行证据的收集并作出裁判是错误的。

首先，法庭主动收集证据的行为是错误的。《刑事诉讼法》第 196 条规定："法庭审理过程中，合议庭对证据有疑问的，可以宣布休庭，对证据进行调查核实。"这就表明，法庭在对庭审中的证据有疑问，而从对被告人的讯问和对被害人、证人的询问以及从控、辩双方的交叉询问中不能够使疑问得到排除时，为了查明真相才可以主动地调查核实证据。法庭主动收集有关王某信用卡诈骗的证据显然在上述范围之外。

其次，法庭作出的王某犯信用卡诈骗罪的判决也是错误的。现代刑事诉讼审判活动中的一项基本原则是不告不理原则。不告不理不仅指公诉案件只有经人民检察院提起公诉后，法院才能够启动审判程序，进行审理与裁判；也指在检察院提起公诉后，法院作出裁判前，对于新发现的事实、证据和犯罪嫌疑人，可能导致认定被告人起诉书指控的范围之外的刑事责任时，法院也只能够按原起诉书的范围进行审理与裁判。

最后，法庭对王某利用信用卡诈骗的行为进行追究也违背了刑事诉讼中的职权原则。根据职权原则，对于犯罪活动的侦查权只能由公安机关、人民检察院、军队保卫部门、国家安全机关和监狱的有关部门行使；而对于犯罪行为提起公诉以及其他的检察权只能由检察机关行使；法院只行使审判权。在本案中，法庭主动对于王某的信用卡诈骗行为进行追究，混淆了起诉职能与审判职能，严重违背了职权原则。对于发现被告人存在其他犯罪事实的情况，《刑诉规则》第 423 条规定："在人民法院宣告判决前,人民检察院发现被告人的真实身份或者犯罪事实与起诉书中叙述的身份或者指控犯罪事实不符的,或者事实、证据没有变化,但罪名、适用法律与起诉书不一致的,可以变更起诉。发现遗漏的同案犯罪嫌疑人或者罪行的,应当要求公安机关补充移送起诉或者补充侦查;对于犯罪事实清楚,证据确实、充分的,可以直接追加、补充起诉。”第425条规定:“在法庭审理过程中,人民法院建议人民检察院补充侦查、补充起诉、追加起诉或者变更起诉的,人民检察院应当审查有关理由,并作出是否补充侦查、补充起诉、追加起诉或者变更起诉的决定。人民检察院不同意的,可以要求人民法院就起诉指控的犯罪事实依法作出裁判。”

可见,对于那些犯罪行为进行起诉,是检察机关职权范围内的事,人民法院无权代替检察机关作出决定。人民法院只能就起诉指控的犯罪事实依法作出裁判。

在本案中,虽然由于检察机关的原因,被告人的其他罪行没有受到法律的追究,但是我国《刑事诉讼法》中还明确规定了自诉程序,可以确保相关的犯罪受害人依然能够追究犯罪分子的刑事责任。

案例二

案情简介

2020年7月,谷女士到余杭某小区快递点取快递时,被附近便利店店主郎某偷拍了视频。郎某随后与朋友何某“开玩笑”,编造“女子出轨快递小哥”等聊天内容,发至微信群。随后谣言在微信群聊、公众号自媒体等平台被不断转发,在互联网发酵造成严重不良影响。谷女士人格受到严重损害,还为此丢了工作、找新工作被拒,并患上抑郁症,于是向警方报警。

2020年8月13日,浙江省杭州市公安局余杭区分局发布警情通报,依据相关法律规定,公安机关对郎某、何某分别作出行政拘留9日的处罚。10月26日,谷女士向浙江省杭州市余杭区人民法院提起刑事自诉,浙江省杭州市余杭区人民法院于12月14日决定立案,并依法要求浙江省杭州市公安局余杭区分局提供协助。

2020年12月25日,根据浙江省杭州市余杭区人民检察院建议,浙江省杭州市公安局余杭区分局对郎某、何某以涉嫌诽谤刑事立案侦查。至此,该案性质发生了重大转变——由一起自诉案件转为了公诉案件。该案公安机关已结束侦查,移送浙江省杭州市余杭区人民检察院。次日,浙江省杭州市余杭区人民检察院依法将被告人郎某、何某涉嫌诽谤一案向浙江省杭州市余杭区人民法院提起公诉。2021年4月30日,“杭州取快递女子被造谣”一案在浙江省杭州市余杭区人民法院一审开庭审理。最终,两被告人郎某、何某因犯诽谤罪,判处有期徒刑1年,缓刑2年,两被告表示服从判决,认罪认罚。〔1〕

思考问题

1. 对于郎某的诽谤行为,被害人谷女士能否提起自诉?人民法院在受理自诉案件之后,是否可以先进行调解?

2. 如果在本案中,谷女士不希望通过诉讼的方式解决纠纷,而谷女士的母亲认为只有通过诉讼才能够使纠纷获得彻底的解决,那么谷女士的母亲能否作为本案的自诉人提起自诉?为什么?

3. 本案自诉转为公诉是否具有正当性?

参考意见

1. 受害人谷女士可以提起自诉,受理后法院可以先进行调解。本案涉嫌诽谤罪,符合《刑事诉讼法》第210条第1项规定的“告诉才处理的案件”的自诉案件范围,属于自诉案件,因此可以提起自诉。由于自诉案件一般都是轻微的普通刑事案件,主要是涉及当事人双方之间关于名誉、人格,以及家庭成员、邻居等熟识的社会成员之间的纠纷。这类纠纷对于社会的危害不大,让当事人通过和解解决纠纷对于增进团结,防止矛盾的激化是十分有利的;并且通过调解结案,可以节约时间等资源,提高诉讼效益。因此,法律赋予当事人自行和解这种诉讼权利。根据《刑事诉讼法》第212条的规定,“人民法院对自诉案件,可以进行调解”。因此,法院受理自诉案件后,可以依法进行调解。

2. 在本案中,谷女士的母亲不能够作为提起自诉的主体。《刑事诉讼法》第114条规定:“对于自诉案件,被害人有权向人民法院直接起诉。被害人死亡或者丧失行为能力的,被害人的法定代理人、近亲属有权向人民法院起诉。人民法院应当依法受理。”《刑诉法解释》也在第317条对自诉案件规定:“如果被害人死亡、丧失行为能力或者因受强制、威吓等无法告诉,或者是限制行为能力人以及因年老、

〔1〕 案例来源:郎某、何诽谤案,最高人民检察院指导案例137号(2022年)。

患病、盲、聋、哑等不能亲自告诉,其法定代理人、近亲属告诉或者代为告诉的,人民法院应当依法受理。”可见,自诉案件中被害人的法定代理人、近亲属向法院告诉是有特别的情形规定的。本案中的谷女士并不存在法定的,需要法定代理人、近亲属代为告诉的情形,其母亲无权进行告诉。谷女士不愿向人民法院进行告诉,是行使自己的处分权的一种表现,是法律所允许的。

3. 本案转化为公诉案件具有正当性。根据《刑诉法解释》第 1 条第 1 项的规定,告诉才处理的案件有:侮辱、诽谤案(《刑法》第 246 条规定的,但严重危害社会秩序和国家利益的除外);暴力干涉婚姻自由案(《刑法》第 257 条第 1 款规定的);虐待案(《刑法》第 260 条第 1 款规定的,但被害人没有能力告诉或者因受到强制、威吓不法告诉的除外);侵占案(《刑法》第 270 条规定的)。虽然一般的诽谤罪属于告诉才处理的自诉案件,但在本案中,由于相关视频材料进一步在网络上传播、发酵,案件情势发生了变化。郎某、何某的行为不仅损害被害人人格权,而且经网络社会这个特定社会领域和区域得以迅速传播,严重扰乱网络社会公共秩序,给广大公众造成不安全感,严重危害社会秩序,因此依据《刑法》第 246 条第 2 款之规定,应当按公诉程序予以追诉。

案例三

案情简介

被告人肖某某,男,务工人员。2019 年 11 月 11 日 21 时许,被告人肖某某酒后驾驶小型轿车从福建省莆田市秀屿区东庄镇前云村自己家中往秀屿区月塘镇西园村方向行驶,途经秀屿区东庄镇前云村圆圈路段时被福建省莆田市秀屿区公安分局东庄派出所民警查获。经呼气检测,肖某某的酒精呼气检测值为 124.6 mg/100ml。经鉴定,从肖某某的血样中检出乙醇浓度为 124.77 mg/100ml。

被告人肖某某因涉嫌危险驾驶罪,于 2019 年 11 月 12 日 13 时被福建省莆田市公安局秀屿分局刑事拘留,于当日 15 时移送福建省莆田市秀屿区人民检察院审查起诉。福建省莆田市秀屿区人民检察院对本案适用认罪认罚从宽制度,于当日 17 时以肖某某涉嫌危险驾驶罪提起公诉,并建议法院适用速裁程序审理本案。次日 10 时,福建省莆田市秀屿区人民法院适用速裁程序开庭审理本案,采纳检察机关指控和量刑建议并当庭宣判,判处被告人肖某某拘役 1 个月,缓刑 2 个月,并处罚金人民币 1000 元。肖某某服判，不上诉。[1]

思考问题

1. 本案件能否适用速裁程序审理？

2. 如果本案适用速裁程序审理，审理期限和具体适用有无违法之处？

3. 本案所体现的我国速裁程序的优势和特点有哪些？

参考意见

1. 本案适用速裁程序审理。根据《刑事诉讼法》第 222 条的规定："基层人民法院管辖的可能判处三年有期徒刑以下刑罚的案件，案件事实清楚，证据确实、充分，被告人认罪认罚并同意适用速裁程序的，可以适用速裁程序，由审判员一人独任审判。人民检察院在提起公诉的时候，可以建议人民法院适用速裁程序。"本案中，被告人肖某某涉嫌危险驾驶罪，属于由基层人民法院管辖的可能判处 3 年有期徒刑以下刑罚的案件，案件事实清楚，证据确实、充分，被告人认罪认罚并同意适用速裁程序，且不存在《刑事诉讼法》第 223 条规定的不适用速裁程序的情形。因此，本案符合速裁程序的适用条件，可以适用速裁程序审理。

2. 本案在审理期限和具体适用中不存在违法之处。根据《刑事诉讼法》第 224 条和第 225 条的规定，本案适用速裁程序，且不属于可能判处有期徒刑超过 1 年的案件，因此人民法院应当在受理后 10 日以内审结，并且应当当庭宣判。

3. 本案作为 2018 年《刑事诉讼法》修改增设的刑事速裁程序后，最高人民检察院发布的 4 起认罪认罚案件适用速裁程序典型案例之一，充分体现了我国速裁程序是我国多层次刑事诉讼程序体系的重要组成部分，对推进刑事案件繁简分流，提升诉讼效率，节约诉讼资源，优化司法资源配置，维护当事人合法权益具有重要意义。

---

〔1〕 案例来源：最高人民检察院发布 4 起认罪认罚案件适用速裁程序典型案例之二：肖某某危险驾驶案。

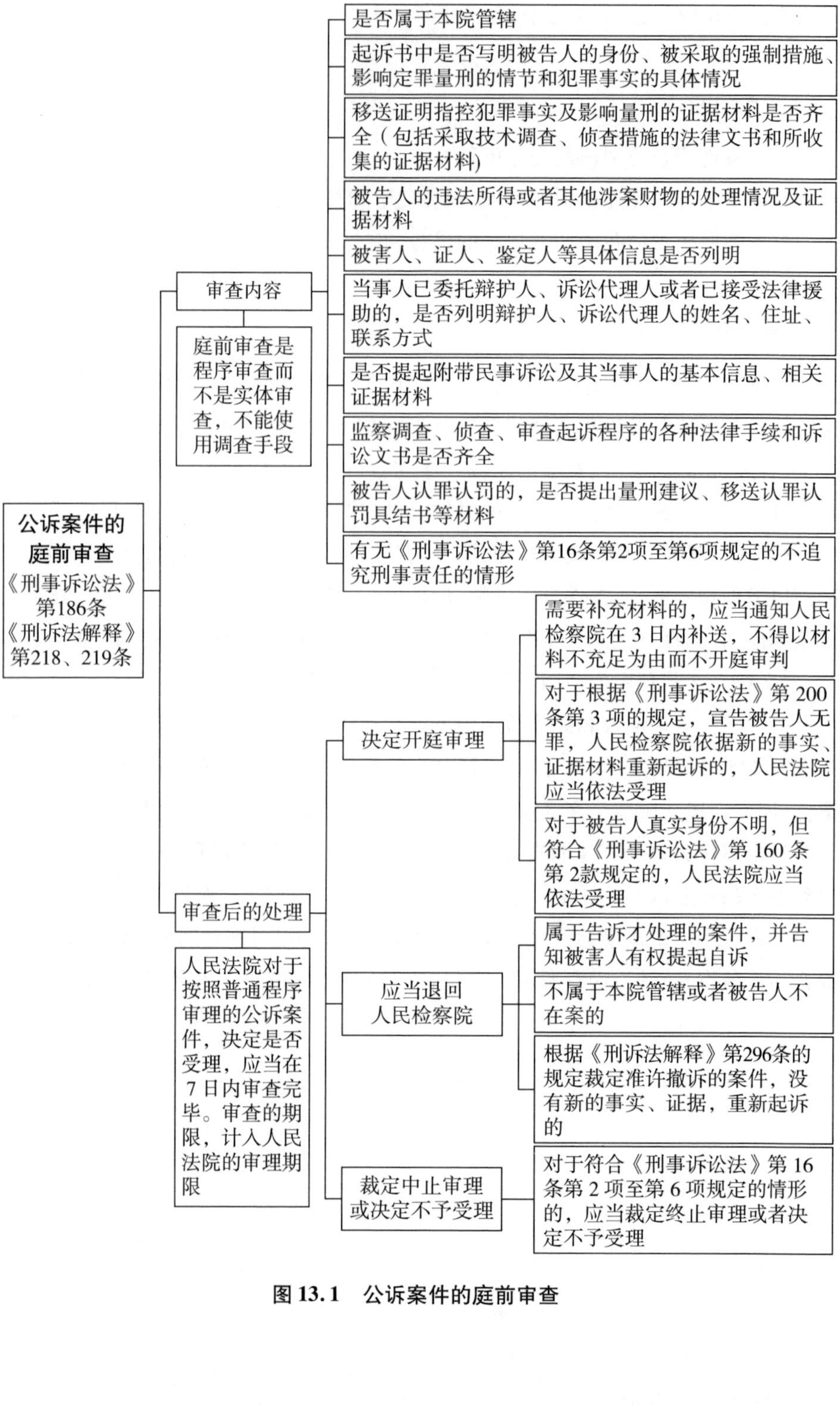

图 13.1 公诉案件的庭前审查

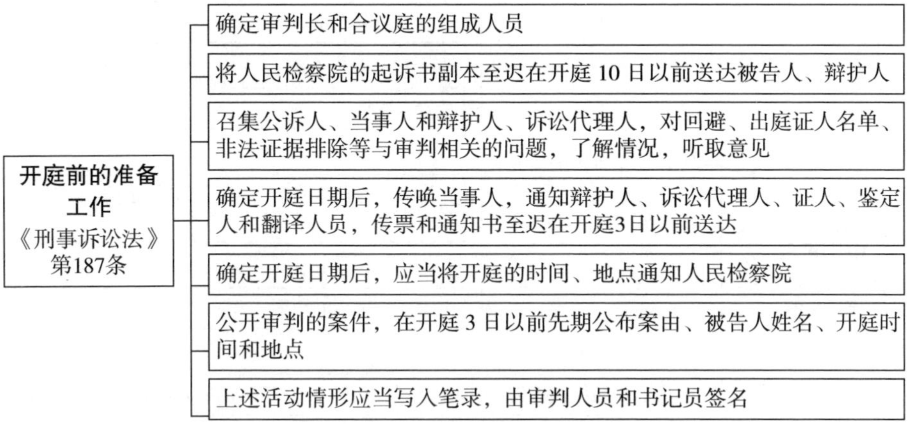

图 13.2　开庭前的准备工作

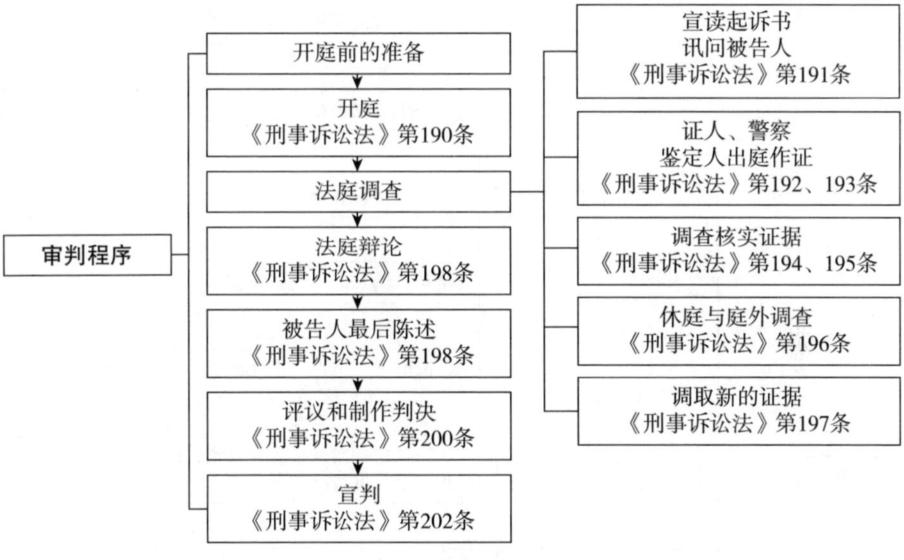

图 13.3　审判程序

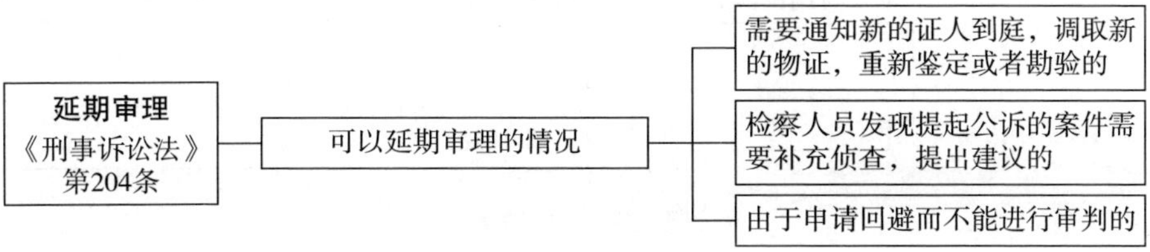

图 13.4　延期审理

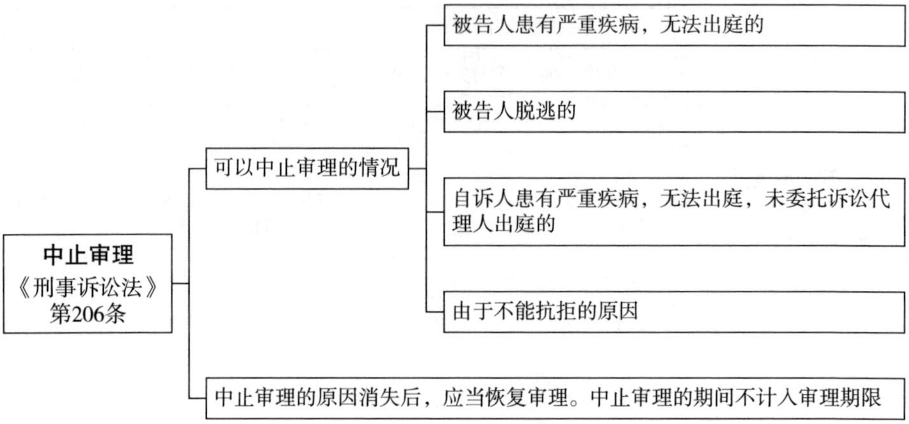

图 13.5　中止审理

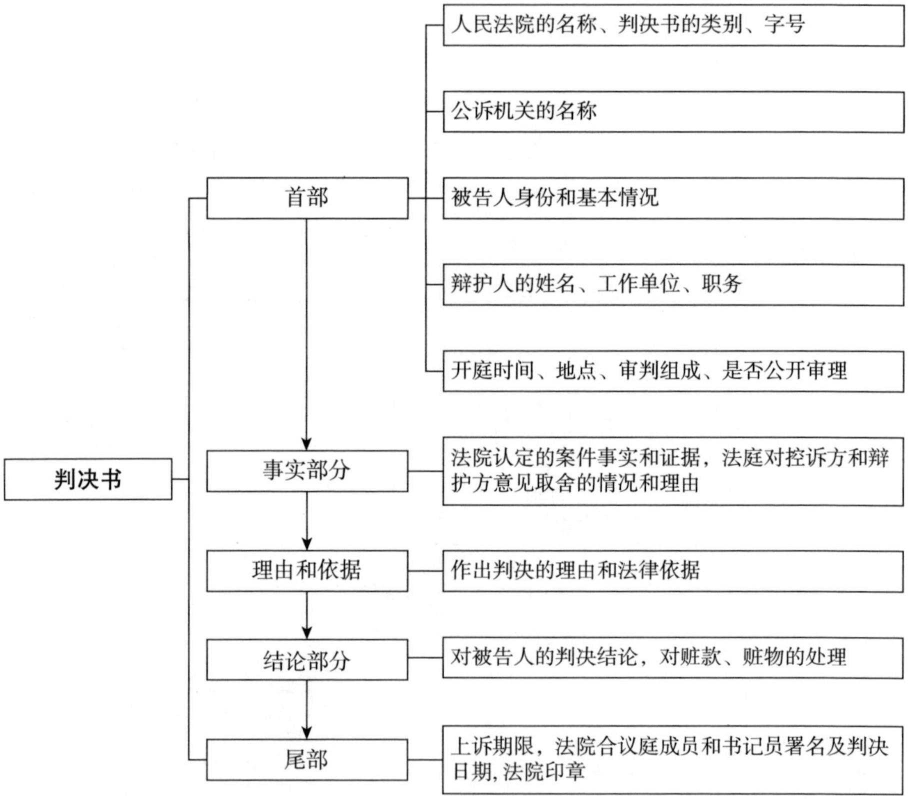

图 13.6　判决书

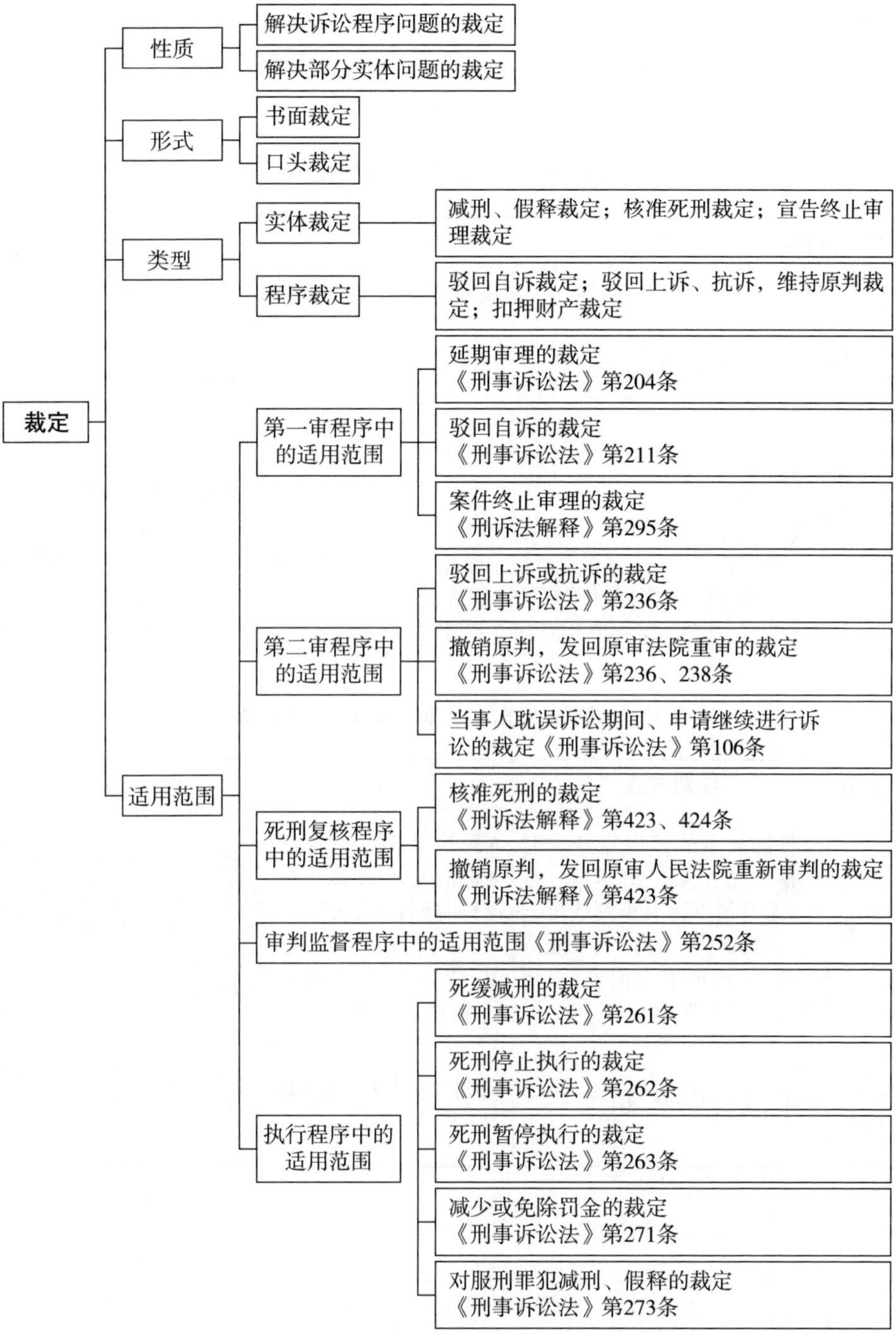
裁定
性质
解决诉讼程序问题的裁定
解决部分实体问题的裁定
形式
书面裁定
口头裁定
类型
实体裁定
减刑、假释裁定；核准死刑裁定；宣告终止审理裁定
程序裁定
驳回自诉裁定；驳回上诉、抗诉，维持原判裁定；扣押财产裁定
适用范围
第一审程序中的适用范围
延期审理的裁定《刑事诉讼法》第204条
驳回自诉的裁定《刑事诉讼法》第211条
案件终止审理的裁定《刑诉法解释》第295条
第二审程序中的适用范围
驳回上诉或抗诉的裁定《刑事诉讼法》第236条
撤销原判，发回原审法院重审的裁定《刑事诉讼法》第236、238条
当事人耽误诉讼期间、申请继续进行诉讼的裁定《刑事诉讼法》第106条
死刑复核程序中的适用范围
核准死刑的裁定《刑诉法解释》第423、424条
撤销原判，发回原审人民法院重新审判的裁定《刑诉法解释》第423条
审判监督程序中的适用范围《刑事诉讼法》第252条
执行程序中的适用范围
死缓减刑的裁定《刑事诉讼法》第261条
死刑停止执行的裁定《刑事诉讼法》第262条
死刑暂停执行的裁定《刑事诉讼法》第263条
减少或免除罚金的裁定《刑事诉讼法》第271条
对服刑罪犯减刑、假释的裁定《刑事诉讼法》第273条

图 13.7　裁定

表 13.1　判决、裁定和决定的比较

文书类型	判决	裁定	决定
目的	解决实体问题	解决程序和部分实体问题	解决程序问题
适用机关	人民法院	人民法院	公安机关、人民检察院、人民法院
形式	书面	书面或口头	书面或口头
上诉抗诉期限	10 日	5 日	不准上诉、抗诉
特点	(1)强制性;(2)稳定性;(3)排他性	(1)强制性;(2)稳定性;(3)非排他性	(1)立即生效;(2)有些可以申请复议

表 13.2　延期审理、中止审理和终止审理的比较

类型	延期审理	中止审理	终止审理
含义	案件因故不能按原定开庭时间审理,或者在法庭审理过程中,遇有足以影响审判继续进行的情况,需要暂停进行法庭审理,等该项事由消失后,再恢复开庭审理	人民法院因发生特定某种情况,致使案件在较长时间内无法继续审理的,可以中止审理,待该项原因消失后,再恢复审理	人民法院在审判过程中,由于发生了某种特定情况,使得对该案没有继续进行审判的必要时,结束案件审理
适用情形	《刑事诉讼法》第 204 条	《刑事诉讼法》第 206 条	实践中有《刑事诉讼法》第 16 条规定之情况的或自诉人死亡的

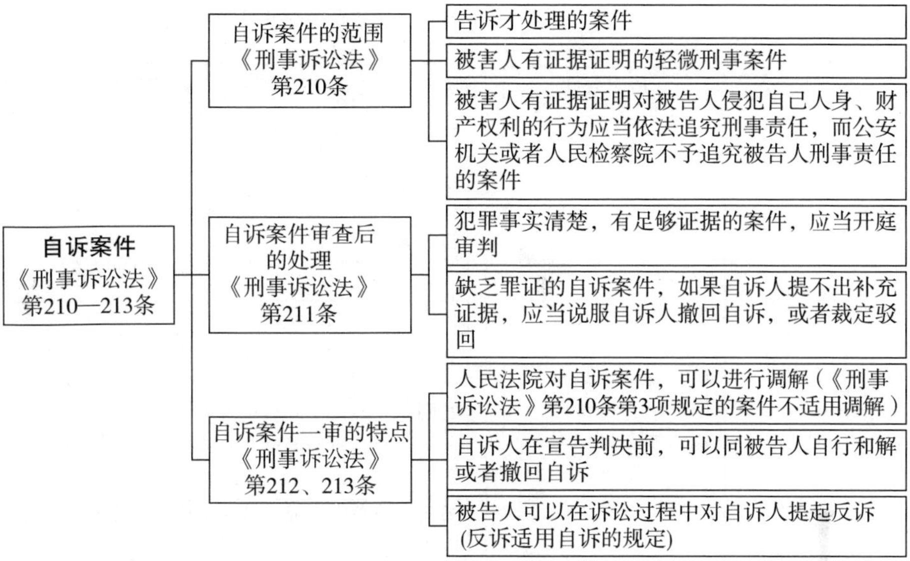

图 13.8　自诉案件

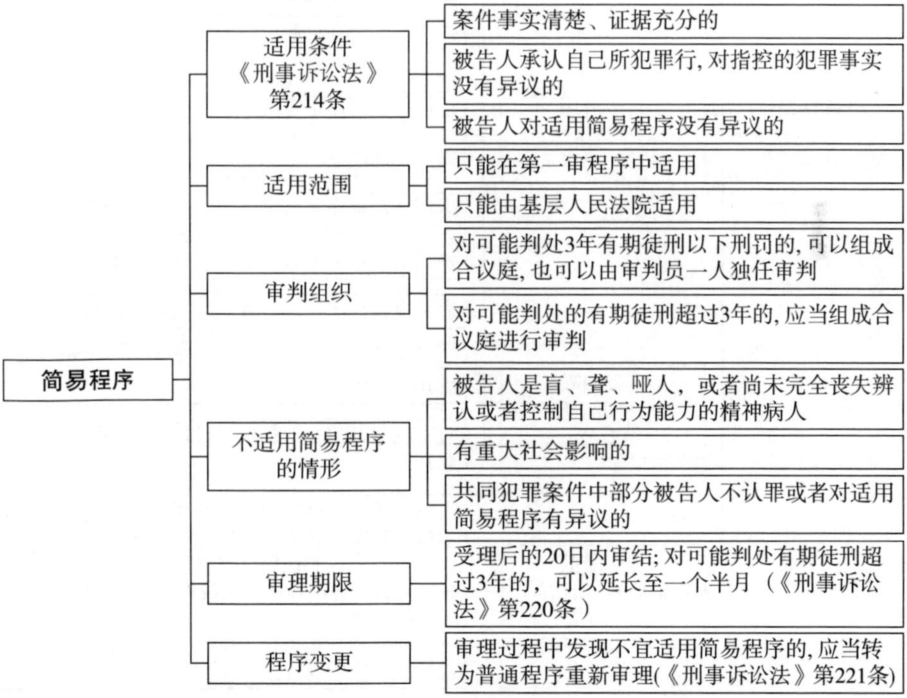

图 13.9　简易程序

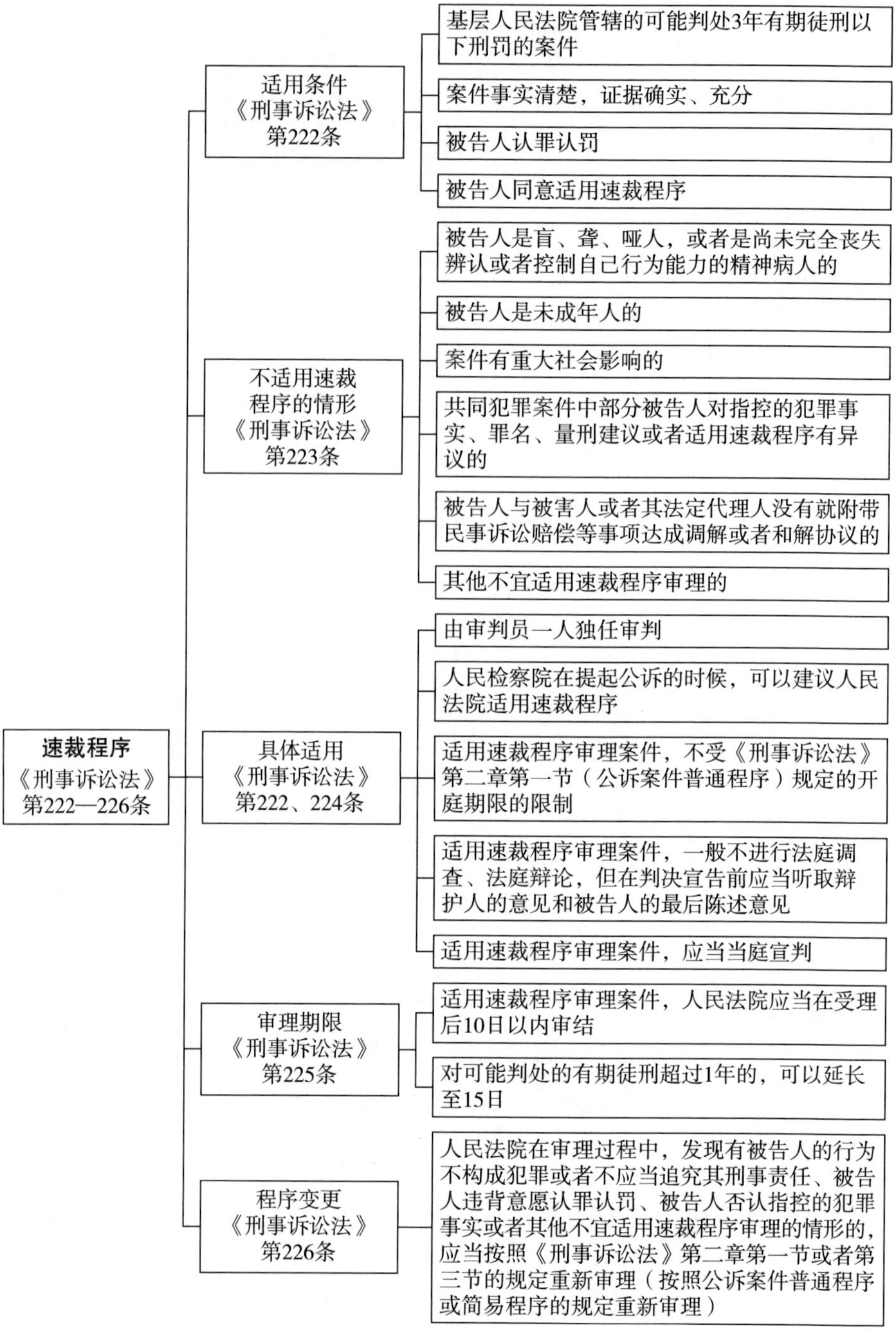
速裁程序
《刑事诉讼法》
第222—226条
适用条件
《刑事诉讼法》
第222条
基层人民法院管辖的可能判处3年有期徒刑以下刑罚的案件
案件事实清楚，证据确实、充分
被告人认罪认罚
被告人同意适用速裁程序
不适用速裁程序的情形
《刑事诉讼法》
第223条
被告人是盲、聋、哑人，或者是尚未完全丧失辨认或者控制自己行为能力的精神病人的
被告人是未成年人的
案件有重大社会影响的
共同犯罪案件中部分被告人对指控的犯罪事实、罪名、量刑建议或者适用速裁程序有异议的
被告人与被害人或者其法定代理人没有就附带民事诉讼赔偿等事项达成调解或者和解协议的
其他不宜适用速裁程序审理的
具体适用
《刑事诉讼法》
第222、224条
由审判员一人独任审判
人民检察院在提起公诉的时候，可以建议人民法院适用速裁程序
适用速裁程序审理案件，不受《刑事诉讼法》第二章第一节（公诉案件普通程序）规定的开庭期限的限制
适用速裁程序审理案件，一般不进行法庭调查、法庭辩论，但在判决宣告前应当听取辩护人的意见和被告人的最后陈述意见
适用速裁程序审理案件，应当当庭宣判
审理期限
《刑事诉讼法》
第225条
适用速裁程序审理案件，人民法院应当在受理后10日以内审结
对可能判处的有期徒刑超过1年的，可以延长至15日
程序变更
《刑事诉讼法》
第226条
人民法院在审理过程中，发现有被告人的行为不构成犯罪或者不应当追究其刑事责任、被告人违背意愿认罪认罚、被告人否认指控的犯罪事实或者其他不宜适用速裁程序审理的情形的，应当按照《刑事诉讼法》第二章第一节或者第三节的规定重新审理（按照公诉案件普通程序或简易程序的规定重新审理）

图 13.10　速裁程序

课后习题

1. 被告人甲涉嫌受贿、贪污、滥用职权等犯罪，由A市人民检察院向A市中级人民法院提起公诉。A市人民检察院起诉书指控，被告人甲身为国家机关工作人员，利用职务上的便利，为他人谋取利益，非法收受他人财物，数额特别巨大；贪污公款，数额巨大；滥用职权，致使国家和人民利益遭受重大损失，情节特别严重，依法应当以受贿罪、贪污罪、滥用职权罪追究刑事责任，数罪并罚。

在庭审中，法庭通知了本案的关键证人某有限公司董事长乙作为证人出庭作证。本案审判中，公诉方多次使用被告之妻丙的证词，包括作证录像，证明甲对有关受贿及贪污犯罪行为知情。被告人甲在反驳的同时，多次要求丙出庭作证，公诉人及辩护人也向法庭提出了同样的申请。法庭经审查，认为丙应该到庭作证，并派法官到羁押场所会见，但她明确表示拒绝出庭。在一审中，证人之一乙作出的5份证言及4份亲笔证词、公诉人当庭播放的询问乙的同步录音录像均详细证明了乙给甲行贿的经过。甲对乙的证言可靠性质疑，但证人乙并未出庭。最终，法庭对被告人甲以受贿罪、贪污罪、滥用职权罪依法作出判决，数罪并罚，决定执行无期徒刑，剥夺政治权利终身。

(1)请问证人乙不到庭是否符合法律规定？会有什么后果？

(2)请问证人丙不到庭是否符合法律规定？为什么？

2. 被告人甲到某KTV内娱乐，酒后站在包厢内一条凳子上跳舞，后从凳子上下来时摔倒。其在摔倒时用手抓住正在其左侧跳舞的被害人乙，导致被害人乙向前摔倒，下巴碰撞面前的茶几，造成下颌部与下唇内部挫裂伤，八颗牙齿缺失，一颗牙齿冠折、露髓。后KTV工作人员丙报警，经公安局法医鉴定，被害人乙受损伤已构成重伤。检察机关在对此案进行审查起诉时，认为被告人甲系过失致人重伤，依法可能判处的刑罚不会重于有期徒刑3年，于是，在依法提起公诉时，建议人民法院在审理此案时适用简易程序。人民法院受理后，认为符合简易程序条件，并依法适用简易程序进行了开庭审理。但为慎重起见，由审判员三人组成了合议庭进行案件的审理工作。

在庭审中，被告人甲对于检察机关指控的犯罪事实予以否认，其辩护人也认为被告人汤某无罪。合议庭认为辩护人的无罪辩护不成立；同时，认为被告人甲对于指控犯罪事实的否认是态度恶劣的表现，并为了不浪费时间，没有准许被告人汤某在判决宣告前进行最后陈述。在判决书中，合议庭依法认定被告人汤某犯过失重伤罪，判处有期徒刑2年。

请问本案能否适用简易程序审理？对适用简易程序审理的案件，能否组织合议庭进行审理？此外，本案的合议庭在庭审程序中是否有其他违法之处？

3. 思考题：

（1）请简述延期审理和中止审理的适用条件及区别。

（2）试述自诉案件审理的特点。

（3）试从程序公正的角度评析简易程序的适用条件。

（4）请简述速裁程序的适用条件及其与简易程序的区别。

课程链接

第十四章　第二审程序

学习要点

本章对第二审程序有关的基本概念、基本理论和基本知识有关问题作了系统的阐述。学习本章应掌握以下要点:(1)第二审程序概念、特征、性质和任务、第二审程序特有的原则;(2)第二审程序提起的主体、方式、途径、理由和期限;(3)第二审程序的审理方式、审理各方的主体地位、审理对象和范围、审理环节和期限;(4)第二审程序的裁判。

案例一

案情简介

2019年6月5日21时许,被告人余某某聚餐后酒后驾车在北京市门头沟区撞倒了被害人后逃逸,致被害人死亡。事后,余某经妻子劝说于次日5时许到公安机关投案,供述了罪行。案发当月,余某某家属赔偿了被害人家属160余万元并取得了被害人家属的谅解。被告人余某某自述回家后擦车时发现车上有血迹,才知道撞到了人。鉴于其自愿认罪认罚,检察院提出了"判三缓四"的量刑建议。但一审法院认为被告人余某某作为一名纪检干部,本应严格要求自己,肇事后逃逸及擦拭车身血迹的行为表明其逃避法律追究的意图,主观恶性较大,判处缓刑不足以惩戒犯罪,因此不予采纳公诉机关的量刑建议,一审判处余某某交通肇事罪有期徒刑2年。

检察院以"量刑过重"为由提起抗诉,余某某本人也上诉。二审法院驳回了检察院的抗诉、余某某的上诉,改判有期徒刑3年6个月。[1]

---

〔1〕 案例来源:北京市第一中级人民法院二审刑事判决书,(2019)京01刑终628号。

思考问题

1. 本案一审中,法院不采纳公诉机关的量刑建议,判处有期徒刑 2 年的行为是否符合程序?

2. 本案中二审法院将原一审的判决由有期徒刑两年改为有期徒刑 3 年 6 个月该如何评价? 请结合本案谈谈你对“上诉不加刑”原则的理解。

参考意见

1. 不符合程序。首先,本案不属于法定改判情形,一审法院改判属程序违法。其次,被告人余某某自愿认罪认罚,犯罪情节较轻、认罪悔罪态度好,没有再犯罪的危险,宣告缓刑对其所居住社区没有重大不良影响,符合缓刑的适用条件。因而公诉机关提出的量刑建议不属于明显不当,不属于量刑畸轻畸重影响公正审判的情形。一审法院在无法定理由情况下予以改判,既不符合刑事诉讼法的规定,也不符合认罪认罚从宽制度的规定和精神,属于程序违法。

2. 本案违背了二审“上诉不加刑”的原则。首先,从法条来看,《刑事诉讼法》第 237 条第 1 款规定:“第二审人民法院审理被告人或者他的法定代理人、辩护人、近亲属上诉的案件,不得加重被告人的刑罚。”这里的“不加刑”,具体指:(1)对于同一刑种,不得加重刑罚的数量;(2)不得改判较重的刑种,如将拘役 6 个月改为有期徒刑 6 个月;(3)不得对于刑罚的执行方法加以改变,比如将死刑缓期执行改为立即执行或者延长死刑的考验期;(4)不得在主刑不变的情况下,增加附加刑;(5)不得加重共同犯罪案件中未提起上诉的被告人的刑罚;(6)对于被告人数罪并罚的,既不能够加重决定执行的刑罚,又不得在执行刑罚不变的情况下,加重数罪中某一罪或者几个罪的刑罚。该原则是为了切实保障被告人充分地、毫无顾虑地行使上诉的权利,因此二审人民法院处理只有被告人一方上诉的案件,应遵循“上诉不加刑”的审判原则。

其次,《刑事诉讼法》第 237 条第 2 款虽然规定了如果检察机关同时也提起了抗诉,二审法院的审理则不适用上诉不加刑原则,这里的检察机关抗诉其实暗含着“加重抗诉”上诉可加刑的逻辑。而在本案中,检察机关以“量刑过重”为由提起抗诉是在充分保障被告人权利,与《刑事诉讼法》第 237 条第 1 款的法条原意相契合,因此,二审法院将原一审的判决由有期徒刑 2 年改为有期徒刑 3 年 6 个月的行为违背了二审“上诉不加刑”的原则。

案例二

案情简介

2020年11月18日2时许，被告人刘某某伙同赵某（身份无法核实）采取钻窗、破门入室等手段，先后进入多家路边商店盗窃人民币、手机充值卡、手机、笔记本电脑等物品，赃物共价值人民币9000余元。案发后，公安机关进行了侦查，检察机关依法进行了审查起诉，并向人民法院提起公诉。第一审人民法院受理后，经过庭审，认定被告人刘某某所盗财物，属于数额巨大，依照《刑法》第264条的规定，依法判处被告人刘某某有期徒刑5年。一审判决后，刘某某不服，以对于赃物的估价太高，量刑偏重为由，口头向上级人民法院提起上诉。

第二审人民法院在受理该案后，对于被告人刘某某盗窃的赃物进行了认真的审核，认为一审认定盗窃物的价值是合理的；同时，二审法院对于案件的其他事实也进行了查明，认为本案的事实是清楚的，证据是确实、充分的；所适用的法律亦无不当，量刑合理。因此，一审的定罪、量刑完全正确，二审人民法院裁定驳回上诉，维持原判。

思考问题

1. 二审人民法院审查的内容超出了被告人在上诉中涉及的内容，是否符合法律的规定？

2. 我国对于上诉的理由与方式是否有特别的规定？被告人刘某某的上诉是否符合规定？为什么？

3. 如果被告人刘某某在提出上诉后，又撤回了上诉，二审人民法院应当如何处理？

参考意见

1. 二审法院的做法符合法律的规定。《刑事诉讼法》第233条规定："第二审人民法院应当就第一审判决认定的事实和适用法律进行全面审查，不受上诉或者抗诉范围的限制。"可见，我国的第二审程序实行的是全面审理原则，第二审的审理范围为全案审查。所谓全案，具体指：(1)在诉讼主体上，对于共同犯罪案件，只有部分被告人上诉的,或者人民检察院只对部分被告人的判决提出抗诉的,第二审人民法院要对全案进行审查;(2)从案件的性质上,审理附带民事诉讼的上诉案件,应当对包括刑事部分在内的全案进行审查;(3)二审在审查的内容上,法院要同时审查第一审裁判认定的事实是否清楚、证据是否充分,以及审查其适用的法律的正确与否;(4)对于诉讼请求,第二审人民法院既要审查上诉、抗诉所涉及的内容,又要审查未被上诉、抗诉的一审裁判文书中的其他内容。

通过全面了解案情,通盘考虑上诉所涉及的以及未涉及的情节,使上诉中已经指出的和没有涉及的裁判中的错误都能够得到纠正。全案审查更能够发现一审裁判的错误,发现案件的真实情况,保证二审裁判的正确性,实现刑事诉讼法的准确查明犯罪事实,正确应用法律,惩罚犯罪分子,保障无罪的人不受刑事追究的任务。

2. 被告人刘某某的上诉符合法律的规定。

所谓上诉的理由,是指当事人提出上诉的事实依据和法律依据。为了体现切实保障被告人权利的要求,我国刑事诉讼法对于被告人上诉的理由并无任何限制。《刑事诉讼法》第 227 条的规定表明,只要被告人不服地方各级人民法院第一审的判决、裁定,都有权向上一级人民法院提出上诉。被告人可以根据其认定的任何理由进行上诉,至于这些理由是否充分,是否确实能够推翻或者变更一审判决,都不影响上诉的效力。

关于上诉的方式,《刑事诉讼法》第 227 条规定上诉可以用书状或者口头的方式进行,这样做,也是从充分保护被告人上诉权的角度出发的。本案中,刘某某的口头上诉是合乎法律的规定的。

3. 上诉是被告人所有的一项权利,被告人有权行使,也可以不行使,对于被告人的上诉权,不得以任何借口加以剥夺。《刑诉法解释》第 383 条规定:“上诉人在上诉期限内要求撤回上诉的,人民法院应当准许。”第 378 条第 2 款规定:“被告人、自诉人、附带民事诉讼当事人及其法定代理人是否提出上诉,以其在上诉期满前最后一次的意思表示为准。”这就说明,只要在上诉期内,被告人可以就其先前提出的上诉予以撤回,也可以在撤回之后再次提出上诉,只要没有超出上诉期限。对于被告人合法处理自己权利的行为,人民法院应当准许。

但如果被告人撤回上诉的行为发生在上诉期届满之后,第二审人民法院应当进行审查。如果认为原判决认定事实和适用法律正确,量刑适当,应当裁定准许被告人撤回上诉;如果认为原判决事实不清,证据不足或者将无罪判为有罪、轻罪重判等,应当不准许撤回上诉,并按照上诉程序进行审理。

因此,如果刘某某的撤诉行为发生在上诉期届满之前,人民法院应当准许撤诉;如果刘某某的撤诉行为发生在上诉期届满之后,则对于刘某某的撤诉行为,人民法院应当在对案件实体问题审查之后做出裁定。

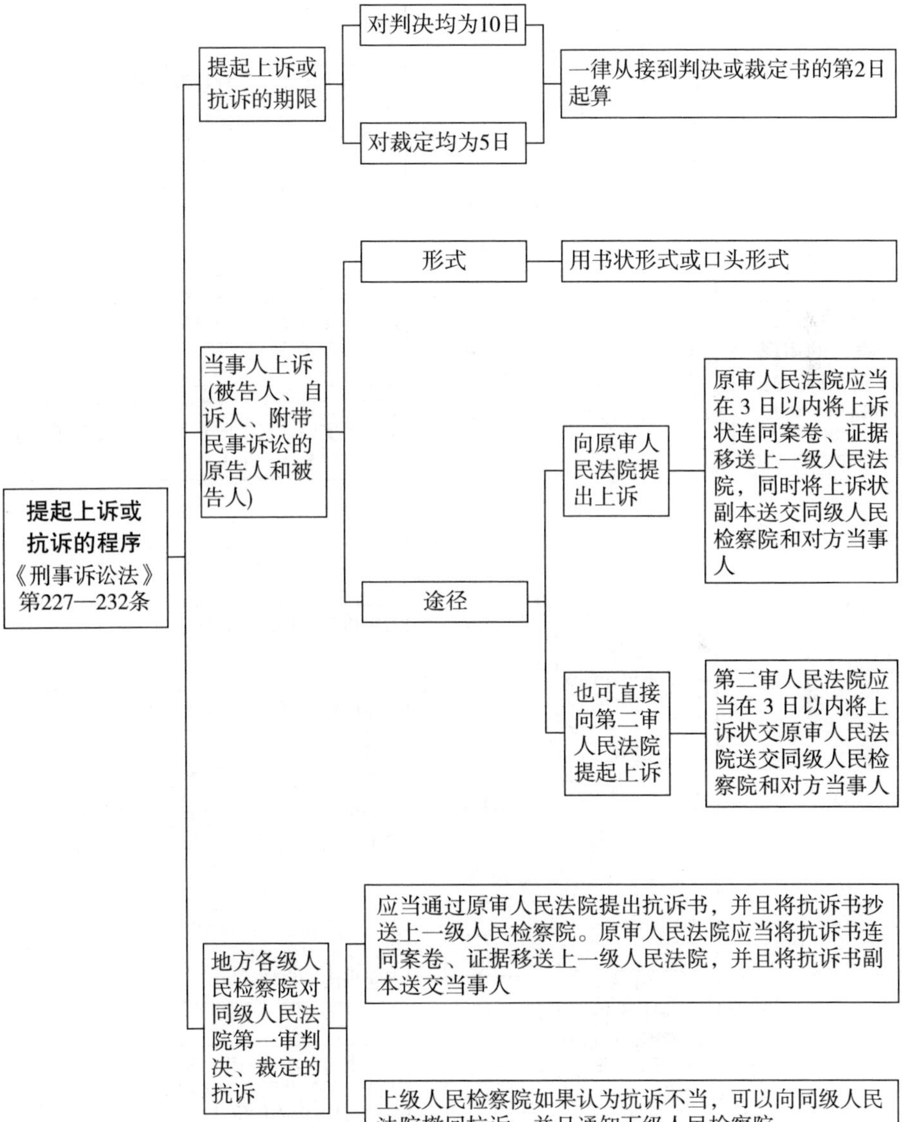

图 14.1　提起上诉或抗诉的程序

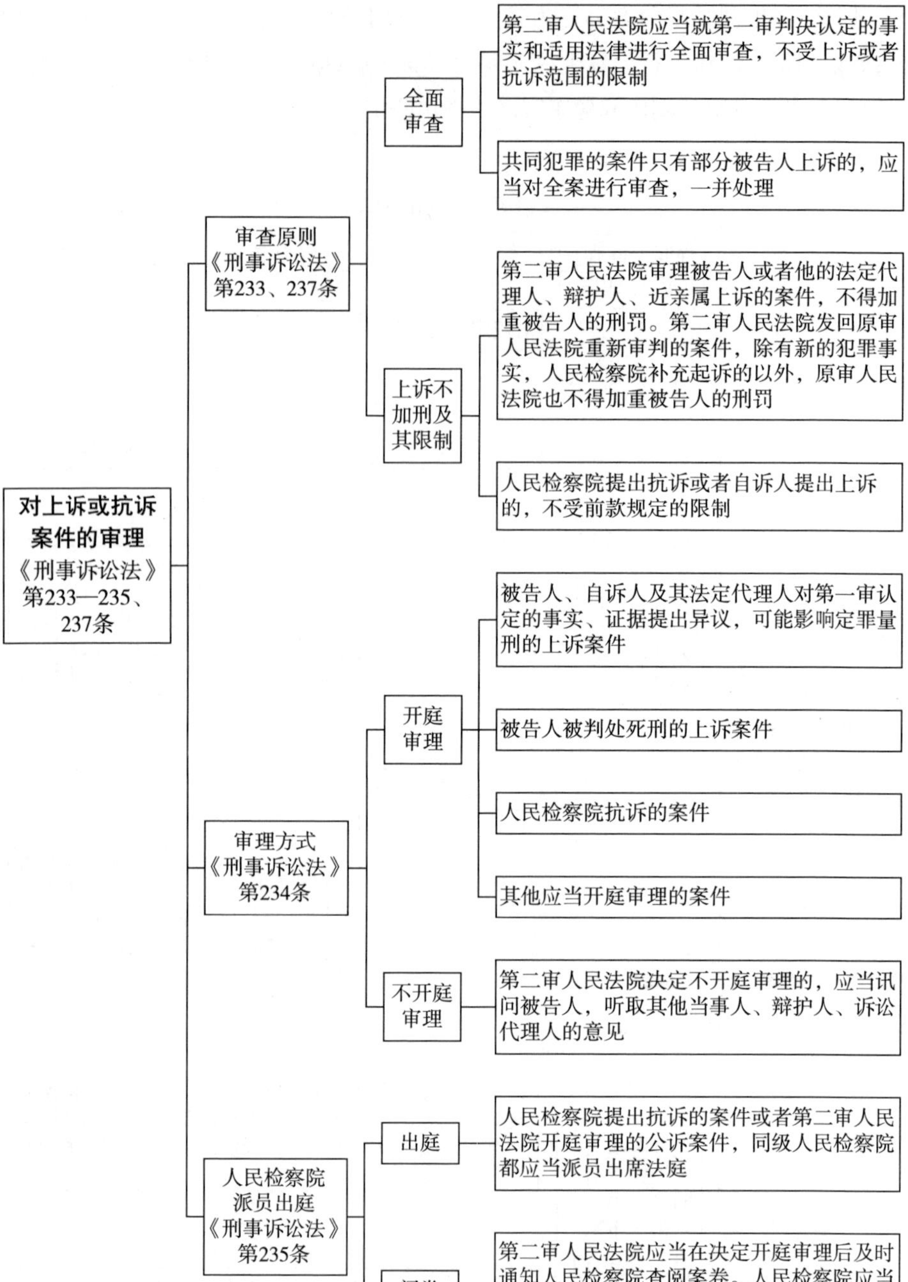

图 14.2　对上诉或抗诉案件的审理

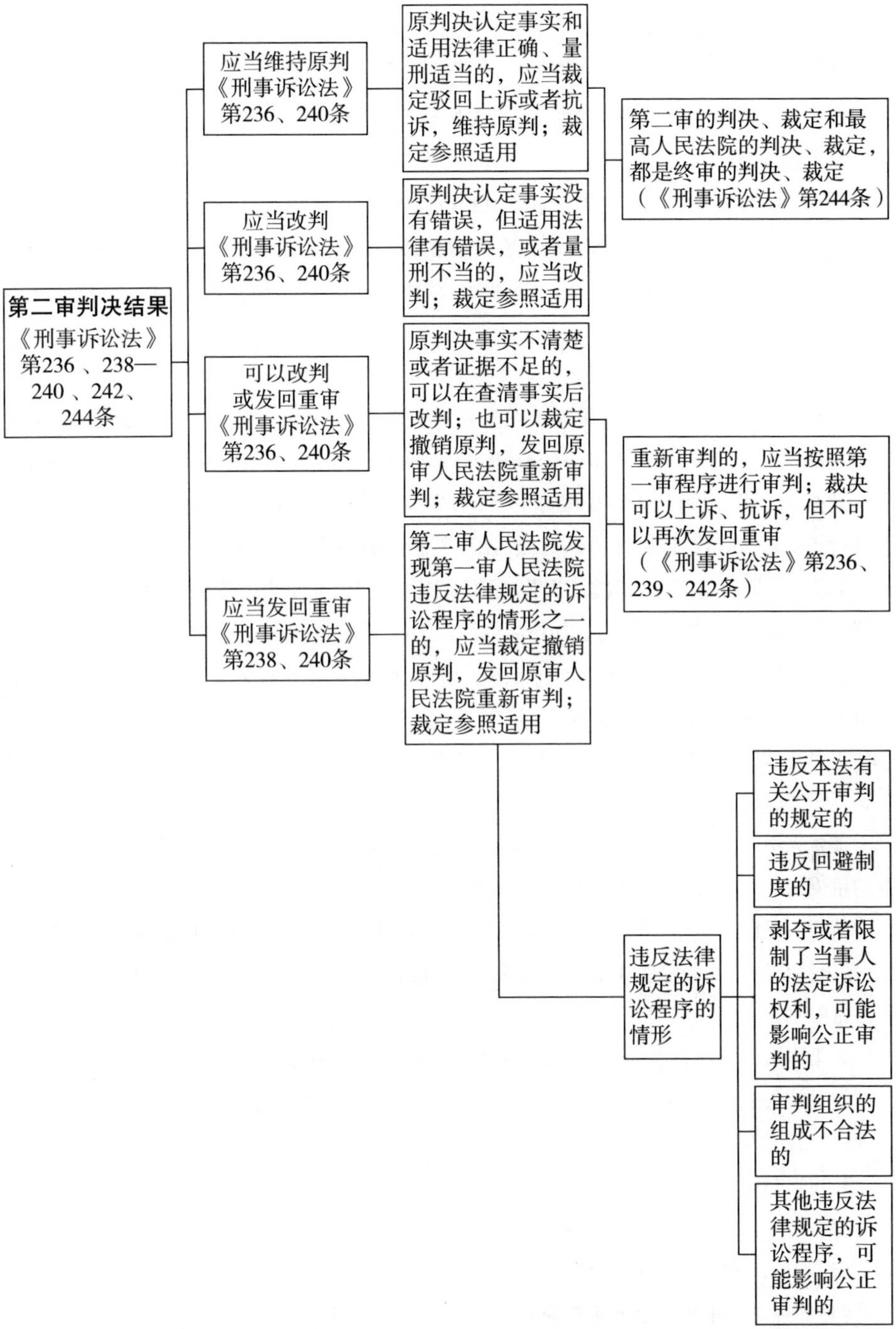

图 14.3　第二审判决结果

课后习题

1. 张某在担任某小学班主任期间,多次奸淫一名女学生。案发后,由某县人民法院审理此案。在此期间,张某委托某律师事务所的律师林某为其辩护人。林某接受委托后,曾三次到县法院要求查阅本案的犯罪事实材料,但合议庭的审判人员均以本案涉及个人隐私内容为由不同意。此外,林律师在会见在押的张某时,也有法警在场,致使林律师因没有全面了解案情而辩护不力。一审法院判决后,林律师在征得张某同意后向二审法院提起上诉。

请问在本案中,林律师应以谁的名义提起上诉?二审法院应如何审理本案?

2. 被告人甲开设以个体性质为组织形式的美容店,对外称某生活馆国际连锁机构,先后招募被告人王某、赵某等人担任美容师,招募鲁某、江某等人担任导购。该店经营期间,为达到强卖商品、强迫他人接受服务的目的,先由导购以免费服务为诱饵将被害人骗至店内,后由美容师通过将被害人脸部涂黑,谎称其脸部有毒素,或将被害人涂成"阴阳脸",或在脸部使用减肥膏造成过敏假象,恐吓如不使用店内产品、不接受其服务会导致皮肤红肿、色差等严重后果,同时以手机辐射会损坏店内设备为由,不允许被害人使用手机与外界联络,迫使其在店内购买商品、接受服务。如遇被害人现金不足,就诱迫其交出银行卡及密码由美容师持卡外出取钱,或直接派人跟其回家取钱。一审法院认为,被告人甲的行为侵害了市场自愿公正的交易秩序及他人的合法权益,行为构成了强迫交易罪。判处有期徒刑1年,并处罚金5万元。

被告人甲不服一审判决,在上诉期内提出了上诉。二审法院受理后,经过审查,认为一审的量刑过轻,于是改判有期徒刑2年,并处罚金5万元。

请问本案的二审中,法院将原一审的判决由有期徒刑1年改为有期徒刑2年,罚金未变,是否符合法律的规定?如果检察机关同时也提起了抗诉,对于二审法院的改判又该如何评价?

如果本案二审改判有误,但又发现一审判决确实量刑畸轻,应当如何处理?

如果被告人甲不服一审判决而上诉,提起上诉的途径有哪些?人民法院应当如何处理?

3. 简答题:

(1)哪些诉讼主体有权启动第二审程序?

(2)如何理解上诉不加刑原则?

(3)简述第二审程序全面审查原则。

(4)刑事第二审程序的裁判处理有哪些形式?

课程链接

第十五章　死刑复核程序

学习要点

本章对死刑复核程序有关问题作了系统的阐述。学习本章应掌握以下要点：(1)死刑复核程序的概念和意义；(2)判处死刑立即执行案件的复核程序；(3)判处死刑缓期二年执行案件的复核程序。

案例一

案情简介

被告人王某某，2005 年 2 月 22 日因涉嫌故意杀人、强奸被逮捕。

河北省邯郸市中级人民法院审理河北省邯郸市人民检察院指控被告人王某某犯故意杀人罪、强奸罪一案，于 2007 年 3 月 12 日作出判决，认定被告人王某某犯故意杀人罪，判处死刑，剥夺政治权利终身；犯强奸罪，判处有期徒刑 14 年，剥夺政治权利 5 年，决定执行死刑，剥夺政治权利终身。宣判后，王某某提出上诉。河北省高级人民法院经依法开庭审理，于 2013 年 9 月 22 日裁定驳回上诉，维持原判，并依法报请最高人民法院核准。在复核审理期间，案件事实出现新的证据，最高人民法院于 2020 年 7 月 28 日作出刑事裁定，不核准被告人王某某死刑，发回河北省邯郸市中级人民法院重新审判。河北省邯郸市中级人民法院经依法重新审理，于 2020 年 11 月 24 日作出刑事附带民事判决，认定被告人王某某犯故意杀人罪，判处死刑，剥夺政治权利终身；犯强奸罪，判处有期徒刑 15 年，剥夺政治权利 5 年，决定执行死刑，剥夺政治权利终身。宣判后，王某某提出上诉。河北省高级人民法院经依法开庭审理，于 2020 年 12 月 21 日作出刑事附带民事裁定，驳回上诉，维持原判，并依法报请最高人民法院核准。

最高人民法院依法组成合议庭，对本案进行了复核，依法讯问了被告人。经审查认为，第一审判决、第二审裁定认定被告人王某某犯故意杀人罪、强奸罪的事实清楚，证据确实、充分，定罪准确，量刑适当。审判程序合法。经审判委员会刑事审判专业委员会讨论决定，裁定核准河北省高级人民法院（2020）冀刑终382号维持第一审对被告人王某某以故意杀人罪判处死刑，剥夺政治权利终身；以强奸罪判处有期徒刑15年，剥夺政治权利5年，决定执行死刑，剥夺政治权利终身的刑事附带民事裁定。

思考问题

1. 报请最高人民法院复核死刑的材料要求有哪些？本案中的“新的证据”是否包括其中？

2. 最高人民法院复核死刑案件，应当全面审查哪些内容？

3. 最高人民法院复核死刑案件时，哪些情况下应当发回重新审判？本案的处理是否符合要求？

4. 死刑复核有无期限要求？谈谈本案中的期限问题。

参考意见

1. 根据《刑诉法解释》第425条的规定，死刑案件的报请复核，应当“一案一报”，具体材料包括报请复核的报告，一审、二审裁判文书，案件综合报告以及全部案卷、证据；对于有一同审理的其他案件，也应对其案卷与证据全部报送；案件曾经发回重新审判的，原一审、二审案卷应当一并报送。

虽然司法解释没有明确提及“新的证据”是否移送问题，但考虑死刑复核主要是通过对死刑案件相关案卷、证据的全部移送，便于最高人民法院能全面、准确复核，确保死刑案件的裁判与执行的慎重，且在最高人民法院复核死刑案件后的处理中提及了出现“新的证据”后可能的处理，所以这里的“新的证据”应当是移送，或在已经报请复核后发现的，也应及时报送最高人民法院。

2. 根据《刑诉法解释》第427条的规定，死刑复核案件，最高人民法院审查的内容涉及可能影响定罪量刑的实体、程序等各方面情况，具体包括被告人的年龄，被告人有无刑事责任能力、是否系怀孕的妇女；原判认定的事实是否清楚，证据是否确实、充分；犯罪情节、后果及危害程度；原判适用法律是否正确，是否必须判处死刑,是否必须立即执行;有无法定或者酌定从重、从轻、减轻处罚情节;诉讼程序是否合法等。

3. 根据《刑诉法解释》第429条的规定,最高人民法院复核死刑案件,下列情况应当发回重新审判:原判事实不清、证据不足的;复核期间出现新的影响定罪量刑的事实、证据的;对于原判认定事实正确、证据充分,但依法不应当判处死刑的;原审违反法定诉讼程序,可能影响公正审判的。对于原判认定事实正确、证据充分,但依法不应当判处死刑的案件,必要时也可以依法改判。

本案中,第一次最高人民法院因"案件事实出现新的证据"而不核准死刑并发回重新审理,如这个新的证据影响定罪量刑了,这个不核准且发回重新审理就是符合规定的;第二次最高人民法院核准了王某某的死刑,从其认定看,没有上述的情形,因而也就不需要重新审理,也是符合法定要求的。

4. 我国关于死刑复核并没有明确的期限规定,主要出于对死刑的慎重,以免仓促复核死刑可能造成的错误裁判与执行。在本案中,第一次河北省高级人民法院报请最高人民法院核准应在2013年10月初,但最高人民法院到2020年7月才不予核准,历时近7年。虽然过程中出现新的证据等情况,但显然时间过长。面对案件可能出现的问题,考虑到慎杀少杀的死刑政策,最高人民法院仍应在合理期间作出不核准的裁定,即使后续发现不核准错误,但仍有纠正的余地。

案例二

案情简介

被告人郭某某,因走私、贩卖、运输、制造毒品于2020年3月8日被刑事拘留,同年4月10日被逮捕。

云南省普洱市中级人民法院审理云南省普洱市人民检察院指控原审被告人郭某某犯运输毒品罪一案,于2020年9月18日作出刑事判决,以运输毒品罪判处被告人郭某某死刑,缓期2年执行,剥夺政治权利终身,并处没收个人全部财产;查获的白色晶体状毒品甲基苯丙胺8973克,依法予以没收销毁;扣押的手机2部,依法予以没收,上缴国库。宣判后,原审被告人郭某某服判,本案无上诉、无抗诉。云南省高级人民法院受理后,依法组成合议庭,经过阅卷,通过视频连线看守所提讯了被告人,听取了辩护人的意见,认为案件部分事实不清、证据不足,裁定不予核准云南省普洱市中级人民法院(2020)云08刑初133号刑事判决、发回云南省普洱市中级人民法院重新审判。[1]

思考问题

1. 设立死刑复核程序的目的是什么？本案中被告人不上诉、检察机关不抗诉情况下是否还需要复核？

2. 高级人民法院复核死刑缓期执行的案件，发回重新审判的情形与最高人民法院复核死刑案件时有哪些异同？本案是否可以由云南省高级人民法院直接改判？

3. 所有死刑缓期执行的案件，高级人民法院是否都要复核？

参考意见

1. 死刑复核程序是我国刑事诉讼普通程序中针对死刑判决的特殊程序，也是刑事诉讼程序中的一个独立的诉讼阶段，有其特殊的目的与任务。

一是贯彻慎杀、少杀的刑事政策。由于死刑是所有刑罚中最为严厉的刑种，一旦错误的死刑判决获得了执行，产生的损失将无法获得弥补。在我国，死刑复核程序的采用使死刑案件在两审终审制度之外，增加了一道特别审理程序，有助于从审判程序上保证严格控制死刑的适用。

二是统一执法尺度。如果在死刑案件中也坚持两审终审制度，那么就会有相当数量的死刑案件只能在较低级别的法院处理，而各地理解和把握适用死刑的标准极有可能出现差异，相同或者相似的案情在不同的地区会出现不一样的处理结果。通过由较高级别的人民法院对于死刑案件进行复核，可以使死刑案件的执法尺度统一，实现公正。

从死刑复核程序的目的和任务不难看出，该程序有其存在的重大意义，不能因为其他任何原因而取消该程序。

根据我国《刑事诉讼法》第248条、《刑诉法解释》第424条的规定，中级人民法院判处死刑缓期2年执行的案件，由高级人民法院核准；如果案件没有上诉或抗诉的，则由中级人民法院报请高级人民法院核准。因此，本案需要报请复核。

2. 根据《刑诉法解释》第428、429条的规定，最高人民法院和高级人民法院复

---

〔1〕 案例来源：云南省高级人民法院刑事裁定书，(2020)云刑核46293438号。

核案件时,在原审违反法定诉讼程序,可能影响公正审判的情况下都应当发回重新审判。在原判事实不清、证据不足和复核期间出现新的影响定罪量刑的事实、证据两种情况下,最高人民法院应当发回重新审判,而高级人民法院"可以"发回重新审判,也可以依法改判。至于"原判认定事实确实、证据充分,但依法不应当判处死刑的"发回重新审判,则是最高人民法院复核案件时才有的情形。据此,本案云南省高级人民法院也可以直接依法改判。

3. 根据《刑法》第48条、《刑诉法解释》第424条的规定:"死刑缓期执行的,可以由高级人民法院判决或者核准。""中级人民法院判处死刑缓期执行的第一审案件,被告人未上诉、人民检察院未抗诉的,应当报请高级人民法院核准。"也就是说,对于死刑缓期执行案件,并非都需要高级人民法院复核,对于高级人民法院判决的,可以直接生效。

案例三

案情简介

被告人张某某1、张某某2,2012年4月20日涉嫌抢劫被逮捕。

新疆维吾尔自治区和田地区中级人民法院审理新疆维吾尔自治区人民检察院和田分院指控被告人张某某1、张某某2犯抢劫罪一案,于2013年1月11日作出刑事判决,认定被告人张某某2犯抢劫罪,判处死刑,剥夺政治权利终身,并处罚金人民币1万元;被告人张某某1犯抢劫罪,判处死刑,缓期2年执行,剥夺政治权利终身,并处罚金人民币10万元,并限制减刑。宣判后,张某某1、张某某2提出上诉,新疆维吾尔自治区人民检察院和田分院提出抗诉。新疆维吾尔自治区高级人民法院经依法开庭审理,于2013年作出判决,撤销原判中对张某某2并处罚金人民币1万元的量刑部分和对张某某1的量刑部分,认定被告人张某某2犯抢劫罪,判处死刑,剥夺政治权利终身,并处没收个人全部财产;被告人张某某1犯抢劫罪,判处死刑,剥夺政治权利终身,并处没收个人全部财产,并依法报请最高人民法院核准。最高人民法院依法组成合议庭,对本案进行了复核,依法讯问了被告人,听取了辩护律师意见。审查了最高人民检察院意见。

经复核认为,被告人张某某1、张某某2伙同他人以暴力手段劫取财物,行为均构成抢劫罪。二人均具有入户抢劫、抢劫数额巨大、抢劫致人死亡等多个加重处罚情节。在共同犯罪中，张某某1、张某某2均系主犯。张某某2提议捆绑控制被害人，并直接实施暴力致被害人死亡，罪责、作用更为突出，且系累犯，主观恶性和人身危险性大，罪行极其严重，应依法从重处罚。张某某1是犯意提起者、出资者、组织者，但其先提议是盗窃，且在具体实施犯罪时负责望风与接应，对其判处死刑，可不立即执行。第一审判决、第二审判决认定的事实清楚，证据确实、充分，定罪准确。审判程序合法。对被告人张某某2量刑适当。依法核准对被告人张某某2以抢劫罪判处死刑，剥夺政治权利终身，并处没收个人全部财产的部分。撤销对被告人张某某1以抢劫罪判处死刑，剥夺政治权利终身，并处没收个人全部财产的部分；被告人张某某1犯抢劫罪，判处死刑，缓期2年执行，剥夺政治权利终身，并处没收个人全部财产；对被告人张某某1限制减刑。

思考问题

1. 最高人民法院死刑复核的方式有哪些？本案的复核方式是否合法？

2. 最高人民检察院参与死刑复核的情形与方式有哪些？

参考意见

1. 根据《刑事诉讼法》第249条、第251条的规定，最高人民法院复核死刑案件应由审判员三人组成的合议庭进行。复核时，除了一般的阅卷外，最高人民法院应讯问被告人，辩护律师提出要求的，应当听取其意见。最高人民检察院也可以向最高人民法院提出意见。

根据《刑诉法解释》的有关规定，辩护律师要求当面反映意见的，最高人民法院应在办公场所听取其意见并制作笔录。辩护律师也可提出书面意见，并应附入卷宗。

从本案看，最高人民法院的复核遵循了常见的方式，符合法律规定。

2. 在我国，最高人民检察院依法对最高人民法院的死刑复核活动有法律监督权力。

根据《刑诉规则》第603条的规定，最高人民检察院对下列案件的死刑复核活动进行监督，包括：人民法院向人民检察院通报的死刑复核案件，下级人民检察院提请监督或者报告重大情况的死刑复核案件，当事人及其近亲属或者受委托的律师向人民检察院申请监督的死刑复核案件，以及认为应当监督的其他死刑复核案件。

针对前述情形,最高人民检察院接收省级人民检察院有关情况的报告、当事人及其近亲属或者受委托律师的申诉,并通过对案件的审查、对下级人民检察院意见的听取等方式,形成对死刑复核案件的意见,经检察长决定,向最高人民法院提出检察意见。

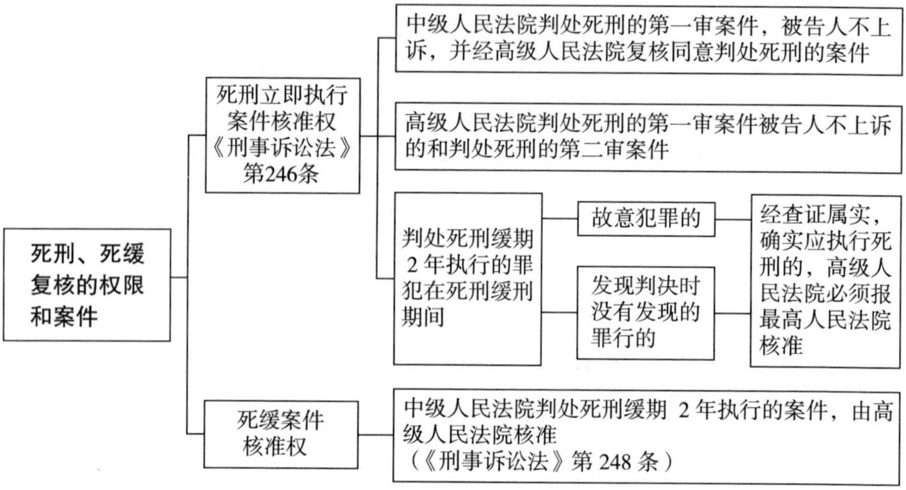

图 15.1　死刑、死缓复核的权限和案件

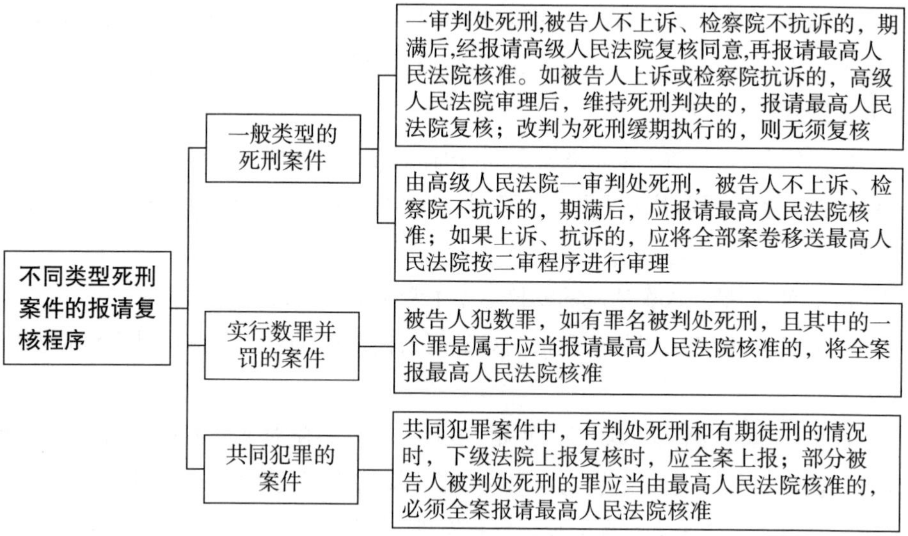

图 15.2　不同类型死刑案件的报请复核程序

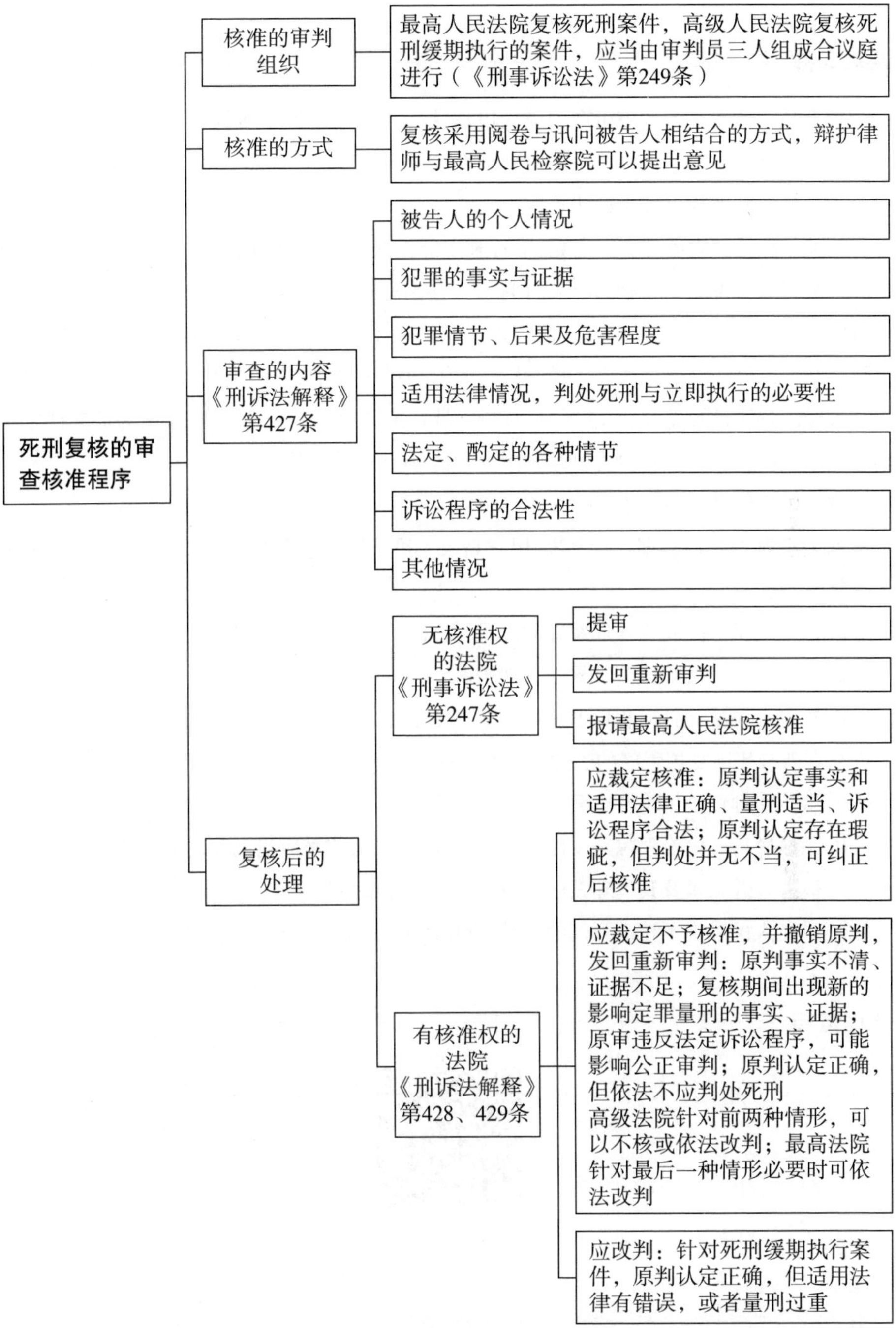

图 15.3　死刑复核的审查核准程序

课后习题

1. 王某因故意杀人罪被甲市中级人民法院判处死刑缓期2年执行,王某未上诉,人民检察院未抗诉。该院的上级法院复核后认为,原判事实清楚,证据确实、充分,但量刑过轻,遂改判为死刑立即执行。该做法是否正确?

2. 关某涉嫌贩卖冰毒500余克,甲省某中级人民法院开庭审理后,于2021年10月11日以关某犯贩卖毒品罪,判处死刑立即执行,并当庭送达。一审宣判后,关某未上诉,人民检察院也未抗诉。待上诉期满后,该中级人民法院于11月3日向甲省高级人民法院报请复核。高级人民法院通过阅卷、讯问被告人后,核准了死刑,并向最高人民法院报请复核。最高人民法院通过阅卷,在听取了辩护律师、最高人民检察院意见基础上,认为原判认定事实和适用法律正确、量刑适当,但程序存在瑕疵,裁定不予核准。

本案的死刑复核程序错误的有(　　)。

A. 对关某的死刑立即执行判决,甲省高级人民法院不应复核,而应直接交由最高人民法院复核

B. 最高人民法院复核死刑案件的方式不合法

C. 某中级人民法院报请复核的日期错误

D. 最高人民法院针对程序瑕疵的不核准错误

3. 下列对死刑复核程序的表述,正确的有(　　)。

A. 辩护律师可以要求开庭复核

B. 无论最高人民检察院是否提出意见,最高人民法院都应当向其通报复核结果

C. 被害人近亲属及其代理人可以向复核机关提出意见

D. 最高人民法院不核准死刑的,可以直接改判

课程链接

第十六章　审判监督程序

学习要点

本章对审判监督程序有关问题作了系统的阐述。学习本章应掌握以下要点：(1)审判监督程序的概念和意义；(2)审判监督程序的提起；(3)再审的审判程序。

案例一

案情简介

原审被告人秦某，2020年9月24日被抓获，次日因涉嫌犯诈骗罪被刑事拘留，同年10月29日被山东省聊城市莘县人民检察院批准逮捕，次日被执行逮捕。2021年8月13日被山东省聊城市莘县人民法院以诈骗罪判处有期徒刑11年，并处罚金人民币10万元。宣判后，原审被告人秦某未上诉，公诉机关未抗诉，原判决已发生法律效力。

2022年5月1日山东省聊城市人民检察院作出聊检三部审刑抗(2022)Z1号刑事抗诉书，认为未将被告人秦某用于电信网络诈骗本人所用的华为MATE20Pro手机和三星S8手机予以没收，属于判决确有错误，提起抗诉。山东省聊城市中级人民法院于2022年5月12日作出(2022)鲁15刑抗2号再审决定书，指令山东省聊城市莘县人民法院另行组成合议庭对本案进行再审；再审期间不停止原判决的执行。

原审被告人对公诉机关指控的犯罪事实及罪名无异议，对其诈骗使用MATE20Pro手机和三星S8手机进行宣传、转账供认不讳。辩护人对公诉机关指控的犯罪事实及罪名无异议，对认定MATE20Pro手机和三星S8手机为作案工具亦无异议，认为被告人具有坦白及部分退赃的情节，应予以从轻处罚。

再审查明:2018年12月至2020年9月,被告人秦某利用克隆的虚假网站"高端收藏宣传推荐交易平台"、微信朋友圈,冒充"民间收藏家协会"工作人员,通过其名下的MATE20Pro手机和三星S8手机对外宣传古玩藏品信息,虚报藏品价格并虚构能够帮助对外推荐藏品的方式,以每件藏品1980元的价格骗取尹某、徐某等被害人的推广费用。经审核,2019年至2020年间,秦某利用上述手段骗取推广费用共计1,156,320元。案发后,秦某由其家人退出违法所得107,000元。再审庭审中,公诉机关、被告人秦某及其辩护人均未提交新的证据。

法院再审认为:被告人秦某以非法占有为目的,虚构事实,隐瞒真相,利用网络多次骗取他人财物,数额特别巨大,其行为已构成诈骗罪,原审认定事实及罪名成立,量刑适当,依法应予以维持。原审中,未将被告人实施诈骗行为所用的本人所有的MATE20Pro手机和三星S8手机作为作案工具予以没收,属于判决错误,依法予以纠正。[1]

思考问题

1. 再审程序与第二审程序的异同是什么?

2. 检察机关提起再审的条件是什么?本案检察机关的做法是否合法?

参考意见

1. (1)再审程序与第二审程序都不是刑事诉讼的必经程序,而是救济程序的一部分;再审程序可能会根据第二审程序进行审理,相应的裁决也与第二审程序的裁决有同样效果;检察机关都可以依据法定理由启动这两个程序。

(2)再审程序与第二审程序的不同点包括:启动主体不同,前者只能由法院、检察院决定启动,后者只能由检察机关与被告人及其辩护人启动;启动的时间不同,前者除检察机关对于高级人民法院判处死刑缓期2年执行案件的抗诉外,其他没有时间限制,后者应在裁决的上诉或抗诉期间内提出;提出的理由要求不同,前者要求决定主体发现生效裁决有错误,后者对检察机关有相似要求,但被告方只需不服一审裁决即可上诉;审理对象差异,前者针对生效的法律文书,后者针对一审未生效的裁判;审理程序不同,前者可以按第一审程序或第二审程序进行审理,在

---

〔1〕 案例来源:山东省莘县人民法院刑事判决书,(2022)鲁1522刑再1号。

适用第一审程序时与第二审程序有较大差异，如第一审程序有速裁程序、简易程序，可以独任制，可以上诉或抗诉等，这都是第二审程序下裁决所没有的；程序效力不同，前者是在裁决生效情况下进行的审理，除非明确规定，审理过程中原裁决继续有效，后者过程中裁决本身就未生效。

2. 根据《刑事诉讼法》和《刑诉规则》的有关规定，检察机关提起再审程序需要符合下列条件：

（1）提出理由上，具有下列情形之一的，检察机关应当按照审判监督程序向法院提出抗诉，包括有新的证据证明原判决、裁定认定的事实确有错误，可能影响定罪量刑的；据以定罪量刑的证据不确实、不充分的；据以定罪量刑的证据依法应当予以排除的；据以定罪量刑的主要证据之间存在矛盾的；原判决、裁定的主要事实依据被依法变更或者撤销的；认定罪名错误且明显影响量刑的；违反法律关于追诉时效期限规定的；量刑明显不当的；违反法律规定的诉讼程序，可能影响公正审判的；审判人员在审理案件的时候有贪污受贿，徇私舞弊，枉法裁判行为的。

（2）提起的主体，最高人民检察院可以对各级人民法院生效裁决向最高人民法院提出抗诉或指令作出生效裁决法院的上一级检察院向同级法院提出抗诉；上级人民检察院对下级法院生效裁决可以向同级法院提出抗诉或指令作出生效裁决法院的上一级检察院向同级法院提出抗诉。

在本案中，山东省聊城市人民检察院对山东省聊城市莘县人民法院作出的生效裁决向同级的山东省聊城市中级人民法院以原裁决有错而提出抗诉，完全符合提起的主体和理由等条件。

案例二

案情简介

原审被告人张某，因涉嫌犯运输毒品罪于2018年7月6日被刑事拘留，同年8月10日被逮捕。

原审被告人胡某某，因涉嫌犯运输毒品罪于2018年7月6日被刑事拘留，同年8月10日被逮捕。

西藏自治区日喀则市中级人民法院审理西藏自治区日喀则市人民检察院指控原审被告人张某、胡某某犯运输毒品罪一案，于2019年4月9日作出（2019）藏02

刑初1号刑事判决,认定张某犯运输毒品罪,判处无期徒刑,并处没收个人财产人民币5万元;胡某某犯运输毒品罪,判处无期徒刑,并处没收个人财产人民币5万元;扣押的毒品甲基苯丙胺335.5525克,依法没收,由西藏自治区日喀则市公安局依法予以销毁;作案工具车牌号为×××的白色丰田轿车一辆,白色iPhone牌手机一部、白色vivo牌手机一部、黑色vivo牌手机一部,予以没收。张某、胡某某不服,提出上诉。西藏自治区高级人民法院于2019年8月8日作出(2019)藏刑终12号刑事裁定,驳回上诉,维持原判。

裁判发生效力后,西藏自治区高级人民法院院长发现原裁判适用法律错误,经审判委员会讨论,于2019年9月30日作出(2019)藏刑监1号再审决定,对本案提起再审。

西藏自治区高级人民法院依法另行组成合议庭,审理了本案。因受新型冠状病毒感染疫情影响,该院于2020年6月2日裁定中止审理,6月22日召开庭前会议,6月23日决定恢复审理,6月24日在西藏自治区监狱通过远程视频形式公开开庭审理了本案。西藏自治区人民检察院指派检察员、书记员出庭履行职务。原审被告人张某、胡某某及他们的辩护人到庭参加诉讼。

西藏自治区高级人民法院再审认为,原审被告人张某、胡某某违反国家毒品管理法规,明知是毒品而予以运输,其行为均已构成运输毒品罪,依法应予惩处。原一审判决、二审裁定认定张某、胡某某犯运输毒品罪的事实清楚,证据确实、充分,定罪准确,审判程序合法,应予以支持。但原一审判决、二审裁定在对二原审被告人判处无期徒刑时,未按照《刑法》第57条规定附加剥夺政治权利终身,本院依法予以纠正。据此,判决维持对张某、胡某某的定罪量刑部分,维持对涉案毒品、车辆、手机的没收部分;剥夺原审被告人张某、胡某某政治权利终身。[1]

思考问题

1. 我国对法院提起再审的主体是如何规定的,与检察机关提起再审的主要区别在哪?

2. 再审程序中的人民法院审判案件的程序如何进行?

3. 再审程序是否可以对被告人加重处罚?本案中判处剥夺政治权利的规定是

---

〔1〕 案例来源:西藏自治区高级人民法院刑事判决书,(2020)藏刑再1号。

否合法？

参考意见

1. 根据《刑事诉讼法》第 254 条规定，法院可以对生效裁决提起再审。各级人民法院院长对本院已经发生法律效力的判决和裁定，如果发现在认定事实上或者在适用法律上确有错误，必须提交审判委员会处理。最高人民法院对各级人民法院已经发生法律效力的判决和裁定，上级人民法院对下级人民法院已经发生法律效力的判决和裁定，如果发现确有错误，有权提审或者指令下级人民法院再审。

相比检察机关的提起再审，两者主要有下列区别：在提起主体方面，各级法院可以对本院或下级法院的生效裁决提起再审，而除了最高人民检察院外，地方各级检察机关都只能对下级检察机关同级的法院生效裁决提起再审；在启动再审程序上，检察机关的抗诉并不是直接引起再审程序，仍需要由法院启动立案程序，以决定再审或指令下级法院再审；在再审程序上，检察机关抗诉的案件只能由合议庭审理。

2. 根据《刑事诉讼法》《刑诉法解释》等的规定，再审审判程序如下进行：

（1）一般根据第一审程序或第二审程序进行。如果原来是第一审案件，应当依照第一审程序进行审判，所作的判决、裁定，可以上诉、抗诉；如果原来是第二审案件，或者是上级人民法院提审的案件，应当依照第二审程序进行审判，所作的判决、裁定，是终审的判决、裁定。（2）对被告人的强制措施：人民法院决定再审的案件，由人民法院依法决定；人民检察院提出抗诉的再审案件，由人民检察院依法决定。（3）原裁决的效力：再审期间不停止原判决、裁定的执行，但被告人可能经再审改判无罪，或者可能经再审减轻原判刑罚而致刑期届满的，可以决定中止原判决、裁定的执行，必要时，可以对被告人采取取保候审、监视居住措施。（4）被告人到庭：开庭审理再审案件，再审决定书或者抗诉书只针对部分原审被告人，其他同案原审被告人不出庭不影响审理的，可以不出庭参加诉讼。（5）审限：人民法院按照审判监督程序重新审判的案件，应当在作出提审、再审决定之日起 3 个月以内审结，需要延长期限的，不得超过 6 个月。接受抗诉的人民法院按照审判监督程序审判抗诉的案件，审理期限适用前款规定；对需要指令下级人民法院再审的，应当自接受抗诉之日起 1 个月以内作出决定，下级人民法院审理案件的期限适用前款规定。

3. 根据《刑诉法解释》第469条的规定，除人民检察院抗诉的以外，再审一般不得加重原审被告人的刑罚。再审决定书或者抗诉书只针对部分原审被告人的，不得加重其他同案原审被告人的刑罚。

本案中的增加判罚剥夺政治权利应当属于加重处罚，虽然属于依法纠正的内容，但是否符合“一般不得加重”并没有明确规定。根据《刑诉法解释》第401条的规定，第二审程序中发现原判判处的刑罚畸轻，必须依法改判的，应当在第二审判决、裁定生效后，依照审判监督程序重新审判。由此，在本案没有明确其他特殊情形下，不增加这一处罚似乎更符合法律规定。

案例三

案情简介

原审被告人孙某某，1997年12月22日因强奸、强制猥亵、侮辱妇女案被逮捕。1999年3月9日被判处死刑缓期2年执行，2007年9月27日被再审改判有期徒刑20年。经减刑于2010年4月11日释放。

云南省昆明市中级人民法院审理云南省昆明市人民检察院指控原审被告人孙某某犯强奸罪，强制猥亵、侮辱妇女罪，故意伤害罪，寻衅滋事罪一案，于1998年作出一审判决，认定孙某某犯强奸罪，判处死刑，剥夺政治权利终身；犯强制侮辱妇女罪，判处有期徒刑15年；犯故意伤害罪，判处有期徒刑7年；犯寻衅滋事罪，判处有期徒刑3年，与原犯强奸罪未执行刑期2年4个月又12天并罚，决定执行死刑，剥夺政治权利终身。宣判后，孙某某不服，提出上诉。云南省高级人民法院于1999年作出二审判决，对孙某某所犯强奸罪改判死刑，缓期2年执行，剥夺政治权利终身，维持其余定罪量刑，决定执行死刑，缓期2年执行，剥夺政治权利终身。判决生效后，孙某某及其近亲属提出申诉。云南省高级人民法院于2006年作出再审决定，对本案启动再审，并于2007年作出（2006）云高刑再终字第12号再审判决，对孙某某所犯强奸罪改判有期徒刑15年，维持其余定罪量刑，决定执行有期徒刑20年。

云南省高级人民法院发现本案原审过程中审判人员涉嫌受贿、徇私舞弊，已经发生法律效力的再审判决认定事实和适用法律确有错误，经该院审判委员会讨论，于2019年作出再审决定，对原审被告人孙某某原犯强奸罪、强制侮辱妇女罪、故意伤害罪、寻衅滋事罪的犯罪事实进行再审。经依法开庭审理，云南省高级人民法院于2019年作出再审判决，撤销该院(2006)云高刑再终字第12号刑事判决，撤销该院二审判决中对孙某某的定罪量刑部分；维持云南省昆明市中级人民法院一审判决中对孙某某的定罪量刑部分，与原犯强奸罪未执行刑期2年4个月又12天并罚，决定执行死刑，剥夺政治权利终身；与该院(2019)云刑终1321号刑事判决和一审判决对孙某某判处有期徒刑25年，剥夺政治权利5年，并处没收个人全部财产的刑罚合并，决定执行死刑，剥夺政治权利终身，并处没收个人全部财产，并依法报请最高人民法院核准。最高人民法院依法组成合议庭，对该案进行了复核，依法讯问了原审被告人，听取了辩护人的意见。最高人民法院认为云南省高级人民法院(2019)云刑再3号刑事判决认定的事实清楚，证据确实、充分，定罪准确，量刑适当。审判程序合法，与新罪所判刑罚进行合并并无不当。据此裁定核准对原审被告人孙某某数罪并罚，决定执行死刑，剥夺政治权利终身，并处没收个人全部财产的刑事判决。[1]

思考问题

1. 在何种条件下的申诉，法院应当再审？本案中的再审是否合法？

2. 对申诉进行审查的主体有哪些？从最终的处理看，如根据当前的法律规范，引起2007年再审的申诉是否应该直接向最高人民法院或最高人民检察院提出？

3. 从最后的裁决看2006年的决定再审是错误的，如当时被害人向检察机关申诉，现在的程序是如何规定的？

参考意见

1. 根据《刑事诉讼法》第253条、《刑诉法解释》第457条的规定，当事人及其法定代理人、近亲属对生效的裁决可以提出申诉，符合下列条件的，法院应当再审：(1)有新的证据证明原判决、裁定认定的事实确有错误，可能影响定罪量刑的；(2)据以定罪量刑的证据不确实、不充分、依法应当排除的；(3)证明案件事实的主要证据之间存在矛盾的；(4)主要事实依据被依法变更或者撤销的；(5)认定罪名错误的；(6)量刑明显不当的；(7)对违法所得或者其他涉案财物的处理确有明显

---

〔1〕 案例来源：《孙某某死刑复核裁定书》，载北大法宝2020年2月21日，http://jslx.pkulaw.cn/full-text_form.aspx? Db = news&Gid = fe58c805030179e8bdfb。

错误的;(8)违反法律关于溯及力规定的;(9)违反法定诉讼程序,可能影响公正裁判的;(10)审判人员在审理该案件时有贪污受贿、徇私舞弊、枉法裁判行为的。

据此,云南省高级人民法院发现原审过程中审判人员涉嫌受贿、徇私舞弊,于2019年对案件决定再审合法;而2006年的决定再审,没有表述具体原因,但从2019年决定再审的情况看,很可能是违法的。

2. 根据《刑事诉讼法》第252条的规定,法院和检察院都可以对当事人的申诉进行审查。根据《刑诉法解释》第453条的规定,申诉由终审人民法院审查处理。但是,第二审人民法院裁定准许撤回上诉的案件,申诉人对第一审判决提出申诉的,可以由第一审人民法院审查处理。上一级人民法院对未经终审人民法院审查处理的申诉,可以告知申诉人向终审人民法院提出申诉,或者直接交终审人民法院审查处理,并告知申诉人;案件疑难、复杂、重大的,也可以直接审查处理。根据《刑事申诉案件规定》,不服人民检察院诉讼终结的刑事处理决定的申诉,由作出决定的人民检察院管辖;不服人民法院已经发生法律效力的刑事判决、裁定的申诉,由作出生效判决、裁定的人民法院的同级人民检察院管辖;不服人民检察院刑事申诉案件审查或者复查结论的申诉,由上一级人民检察院管辖。

从2019年的再审看,2006年再审显然是违法的,是部分审判人员涉嫌受贿、徇私舞弊的情况下进行的。如根据当前的法律,那时的申诉应该由云南省高级人民法院受理,当然最高人民法院也可以在认为案件疑难、复杂、重大情况下直接审查处理;如向检察院申诉,原则上只能由云南省人民检察院受理。

3. 除了前述的管辖规定外,根据《刑事申诉案件规定》,被害人向检察机关的申诉还有下列程序要求:

(1)被害人提交材料:申诉人向人民检察院提出申诉时,应当递交申诉书、身份证明、相关法律文书及证据材料或者证据线索。

(2)接收与处理:控告申诉检察部门统一接收刑事申诉,并应当在7个工作日以内分情况予以受理、移送等,并告知申诉人。

(3)受理审查:控告申诉部门应审查申诉材料、原案法律文书,可以调取相关人民检察院审查报告、案件讨论记录等材料,申诉人、原案承办人员意见。对于首次向人民检察院提出的刑事申诉案件,应当调阅原案卷宗进行审查,并听取申诉人或者其委托代理律师意见;必要时可以采用公开听证方式进行审查。

(4)审查处理:认为原判决、裁定或者处理决定正确的,审查结案;原司法处理存在错误可能的,应当移送刑事检察部门办理。

(5)刑事检察部门审查:认为原判决、裁定或者处理决定正确的,经检察官联席会议讨论后决定审查结案;认为原判决、裁定或者处理决定存在错误可能的,决定进行复查。

(6)复查:复查刑事申诉案件应当由检察官或者检察官办案组办理,原案承办人员和原申诉案件承办人员不应参与。复查刑事申诉案件应当全面审查申诉材料和全部案卷,听取申诉人及其委托代理律师意见,核实相关问题。可以复核与案件有关的勘验、检查、辨认、侦查实验等笔录和鉴定意见或对专门问题进行鉴定或者补充鉴定;可以听取原申诉案件办理部门或者原案承办人员、原案承办部门意见;可以询问原案当事人、证人和其他有关人员。对原判决、裁定确有错误,认为需要提请抗诉、提出抗诉或者提出再审检察建议的,应当询问或者讯问原审被告人。

(7)复查处理:经复查认为人民法院已经发生法律效力的刑事判决、裁定确有错误,经检察长决定,可以向人民法院提出再审检察建议。再审检察建议未被人民法院采纳的,可以提请上一级人民检察院抗诉。

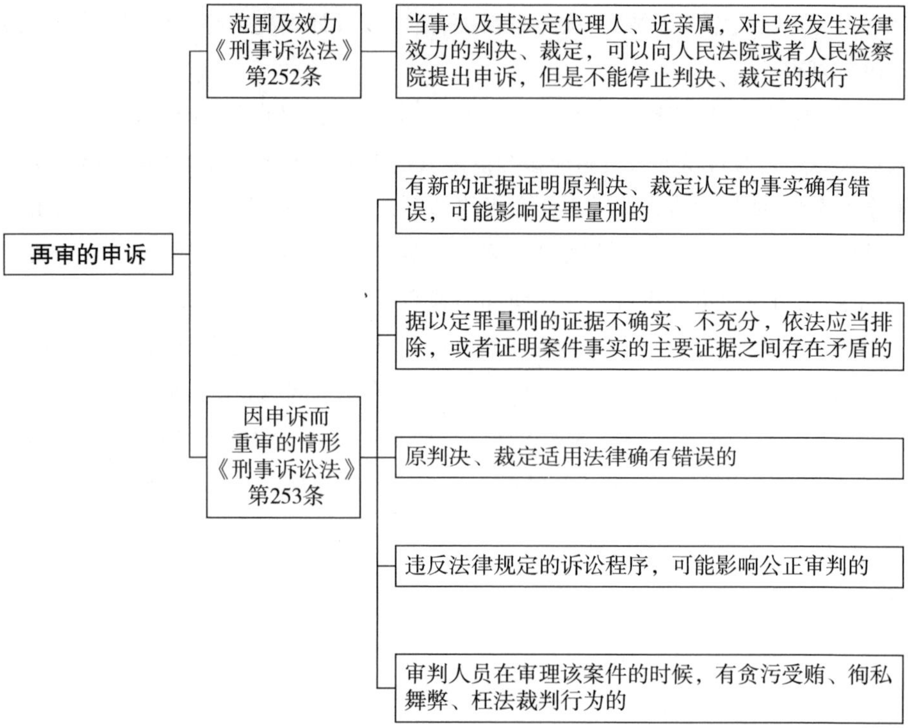

图 16.1　再审的申诉

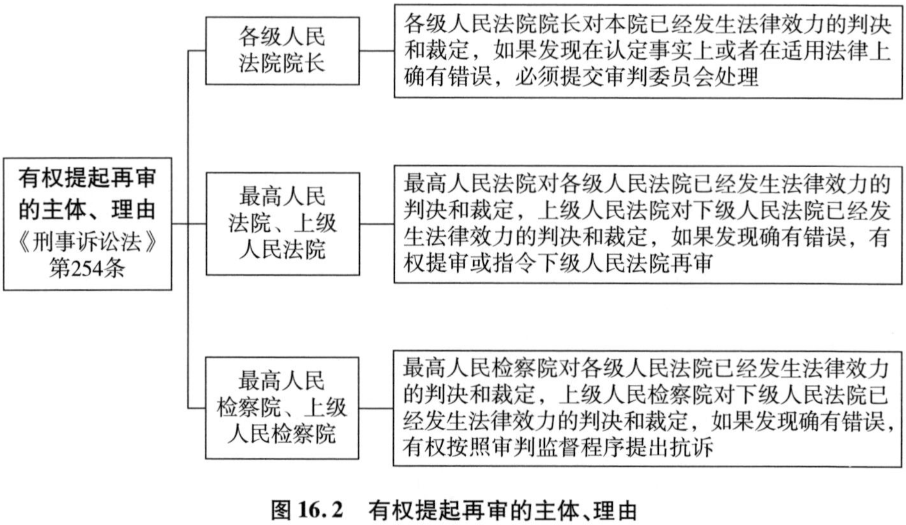

图 16.2　有权提起再审的主体、理由

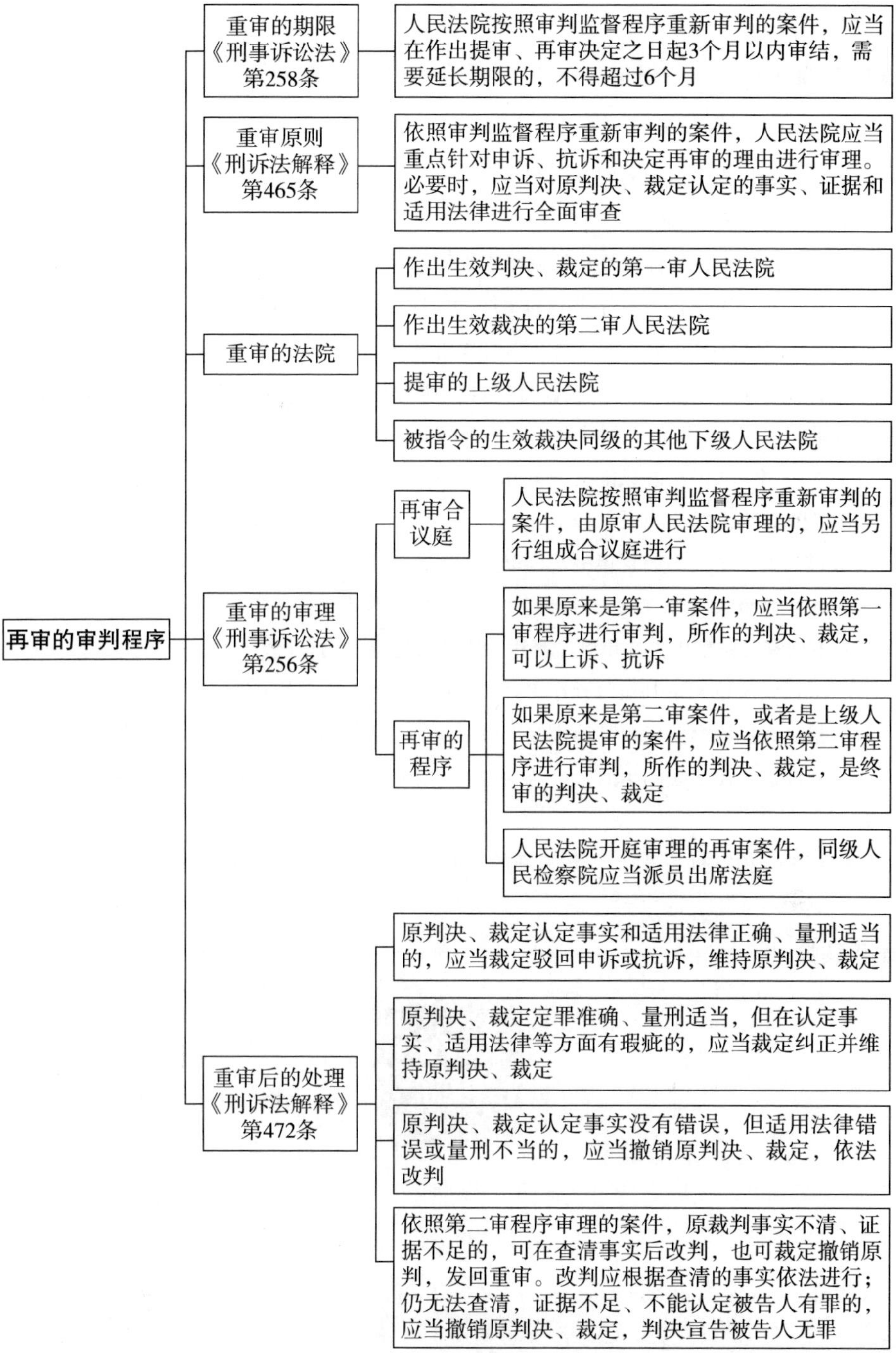

图 16.3 再审的审判程序

课后习题

1. 关于审判监督程序,下列选项正确的是(　　)。

A. 当事人提出申诉没有时间限制

B. 申诉应当有律师参与

C. 向法院的申诉只能由终审法院审查处理

D. 法院按照审判监督程序审判的案件,可以中止原判决、裁定的执行

2. 甲某因以危险方法危害公共安全被 A 省 B 市中级人民法院一审判处死刑,缓期 2 年执行。甲某没有上诉,人民检察院没有抗诉。判决生效后,审判机关发现原判决认定的事实确有错误。有关该案的下列涉及审判机关的表述正确的有(　　)。

A. A 省高级人民法院只能发回 B 市中级人民法院重审

B. A 省高级人民法院可以提审

C. 最高人民法院不应直接决定再审

D. A 省高级人民法院只能指定其他中级人民法院审理

3. 下列有关检察机关在审判监督程序中的表述错误的有(　　)。

A. 人民法院按照审判监督程序审理的案件,检察机关应当派员出席

B. 最高人民检察院发现某地中级人民法院的判决错误,可以向最高人民法院抗诉

C. 对同级人民法院的生效裁决认为可能有错误的,检察机关应另行指派办案人员进行审查

D. 经两级检察机关办理后,没有新的证据不得再复查对生效裁判的申诉

课程链接

第四编

执 行 程 序

第十七章　执行程序的变更程序

学习要点

本章对执行的变更程序有关问题作了系统的阐述。学习本章应掌握以下要点:(1)死刑、死缓执行的变更;(2)监外执行;(3)减刑和假释程序;(4)对新罪、漏罪和错判申诉的处理程序。

案例一:死刑执行

案情简介

2016年12月,杨某某在甘肃省人民医院肛肠科住院接受直肠癌根治手术,术后陆续出现腹壁切口疝、肠粘连等并发症,其主观认为前述病症系第二手术医生冯某某故意加害导致。2019年6月至10月,杨某某陆续购买匕首、电警棍、防狼喷雾等作案工具,并书写留言书意欲报复冯某某。2019年10月22日上午,经事先踩点,杨某某于10时许窜入省人民医院门诊楼三楼C区肛肠科第七诊室内,向正在坐诊的冯某某及患者喷射防狼喷雾,并持匕首对冯某某胸、腹等部位连续捅刺20余刀,后逃至该楼八楼病理科办公室欲跳楼自杀未果,被保安控制移交公安机关。经鉴定,被害人冯某某系被人用锐器刺破肺脏、心脏、肝脏、肠管致失血性休克当日死亡。

2020年6月5日,甘肃省兰州市中级人民法院通过远程视频方式依法对杨某某杀医案进行一审公开宣判,以故意杀人罪判处被告人杨某某死刑,剥夺政治权利终身。甘肃省高级人民法院二审依法裁定维持原判,报请最高人民法院核准。最高人民法院于2021年3月25日裁定核准死刑。[1]

---

〔1〕 案例来源:甘肃省高级人民法院发布2021年度全省法院十大典型案件之一。

思考问题

1. 本案应当由哪一级人民法院对杨某某执行死刑?

2. 若甘肃省兰州市中级人民法院对杨某某执行死刑前发现其可能还有其他犯罪,应当如何处理?

参考意见

1. 本案应当由甘肃省兰州市中级人民法院执行死刑。《刑诉法解释》第 499 条第 1 款规定:"最高人民法院的执行死刑命令,由高级人民法院交付第一审人民法院执行。第一审人民法院接到执行死刑命令后,应当在七日以内执行。"本案第一审人民法院为甘肃省兰州市中级人民法院,因此应当由甘肃省兰州市中级人民法院对杨某某执行死刑。

2. 根据《刑诉法解释》第 500 条第 1 款的规定,下级人民法院在接到执行死刑命令后、执行前,发现有下列情形之一的,应当暂停执行,并立即将请求停止执行死刑的报告和相关材料层报最高人民法院:(1)罪犯可能有其他犯罪的;(2)共同犯罪的其他犯罪嫌疑人到案,可能影响罪犯量刑的;(3)共同犯罪的其他罪犯被暂停或者停止执行死刑,可能影响罪犯量刑的;(4)罪犯揭发重大犯罪事实或者有其他重大立功表现,可能需要改判的;(5)罪犯怀孕的;(6)判决、裁定可能有影响定罪量刑的其他错误的。因此,若甘肃省兰州市中级人民法院对杨某某执行死刑前发现其可能还有其他犯罪,应当暂停执行死刑,并立即将请求停止执行死刑的报告和相关材料层报最高人民法院。

案例二:死缓执行

案情简介

2020 年 10 月,王某某经人介绍,通过网络向缅甸的"阿忠"求购毒品甲基苯丙胺。同月 25 日前后,王某某自"阿忠"处得知其所购毒品藏匿于某货车中,经其他省份入境运输至江苏省无锡市,遂于 10 月 25 日至无锡市锡山区某停车场,并于当晚入住无锡市锡山区一酒店。次日 6 时许,王某某从停车场内涉案货车中取出藏匿的两个黑色包裹后被当场抓获。经现场检查,黑色包裹内有白色晶体状物 1 袋、红色颗粒状物 20 袋。经检测,白色晶体状物净重 496.73 克,检出甲基苯丙胺成分，含量为57.1%；红色颗粒状物净重390.59克，检出甲基苯丙胺成分，含量为16.4%至17.3%不等。

江苏省无锡市中级人民法院于2021年11月11日作出一审判决，认定被告人王某某犯走私毒品罪，判处死刑，缓期2年执行，剥夺政治权利终身，并处没收个人全部财产。一审宣判后，被告人王某某提出上诉。二审期间王某某自愿撤回上诉，江苏省高级人民法院裁定准许王某某撤回上诉，并于2022年2月24日裁定核准江苏省无锡市中级人民法院对王某某的死缓判决，该案已发生法律效力。

思考问题

若王某某在死刑缓期执行期间又故意犯罪，由江苏省高级人民法院审理其故意犯罪案件的做法是否合法？

参考意见

不合法。《刑诉法解释》第497条第1款规定："被判处死刑缓期执行的罪犯，在死刑缓期执行期间犯罪的，应当由罪犯服刑地的中级人民法院依法审判，所作的判决可以上诉、抗诉。"因此，王某某故意犯罪案件应当由其服刑地的中级人民法院进行审判，而非江苏省高级人民法院。

案例三：监外执行

案情简介

罪犯车某，因犯贪污罪于2012年3月被判处有期徒刑5年。2013年5月9日，经黑龙江省齐齐哈尔市第一医院司法鉴定中心鉴定，车某患"高血压病Ⅲ期"，黑龙江省齐齐哈尔市龙沙区人民法院决定对其暂予监外执行1年，执行期限自2013年5月10日起至2014年5月9日止。

2014年3月14日，齐齐哈尔市第一医院司法鉴定所鉴定，车某患"多发脑梗死、脑萎缩、高血压病Ⅲ期"，符合《罪犯保外就医疾病伤残范围》第3条即"高血压病Ⅲ期"之规定。后黑龙江省齐齐哈尔市龙沙区人民法院依据有关从严把握"三类罪犯"暂予监外执行标准的规定，对车某的病情进行了重新鉴定。2014年6月3日，经黑龙江省医院司法鉴定中心鉴定，车某所患疾病为"高血压Ⅱ期"，不符合

《罪犯保外就医疾病伤残范围》的规定。

最终，黑龙江省齐齐哈尔市龙沙区人民法院依法作出收监执行的决定，并及时将罪犯车某收监继续执行剩余刑期。[1]

思考问题

1. 在车某监外执行期间，是否应当对其实行社区矫正？

2. 黑龙江省齐齐哈尔市龙沙区人民法院对车某作出收监执行的决定是否合法？

3. 黑龙江省齐齐哈尔市龙沙区人民法院作出收监决定后，若车某不服，其可否向上一级人民法院申请复议？

参考意见

1. 应当。《刑事诉讼法》第 269 条规定："对被判处管制、宣告缓刑、假释或者暂予监外执行的罪犯，依法实行社区矫正，由社区矫正机构负责执行。"因此车某在监外执行期间，应当对其实行社区矫正。

2. 合法。《刑诉法解释》第 516 条规定："人民法院收到社区矫正机构的收监执行建议书后，经审查，确认暂予监外执行的罪犯具有下列情形之一的，应当作出收监执行的决定：（一）不符合暂予监外执行条件的；（二）未经批准离开所居住的市、县，经警告拒不改正，或者拒不报告行踪，脱离监管的；（三）因违反监督管理规定受到治安管理处罚，仍不改正的；（四）受到执行机关两次警告，仍不改正的；（五）保外就医期间不按规定提交病情复查情况，经警告拒不改正的；（六）暂予监外执行的情形消失后，刑期未满的；（七）保证人丧失保证条件或者因不履行义务被取消保证人资格，不能在规定期限内提出新的保证人的；（八）违反法律、行政法规和监督管理规定，情节严重的其他情形。"本案中经鉴定，车某所患疾病不符合《罪犯保外就医疾病伤残范围》的规定，即暂予监外执行的情形消失，且刑期未满。根据车某的行为，黑龙江省齐齐哈尔市龙沙区人民法院应当对其作出收监执行的决定。

3. 不可以。《刑诉法解释》第 517 条第 1 款规定，"收监执行决定书一经作出，

[1] 案例来源：2015 年最高人民法院减刑、假释、暂予监外执行典型案例。

立即生效”。因此黑龙江省齐齐哈尔市龙沙区人民法院一旦作出收监决定,决定立即生效,车某不得向上一级法院申请复议。

案例四:缓刑程序

案情简介

社区矫正对象孙某某,2016 年 7 月 6 日因犯非法买卖枪支罪被天津市滨海新区人民法院判处有期徒刑 3 年,宣告缓刑 4 年,在北京市海淀区某镇司法所接受社区矫正,缓刑考验期自 2016 年 7 月 17 日起至 2020 年 7 月 16 日止。2019 年,北京市海淀区人民检察院在日常监督中发现孙某某在被实施电子监管期间故意对电子定位装置不充电擅自外出 1 次,在被摘除电子定位装置后又利用每个月到司法所当面报到的间隔期间擅自外出 20 余次,最长一次达 19 天,其中违法出境 2 次、累计 11 天,符合未经批准擅自外出、出境等应当撤销缓刑的情形。

2019 年 5 月 24 日,北京市海淀区人民检察院向北京市海淀区司法局提出纠正意见,建议其向法院提出撤销缓刑建议。2019 年 6 月 19 日,北京市海淀区司法局向天津市滨海新区人民法院制发撤销缓刑建议书。2019 年 7 月 22 日,天津市滨海新区人民法院作出刑事裁定,撤销孙某某宣告缓刑 4 年,收监执行原判有期徒刑 3 年。[1]

思考问题

1. 天津市滨海新区人民法院对孙某某撤销缓刑是否合法?

2. 撤销缓刑的程序是什么?

参考意见

1. 合法。《刑诉法解释》第 543 条第 1 款规定:“人民法院收到社区矫正机构的撤销缓刑建议书后,经审查,确认罪犯在缓刑考验期限内具有下列情形之一的,应当作出撤销缓刑的裁定:(一)违反禁止令,情节严重的;(二)无正当理由不按规定时间报到或者接受社区矫正期间脱离监管,超过一个月的;(三)因违反监督管

〔1〕 案例来源:孙某某撤销缓刑监督案,最高人民检察院指导案例 131 号(2022 年)。

理规定受到治安管理处罚,仍不改正的;(四)受到执行机关二次警告,仍不改正的;(五)违反法律、行政法规和监督管理规定,情节严重的其他情形。"本案中,孙某某在缓刑考验期内未经批准擅自外出、出境,即为无正当理由在接受社区矫正期间脱离监管,并已超过一个月。根据孙某某的行为,北京市海淀区司法局向天津市滨海新区人民法院制发撤销缓刑建议书后,天津市滨海新区人民法院应当依法撤销对孙某某的缓刑判决。

2. 原审法院在收到社区矫正机构的撤销缓刑建议书后的30天内,应当作出是否撤销缓刑的裁定。根据审查,如果符合撤销缓刑的情形,法院应当依法撤销缓刑,一经作出,立即生效。人民法院应当将撤销缓刑、假释裁定书送达社区矫正机构和公安机关,并抄送人民检察院,由公安机关将罪犯送交执行。

案例五:减刑程序

案情简介

社区矫正对象王某,于2018年3月14日因犯诈骗罪被浙江省德清县人民法院判处有期徒刑3年,宣告缓刑4年,并处罚金人民币6万元,缓刑考验期自2018年3月27日起至2022年3月26日止。王某在浙江省德清县某街道司法所接受社区矫正。社区矫正期间,王某能够积极接受教育管理,各方面表现良好。

2019年11月12日上午,王某在德清县某街道进行社区服务时,发现社区卫生服务站门口的道路上,一辆正在施工的热熔划线工程车上的液化气罐突然起火,危及周边安全。王某见状主动上前施救,并成功排除险情。经浙江省德清县人民检察院监督,王某的行为被法院依法认定为重大立功,符合减刑的法定条件。浙江省湖州市中级人民法院依法裁定对王某减去有期徒刑6个月,缩减缓刑考验期1年。[1]

思考问题

结合本案分析减刑案件的管辖规则。

---

〔1〕 案例来源:王某减刑监督案,最高人民检察院指导案例133号(2022年)。

参考意见

《刑诉法解释》第534条第1款第3项规定,“对被判处有期徒刑和被减为有期徒刑的罪犯的减刑、假释,由罪犯服刑地的中级人民法院在收到执行机关提出的减刑、假释建议书后一个月以内作出裁定,案情复杂或者情况特殊的,可以延长一个月”。本案王某被判处有期徒刑缓刑,因重大立功需要减刑的,可由执行机关提出建议书,服刑地的中级人民法院在收到建议书后一个月以内作出裁定。

案例六:假释程序

案情简介

2018年1月罪犯聂某因犯猥亵儿童罪,被判处有期徒刑2年3个月,判决发生法律效力后交付执行。2019年3月18日,刑罚执行机关江苏省丁山监狱以该犯已执行原判刑期二分之一以上,在服刑期间确有悔改表现,假释后没有再犯罪的危险为由,提请对其假释。江苏省无锡市中级人民法院经审理查明,罪犯聂某强行将在乡村小路边独自玩耍的七岁女孩拉进路边树林里,采用捂嘴、掐脖子等暴力手段,强行实施猥亵,导致被害人产生严重的心理阴影、被害妄想症,经常做噩梦,学习成绩下滑。该犯虽于2018年10月获得一次表扬,但在假释案件审理期间,法院对其提讯时,其仍未认识到自己行为的社会危害性。江苏省无锡市中级人民法院认为罪犯聂某不符合法定假释条件,依法裁定不予假释。[1]

思考问题

1. 假释的条件是什么?

2. 本案中江苏省无锡市中级人民法院对聂某裁定不予假释是否合法?

参考意见

1. 适用假释必须符合法定条件。《刑法》第81条规定:“被判处有期徒刑的犯罪分子,执行原判刑期二分之一以上,被判处无期徒刑的犯罪分子,实际执行十三

---

〔1〕 案例来源:2021年江苏省无锡市中级人民法院减刑假释典型案例。

年以上，如果认真遵守监规，接受教育改造，确有悔改表现，没有再犯罪的危险的，可以假释。如果有特殊情况，经最高人民法院核准，可以不受上述执行刑期的限制。对累犯以及因故意杀人、强奸、抢劫、绑架、放火、爆炸、投放危险物质或者有组织的暴力性犯罪被判处十年以上有期徒刑、无期徒刑的犯罪分子，不得假释。对犯罪分子决定假释时，应当考虑其假释后对所居住社区的影响。”根据该条法律规定，假释有以下三个条件。

（1）假释的对象。并不是所有的罪犯都可以适用假释。根据我国刑法规定，对累犯以及因故意杀人、强奸、抢劫、绑架、放火、爆炸、投放危险物质或者有组织的暴力性犯罪被判处 10 年以上有期徒刑、无期徒刑的犯罪分子，不得假释。

（2）实质条件。犯罪分子认真遵守监规，接受教育改造，确有悔改表现，没有再犯罪的危险，这是适用假释的实质条件。除此之外，对犯罪分子决定假释时，应当考虑其假释后对所居住社区的影响。

犯罪分子同时具备以下四个方面情形的，应当认为“确有悔改表现”：认罪服法；遵守罪犯改造行为规范和监狱纪律；积极参加政治、文化、技术学习；积极参加劳动，爱护公物，完成劳动任务。对于“没有再犯罪的危险”的界定，除符合《刑法》第 81 条规定的情形外，还应根据犯罪的具体情节、原判刑罚情况，在刑罚执行中的一贯表现，罪犯的年龄、身体状况、性格特征，假释后生活来源以及监管条件等因素综合考虑。

（3）刑罚执行的时间。假释只适用原判刑期已经执行 1/2 以上的罪犯。

2. 合法。本案中罪犯聂某被裁定不予假释是因为他具有再犯罪的危险。一方面，聂某采用暴力手段对不满 10 周岁的儿童实施猥亵行为，犯罪情节恶劣，致使该儿童的身心受到严重伤害；另一方面，聂某认罪态度较差，在假释案件审理期间仍未认识到其犯罪行为的社会危害性。根据聂某的犯罪情节、认罪态度，可以认定其在假释后具有再犯罪的危险。因此，江苏省无锡市中级人民法院对聂某作出不予假释的裁定是合法的。

执行的程序

- 死刑判决的执行
  《刑事诉讼法》第261—263条
- 死缓判决的执行
  《刑事诉讼法》第261、264条
- 无期徒刑、有期徒刑、拘役判决的执行
  《刑事诉讼法》第264条
- 管制、宣告缓刑、假释、减刑或者暂予监外执行判决的执行
  《刑事诉讼法》第265—269、273、274条
- 剥夺政治权利判决的执行
  《刑事诉讼法》第270条
- 无罪判决的执行
  《刑事诉讼法》第260条
- 刑事案件判决和裁定中财产部分的执行
  《刑事诉讼法》第271、272条

图 17.1　执行的程序

死刑判决的执行
《刑事诉讼法》第 261—263 条

- 最高人民法院判处和核准的死刑立即执行的判决，应当由最高人民法院院长签发执行死刑的命令
- 下级人民法院接到最高人民法院执行死刑的命令后，应当在 7 日以内交付执行
- 执行死刑前，法院应当告知罪犯有权会见其近亲属，其近亲属也可以申请会见；法院应当及时安排会见
- 人民法院交付执行死刑 3 日前，应当通知同级人民检察院派员临场监督
- 指挥执行的审判人员，对罪犯应当验明正身，讯问有无遗言、信札，然后交付执行人员执行死刑。在执行前，如果发现可能有错误，应当暂停执行，报请最高人民法院裁定
- 执行死刑应当公布，禁止游街示众或者其他有辱罪犯人格的行为
- 执行死刑后，应当由法医验明罪犯确实死亡，在场书记员制作笔录；执行的法院应当在执行死刑后 15 日以内将执行情况上报最高人民法院
- 执行死刑后，交付执行的人民法院应当通知罪犯家属
- 死刑执行临场监督由人民检察院负责刑事执行检察的部门承担。人民检察院派驻看守所、监狱的检察人员应当予以协助，负责捕诉的部门应当提供有关情况。在执行前发现可能有错误的，应当建议人民法院立即停止执行；在执行过程中，临场监督人员可以进行拍照、录像；执行死刑后，临场监督人员应当检查罪犯是否确已死亡，并填写死刑执行临场监督笔录，签名后入卷归档

图 17.2　死刑判决的执行

- **死缓、无期徒刑、有期徒刑、拘役判决的执行**
  《刑事诉讼法》第 261、264 条
  - 被判处死刑缓期 2 年执行的罪犯，在死刑缓期执行期间，如果没有故意犯罪，死刑缓期执行期满，应当予以减刑的，由执行机关提出书面意见，报请高级人民法院裁定；如果故意犯罪，情节恶劣，查证属实，应当执行死刑的，由高级人民法院报请最高人民法院核准；对于故意犯罪未执行死刑的，死刑缓期执行的期间重新计算，并报最高人民法院备案
  - 对被判处死刑缓期 2 年执行、无期徒刑、有期徒刑的罪犯，由公安机关依法将该罪犯送交监狱执行刑罚。对被判处有期徒刑的罪犯，在被交付执行刑罚前，剩余刑期在 3 个月以下的，由看守所代为执行。判处拘役的，由公安机关执行
  - 罪犯被交付执行刑罚的时候，应当由交付执行的人民法院将有关的法律文书送达公安机关、监狱或者其他执行机关
  - 判处有期徒刑、拘役的罪犯，执行期满，应当由执行机关发给释放证明书

图 17.3　死缓、无期徒刑、有期徒刑、拘役判决的执行

- **管制、剥夺政治权利、无罪免刑判决的执行**
  《刑事诉讼法》《社区矫正法》《刑诉法解释》
  - 无罪、免刑判决的执行
    - 第一审人民法院判决被告人无罪、免除刑事处罚的，如果被告人在押，在宣判后应当立即释放；对人民法院建议给予行政处理的，应当依照有关规定处理或者移送有关部门。人民检察院应当监督被告人是否被立即释放
  - 管制判决的执行
    - 人民法院应当依法确定社区矫正执行地；宣判时，应当告知罪犯自判决、裁定生效之日起 10 日内到执行地社区矫正机构报到，以及不按期报到的后果。人民法院应当自判决、裁定生效之日起 5 日内通知执行地社区矫正机构，并在 10 日内将判决书、裁定书、执行通知书等法律文书送达执行地社区矫正机构，同时抄送人民检察院和执行地公安机关。人民法院与社区矫正执行地不在同一地方的，由执行地社区矫正机构将法律文书转送所在地的人民检察院和公安机关。对于判处管制的罪犯，依法实行社区矫正，由社区矫正机构负责执行
  - 剥夺政治权利判决的执行
    - 对单处剥夺政治权利的罪犯，人民法院应当在判决、裁定生效后 10 日以内，将相关法律文书送达罪犯居住地的县级公安机关，由其执行；同时抄送罪犯居住地的县级人民检察院，由其依法对公安机关执行剥夺政治权利的活动实行监督。负责执行的派出所应当向罪犯及其所在单位、居住地基层组织宣布其犯罪事实、被剥夺政治权利的期限，以及罪犯在执行期间应当遵守的规定。执行期满，应当由执行机关书面通知本人及其所在单位、居住地基层组织

图 17.4　管制、剥夺政治权利、无罪免刑判决的执行

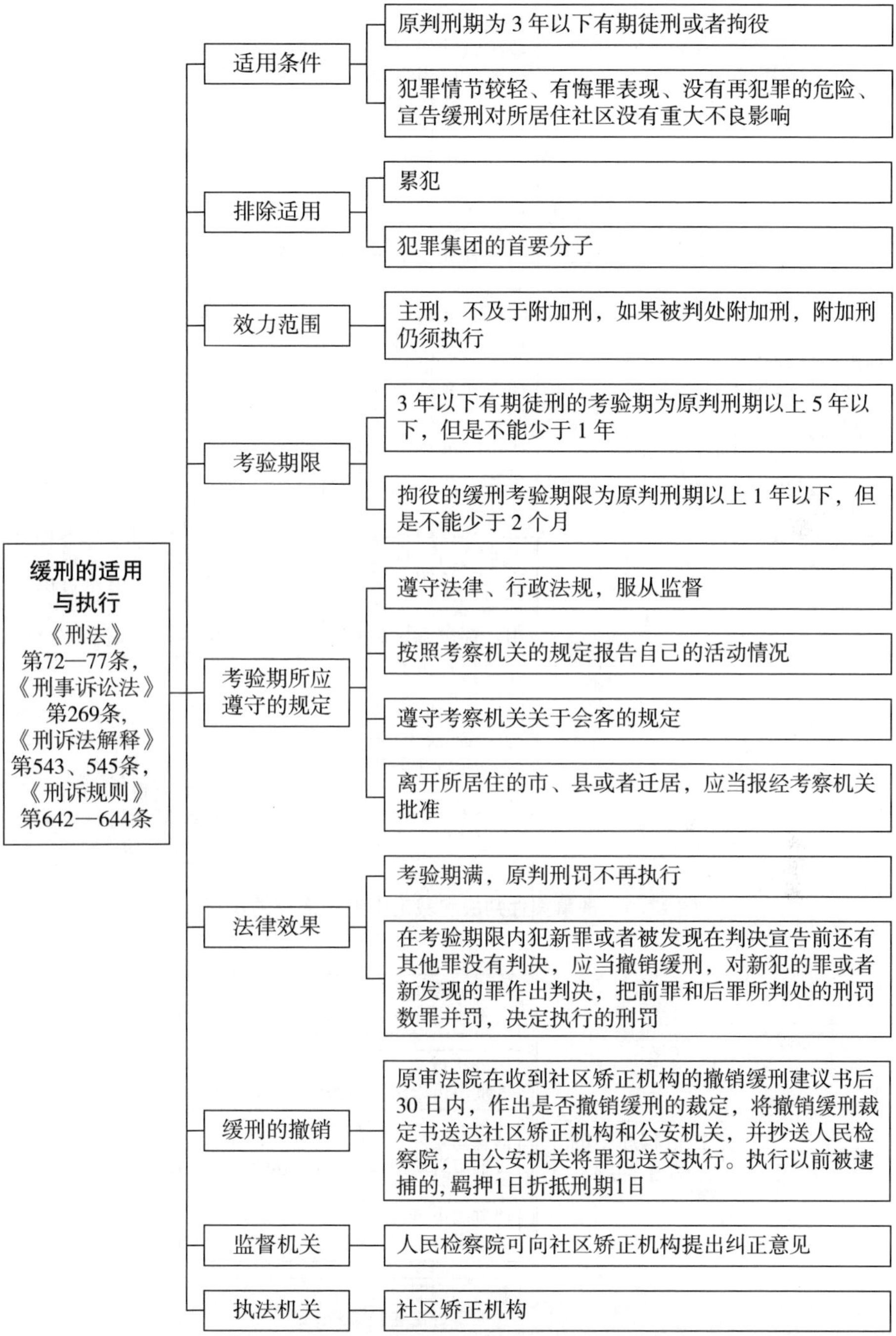

图17.5　缓刑的适用与执行

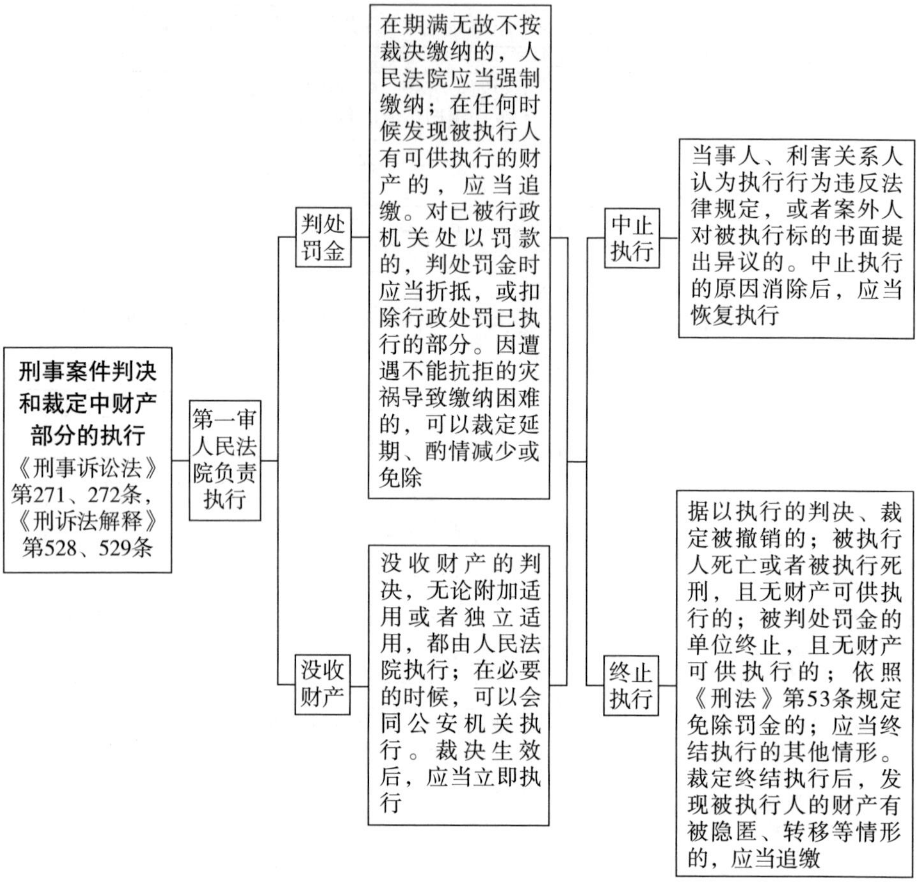

图 17.6 刑事案件判决和裁定中财产部分的执行

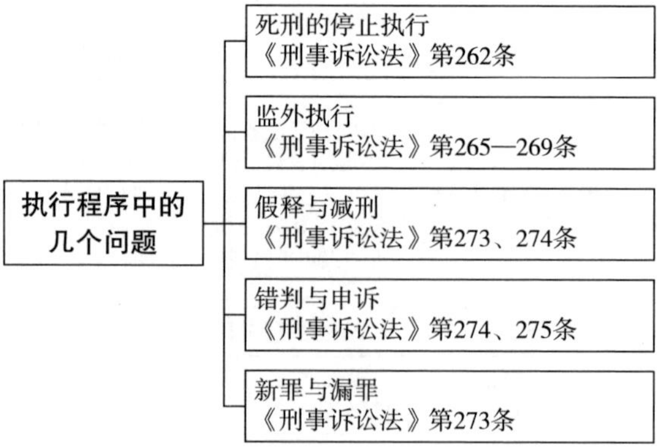

图 17.7 执行程序中的几个问题

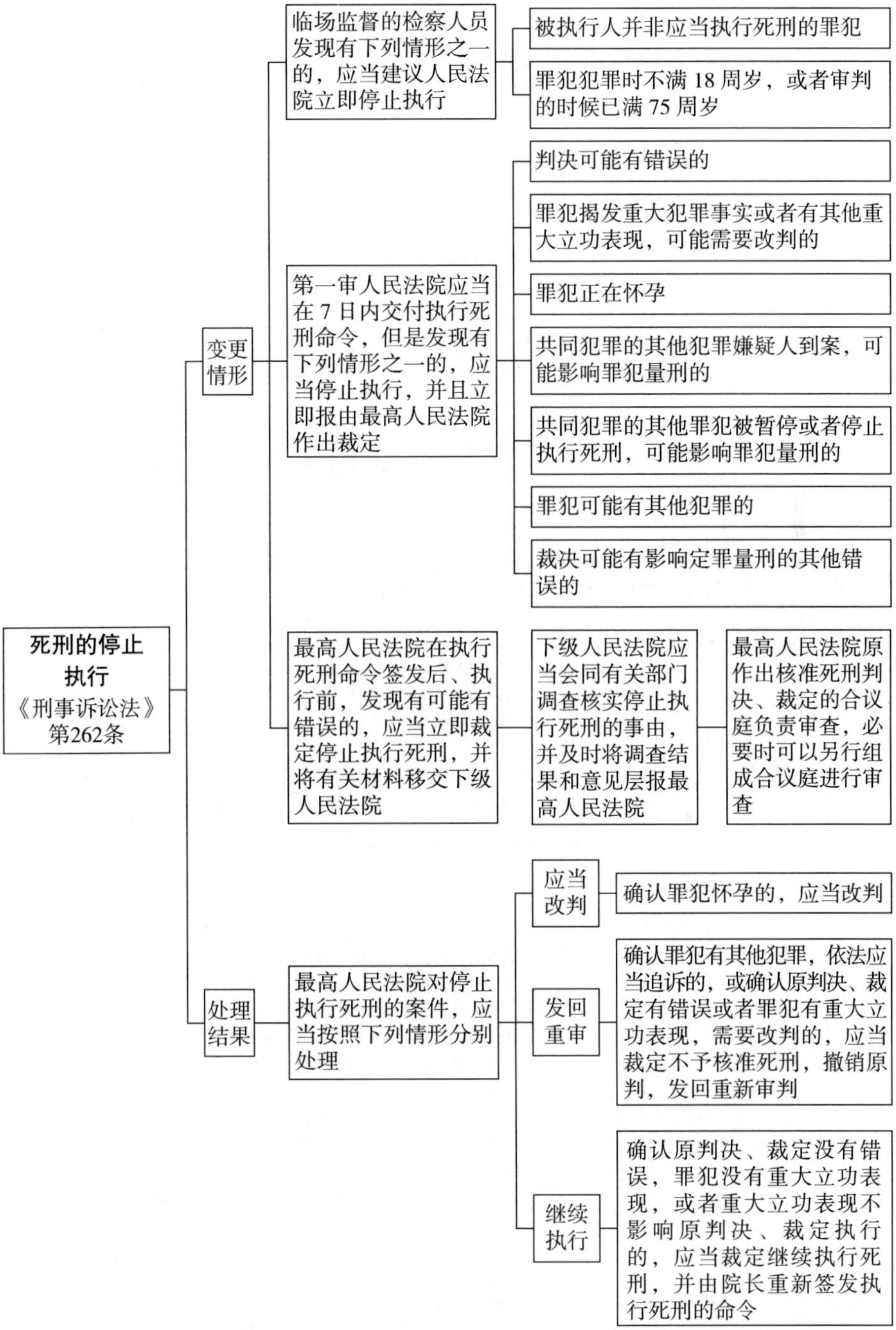

图 17.8　死刑的停止执行

- **监外执行**《刑事诉讼法》第265—269条、《刑诉法解释》第516、517条
  - 监外执行的对象
    - 被判处有期徒刑或者拘役的罪犯
      - 有严重疾病需要保外就医的
      - 怀孕或者正在哺乳自己婴儿的妇女
      - 生活不能自理，适用暂予监外执行不致危害社会的
    - 被判处无期徒刑但属于怀孕或者正在哺乳自己婴儿的妇女
  - 不准监外执行的对象
    - 适用保外就医可能有社会危险性的罪犯，或者自伤自残的罪犯
  - 决定机关
    - 在交付执行前，由交付执行的人民法院决定；在交付执行后，由监狱或者看守所提出书面意见，报省级以上监狱管理机关或者设区的市一级以上公安机关批准
  - 执行机关
    - 对判处暂予监外执行的罪犯，依法实行社区矫正，由社区矫正机构负责执行
  - 鉴定
    - 病情诊断、妊娠检查和生活不能自理的鉴别，由法院组织进行；严重疾病的鉴别由省级政府指定的医院诊断并提供证明文件
  - 执行的监督
    - 暂予监外执行的决定应抄送人民检察院。人民检察院认为决定不当的，应当自接到通知之日起1个月以内将纠正意见送交决定或者批准的机关，该机关应当立即对该决定进行重新核查
  - 收监
    - 原作出决定的人民法院，应当在收到收监执行建议书后30日内，作出收监执行的决定：
      （1）不符合暂予监外执行条件的；
      （2）未经批准离开所居住的市、县，经警告拒不改正，或者拒不报告行踪，脱离监管的；
      （3）因违反监督管理规定受到治安管理处罚，仍不改正的；
      （4）受到执行机关两次警告，仍不改正的；
      （5）保外就医期间不按规定提交病情复查情况，经警告拒不改正的；
      （6）暂予监外执行的情形消失后，刑期未满的；
      （7）保证人丧失保证条件或者因不履行义务被取消保证人资格，不能在规定期限内提出新的保证人的；
      （8）违反法律、行政法规和监督管理规定，情节严重的其他情形

图 17.9　监外执行

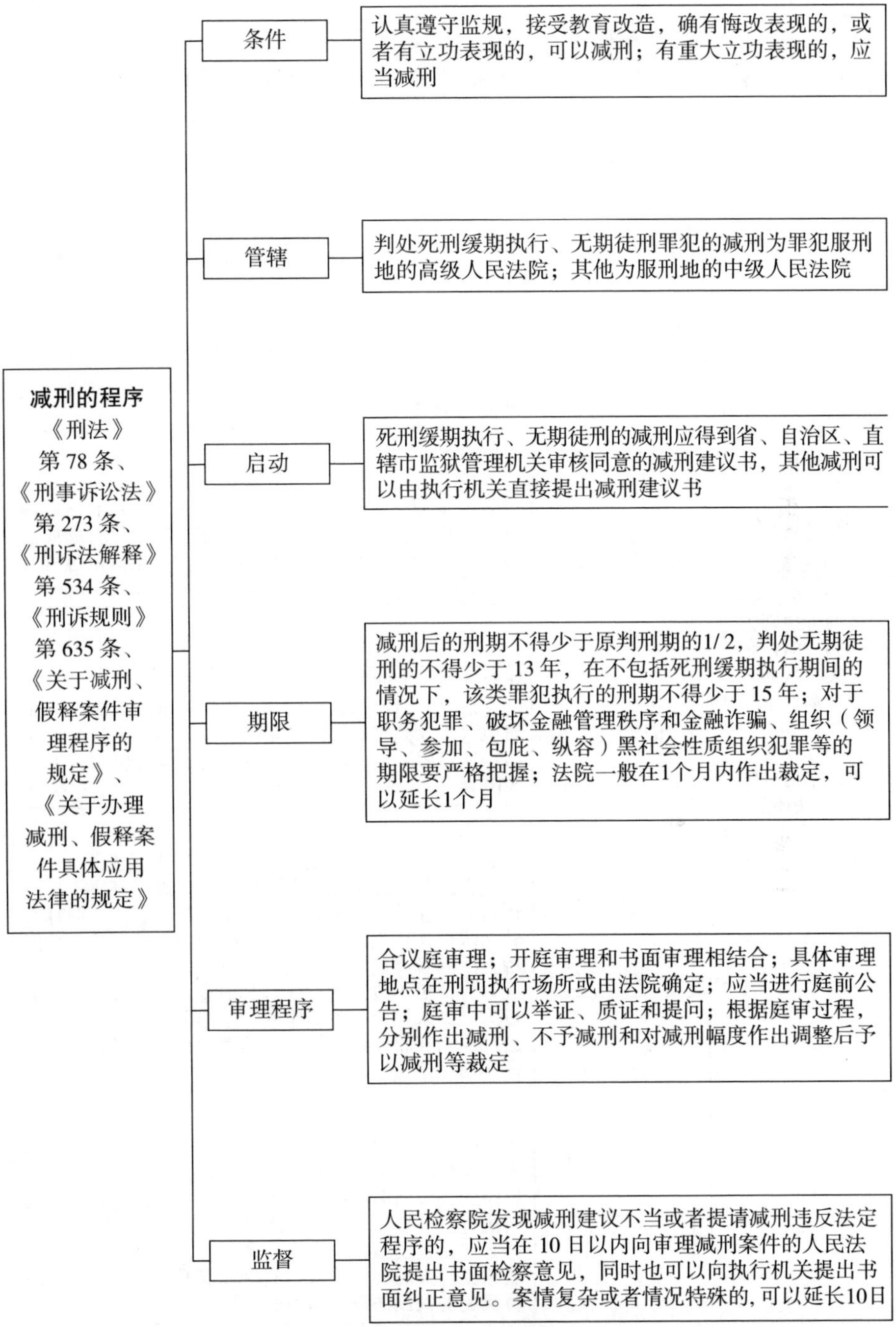
减刑的程序
《刑法》第78条、《刑事诉讼法》第273条、《刑诉法解释》第534条、《刑诉规则》第635条、《关于减刑、假释案件审理程序的规定》、《关于办理减刑、假释案件具体应用法律的规定》
条件
认真遵守监规，接受教育改造，确有悔改表现的，或者有立功表现的，可以减刑；有重大立功表现的，应当减刑
管辖
判处死刑缓期执行、无期徒刑罪犯的减刑为罪犯服刑地的高级人民法院；其他为服刑地的中级人民法院
启动
死刑缓期执行、无期徒刑的减刑应得到省、自治区、直辖市监狱管理机关审核同意的减刑建议书，其他减刑可以由执行机关直接提出减刑建议书
期限
减刑后的刑期不得少于原判刑期的1/2，判处无期徒刑的不得少于13年，在不包括死刑缓期执行期间的情况下，该类罪犯执行的刑期不得少于15年；对于职务犯罪、破坏金融管理秩序和金融诈骗、组织（领导、参加、包庇、纵容）黑社会性质组织犯罪等的期限要严格把握；法院一般在1个月内作出裁定，可以延长1个月
审理程序
合议庭审理；开庭审理和书面审理相结合；具体审理地点在刑罚执行场所或由法院确定；应当进行庭前公告；庭审中可以举证、质证和提问；根据庭审过程，分别作出减刑、不予减刑和对减刑幅度作出调整后予以减刑等裁定
监督
人民检察院发现减刑建议不当或者提请减刑违反法定程序的，应当在10日以内向审理减刑案件的人民法院提出书面检察意见，同时也可以向执行机关提出书面纠正意见。案情复杂或者情况特殊的，可以延长10日

图 17.10　减刑的程序

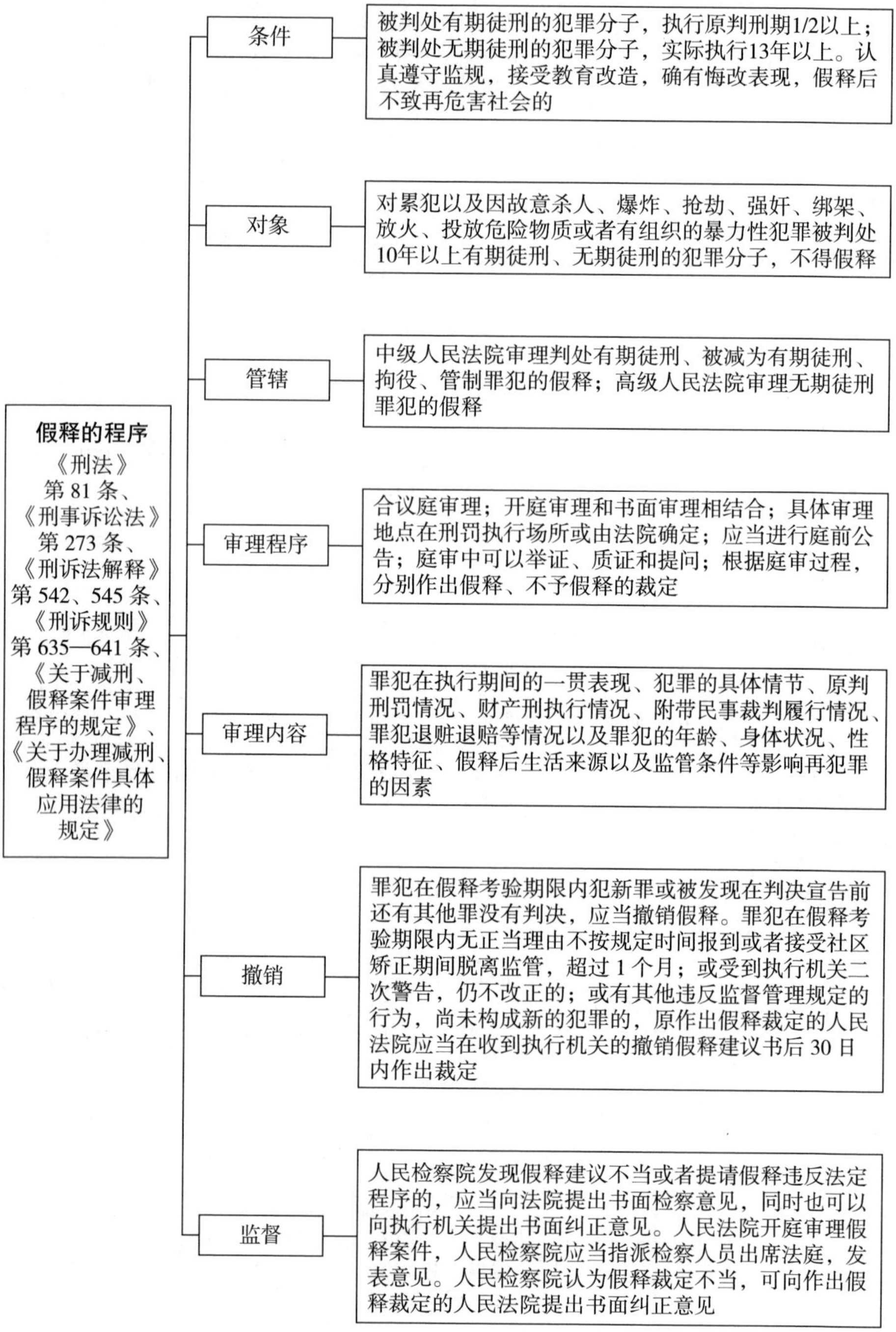
假释的程序
《刑法》第81条、《刑事诉讼法》第273条、《刑诉法解释》第542、545条、《刑诉规则》第635—641条、《关于减刑、假释案件审理程序的规定》、《关于办理减刑、假释案件具体应用法律的规定》
条件
被判处有期徒刑的犯罪分子，执行原判刑期1/2以上；被判处无期徒刑的犯罪分子，实际执行13年以上。认真遵守监规，接受教育改造，确有悔改表现，假释后不致再危害社会的
对象
对累犯以及因故意杀人、爆炸、抢劫、强奸、绑架、放火、投放危险物质或者有组织的暴力性犯罪被判处10年以上有期徒刑、无期徒刑的犯罪分子，不得假释
管辖
中级人民法院审理判处有期徒刑、被减为有期徒刑、拘役、管制罪犯的假释；高级人民法院审理无期徒刑罪犯的假释
审理程序
合议庭审理；开庭审理和书面审理相结合；具体审理地点在刑罚执行场所或由法院确定；应当进行庭前公告；庭审中可以举证、质证和提问；根据庭审过程，分别作出假释、不予假释的裁定
审理内容
罪犯在执行期间的一贯表现、犯罪的具体情节、原判刑罚情况、财产刑执行情况、附带民事裁判履行情况、罪犯退赃退赔等情况以及罪犯的年龄、身体状况、性格特征、假释后生活来源以及监管条件等影响再犯罪的因素
撤销
罪犯在假释考验期限内犯新罪或被发现在判决宣告前还有其他罪没有判决，应当撤销假释。罪犯在假释考验期限内无正当理由不按规定时间报到或者接受社区矫正期间脱离监管，超过1个月；或受到执行机关二次警告，仍不改正的；或有其他违反监督管理规定的行为，尚未构成新的犯罪的，原作出假释裁定的人民法院应当在收到执行机关的撤销假释建议书后30日内作出裁定
监督
人民检察院发现假释建议不当或者提请假释违反法定程序的，应当向法院提出书面检察意见，同时也可以向执行机关提出书面纠正意见。人民法院开庭审理假释案件，人民检察院应当指派检察人员出席法庭，发表意见。人民检察院认为假释裁定不当，可向作出假释裁定的人民法院提出书面纠正意见

图 17.11　假释的程序

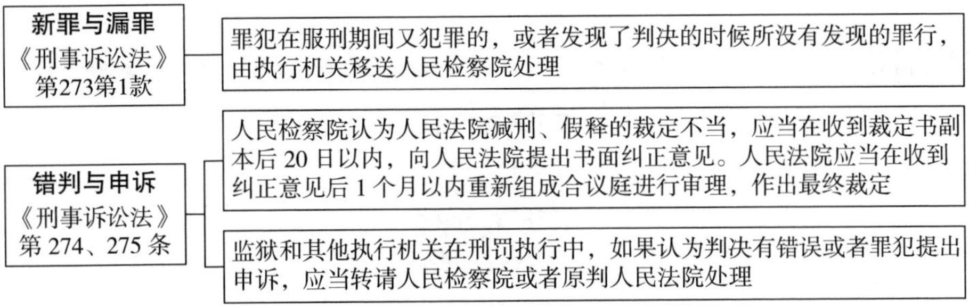

图 17.12　新罪与漏罪、错判与申诉

课后习题

1. 被告人张某因故意杀人案被某中级人民法院判处死刑立即执行，在执行死刑之前，遇到以下情形，最高人民法院在审核后的处理方式，正确的是（　　）。

A. 查明有重大立功表现，但不影响原判决执行的，裁定继续执行死刑

B. 查明有重大立功表现的，应当改判

C. 发现张某还犯有抢劫罪，应当追诉的，在审理后合并执行死刑

D. 发现张某怀孕6个月，裁定撤销原判，发回原审法院重新审理

2. 王某因盗窃罪被法院判处有期徒刑3年，刑罚执行1年以后，王某以患有严重疾病、生活不能自理为由，申请暂予监外执行。下列说法正确的有（　　）。

A. 必须由省级人民政府指定的医院开具证明，证明王某患有严重疾病，确需保外就医

B. 如发现王某系自伤自残，则不得对其适用保外就医

C. 应由监狱提出书面意见，报省级监狱管理机关审批

D. 批准机关应将批准暂予监外执行的文书抄送检察院

3. 甲因贷款诈骗罪被判处有期徒刑12年，在D市监狱服刑。服刑期间认真遵守监规，接受教育改造，确有悔改表现，在刑罚执行4年后，D市监狱向D市中级人民法院提出减刑建议书。关于本案的减刑程序，下列说法错误的有（　　）。

A. 人民法院审理减刑、假释案件，应当在立案后5日内将执行机关报请减刑、假释的建议书等材料依法向社会公示

B. 人民法院可以书面审理本案

C. 人民法院若开庭审理可由审判员李某一人独任审判

D. 人民法院若开庭审理减刑案件，人民检察院可以不出庭参加庭审

课程链接

第五编

特 别 程 序

第十八章 未成年人犯罪案件诉讼程序

学习要点

本章对未成年人犯罪案件诉讼程序的相关问题进行了系统的阐述。学习本章应掌握以下要点:(1)未成年人犯罪案件的办案方针和原则;(2)未成年犯罪嫌疑人所享有的特殊权利;(3)未成年人犯罪案件附条件不起诉的适用条件和程序;(4)未成年人犯罪记录封存制度。

案例一

案情简介

被附条件不起诉人胡某某,男,作案时17周岁,高中学生。

2015年7月20日晚,胡某某到某副食品商店,谎称购买饮料,趁店主方某某不备,用网购的电击器杵方某某腰部索要钱款,致方某某轻微伤。后方某某将电击器夺下,胡某某逃跑,未劫得财物。归案后,胡某某的家长赔偿了被害人全部损失,获得谅解。检察机关认真审查并听取各方面意见后认为,抢劫罪法定刑为3年有期徒刑以上刑罚,根据各种量刑情节,调节基准刑后测算胡某某可能被判处有期徒刑10个月至1年,不符合犯罪情节轻微不需要判处刑罚或可以免除刑罚,直接作出不起诉决定的条件。为保障其学业、教育管束和预防再犯,从最有利于未成年人健康成长出发,对胡某某附条件不起诉更有利于其回归社会。2016年3月11日,检察机关对胡某某作出附条件不起诉决定,考验期1年。2016年9月,检察机关决定将胡某某的考验期缩短为8个月,11月10日考验期届满,检察机关依法对其作出不起诉决定,并进行相关记录封存。[1]

[1] 案例来源:胡某某抢劫案,最高人民检察院指导性案例103号(2021年)。

思考问题

结合本案谈谈你对附条件不起诉制度的认识。

参考意见

根据《刑事诉讼法》第282条的规定,对于未成年人涉嫌刑法分则第四章、第五章、第六章规定的犯罪,可能判处1年有期徒刑以下刑罚,符合起诉条件,但有悔罪表现的,人民检察院可以作出附条件不起诉的决定。此类不起诉体现《刑事诉讼法》第277条规定的对犯罪的未成年人实行教育、感化、挽救的方针。本案胡某某符合适用附条件不起诉条件。胡某某涉嫌抢劫罪,属于《刑法》分则第五章的侵犯财产罪,综合各类情节后大概量刑为10个月至1年,其家长赔偿被害人全部损失、获得谅解,具备了附条件不起诉的要件事实。

本案值得思考的是未成年人犯罪记录封存制度。《刑事诉讼法》第286条规定:"犯罪的时候不满十八周岁,被判处五年有期徒刑以下刑罚的,应当对相关犯罪记录予以封存。犯罪记录被封存的,不得向任何单位和个人提供,但司法机关为办案需要或者有关单位根据国家规定进行查询的除外……"最高人民检察院发布的《未成年人刑事检察工作指引(试行)》第82条第1款、2款规定:"对于犯罪时不满十八周岁,被判处五年有期徒刑以下刑罚以及免除刑事处罚的未成年人的犯罪记录,人民检察院应当在收到人民法院生效判决后,对犯罪记录予以封存。对于犯罪记录封存的未成年人,人民检察院应当告知其在入学、入伍、就业时,免除报告自己曾受过刑事处罚的义务。"本案当事人胡某某大学毕业,在某公司从事设计工作,其工作、前途没有受附条件不起诉的影响。附条件不起诉和未成年人犯罪记录封存制度彰显出独有的价值。

案例二

案情简介

被附条件不起诉人唐某,男,作案时17周岁,辍学无业。

2017年3月15日,唐某与潘某(男,作案时14周岁)因琐事在电话中发生口角,相约至某广场斗殴。唐某纠集十余名未成年人,潘某纠集八名未成年人前往约架地点。上午8时许,双方所乘车辆行至某城市主干道红绿灯路口时,唐某等人下车对正在等红绿灯的潘某一方所乘两辆出租车进行拦截，对拦住的一辆车上的四人进行殴打，未造成人员伤亡。

2017年6月20日，公安机关以唐某涉嫌聚众斗殴罪将该案移送检察机关审查起诉。检察机关综合唐某的犯罪情节、悔罪表现、犯罪成因及帮教条件并征求公安机关、法定代理人意见后，认定唐某符合附条件不起诉条件，于2017年7月21日依法对其作出附条件不起诉决定，考验期6个月。检察机关成立由检察官、唐某的法定代理人和某酒店负责人组成的帮教小组，开展考察帮教工作。经审核，检察机关认定唐某违反考察机关附条件不起诉的监督管理规定，情节严重。2018年1月15日，检察机关依法撤销唐某的附条件不起诉决定。2018年1月17日，检察机关以唐某涉嫌聚众斗殴罪对其提起公诉。法庭审理阶段，公诉人指出应当以聚众斗殴罪追究其刑事责任，且根据附条件不起诉考验期间调查核实的情况，认为唐某虽认罪但没有悔罪表现，且频繁出入娱乐场所，长期与社会闲散人员交往，再犯可能性较高，不适用缓刑。2018年3月16日，法院作出一审判决，以被告人唐某犯聚众斗殴罪判处有期徒刑8个月。一审宣判后，被告人唐某未上诉。[1]

思考问题

结合本案，谈谈你对未成年人严重违反附条件不起诉的监督管理规定和缓刑适用条件的认识。

参考意见

《刑法》第72条第1款规定："对于被判处拘役、三年以下有期徒刑的犯罪分子，同时符合下列条件的，可以宣告缓刑，对其中不满十八周岁的人、怀孕的妇女和已满七十五周岁的人，应当宣告缓刑：（一）犯罪情节较轻；（二）有悔罪表现；（三）没有再犯罪的危险；（四）宣告缓刑对所居住社区没有重大不良影响。"该案法官认为唐某没有悔罪表现，再犯可能性较高，不具备适用缓刑的条件。《刑事诉讼法》第283条规定附条件不起诉未成年犯罪嫌疑人的基本要求，本案的裁判说明，当事人"违反附条件不起诉的监督管理规定，情节严重"，许多情形可证明不符合缓刑条件；这代表了司法实践的一种裁判类型。

---

〔1〕 案例来源：唐某等人聚众斗殴案，最高人民检察院指导性案例107号（2021年）。

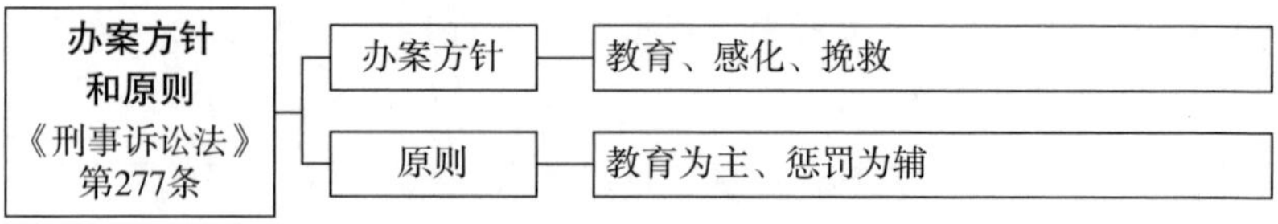

图 18.1　办案方针和原则

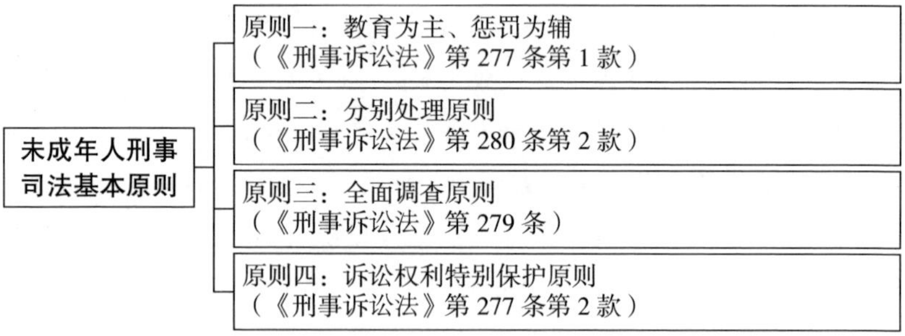

图 18.2　未成年人刑事司法基本原则

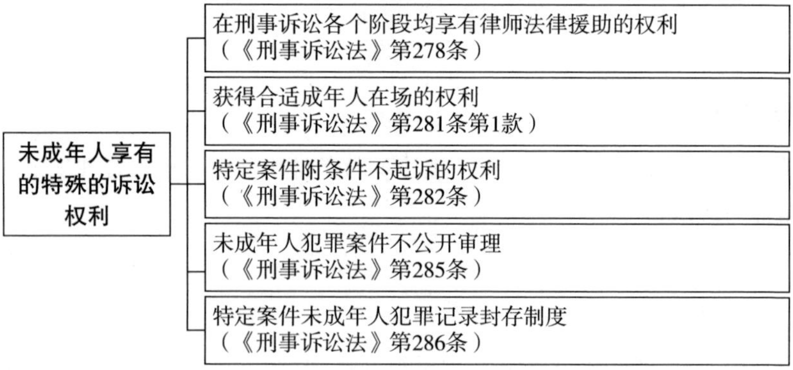

图 18.3　未成年人享有的特殊的诉讼权利

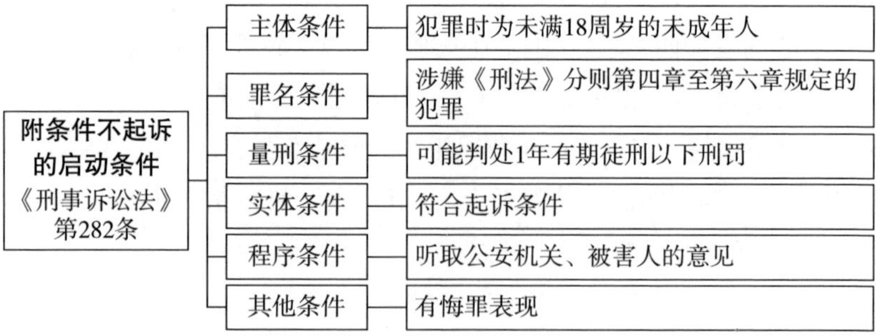

图 18.4　附条件不起诉的启动条件

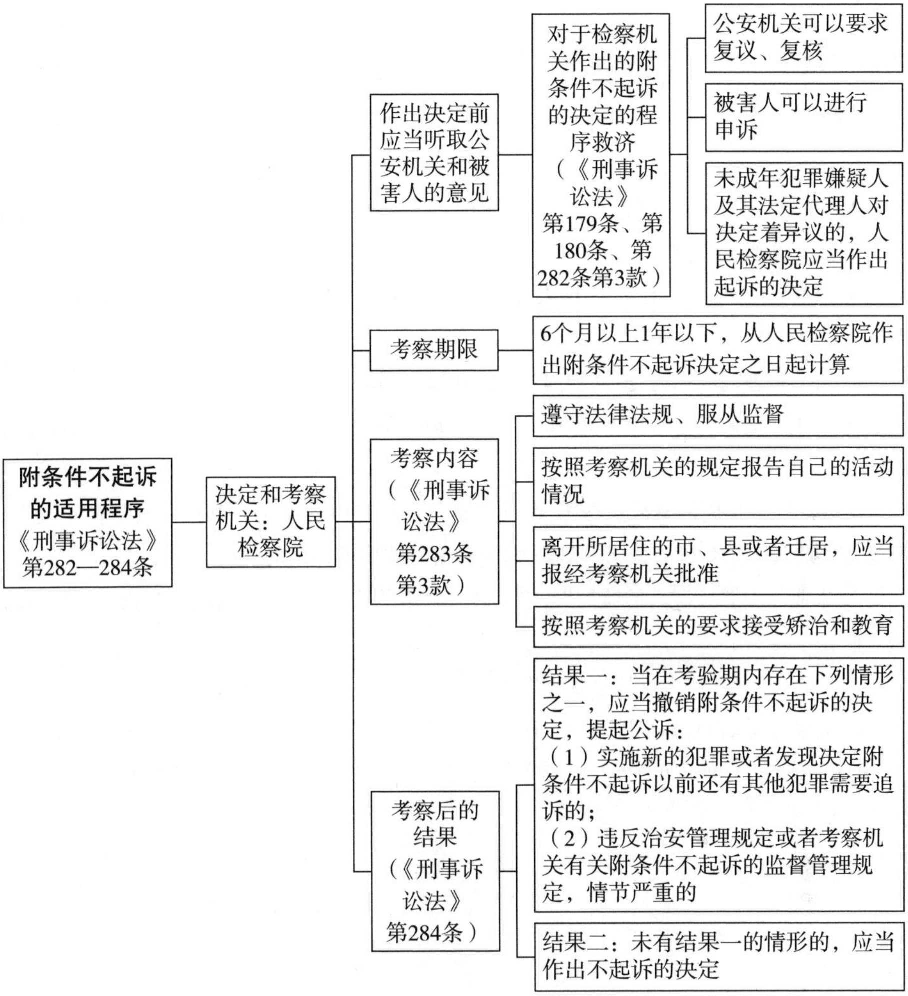

图 18.5　附条件不起诉的适用程序

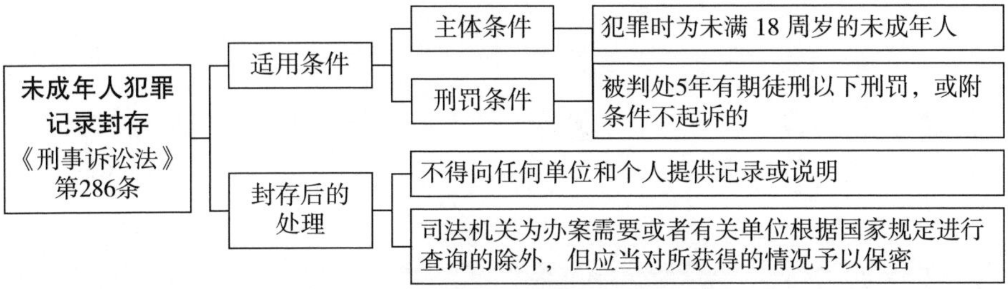

图 18.6　未成年人犯罪记录封存

课后习题

1. 甲、乙系初三学生,因涉嫌抢劫同学丙(三人均不满 16 周岁),被立案侦查。关于该案诉讼程序,下列哪些选项是正确的?(　　)

A. 审查批捕讯问时,甲拒绝为其提供的法定代理人以外的合适成年人到场,应另行通知其他合适成年人到场

B. 讯问乙时,因乙的法定代理人无法到场而通知其伯父到场,其伯父可代行乙的控告权

C. 法庭审理询问丙时,应通知丙的法定代理人到场

D. 如该案适用简易程序审理,甲的法定代理人不能到场时可不再通知其他合适成年人到场

2. 未成年人小周涉嫌故意伤害,A 县检察院审查起诉后决定对其适用附条件不起诉,监督考察期限为 6 个月。关于本案处理,下列哪些选项是正确的?(　　)

A. 未成年犯罪嫌疑人的监护人,应当对未成年犯罪嫌疑人加强管教,配合人民检察院做好监督考察工作

B. 监督考验期,从人民检察院作出附条件不起诉的决定之日起计算

C. 监督考察期间,如小周经批准迁居 B 县继续上学,改由 B 县检察院负责监督考察

D. 监督考察期间,如小周严格遵守各项规定,表现优异,可将考察期限缩短至 5 个月

第十九章 当事人和解的公诉案件诉讼程序

学习要点

本章对当事人和解的公诉案件诉讼程序相关问题进行了系统阐述。学习本章内容应掌握以下内容:(1)刑事和解的适用条件;(2)刑事和解的适用程序;(3)刑事和解的适用结果。

案例一

案情简介

2018 年 11 月 21 日晚,被告人顾某在位于上海市普陀区××路×××弄×××号×××室的家中,因琐事与妻子被害人孙某某发生争吵并引发肢体冲突。被告人顾某用头部撞击被害人孙某某头面部,致其受伤。经鉴定,被害人孙某某被打伤,致双侧鼻骨及鼻中隔骨折等,已构成轻伤(二级)。

2018 年 12 月 21 日,被告人顾某到公安机关配合调查,但未如实供述事实,后其如实供述了上述犯罪事实。案发后,被告人顾某赔偿了被害人孙某某的损失并取得了被害人的谅解。

上述事实,被告人及辩护人在开庭审理过程中亦无异议,并有被害人孙某某的陈述,验伤通知书、司法鉴定科学研究院出具的司法鉴定意见书,被害人孙某某提交的民事诉讼状、调解笔录、接报回执单、谅解书及书面材料,民事判决书,公安机关出具的工作情况及常住人口基本信息等证据证实,足以认定其行为。

法院认为,被告人顾某故意伤害他人身体,致一人轻伤,其行为已构成故意伤害罪,依法应予处罚。人民检察院指控被告人的犯罪事实清楚,罪名成立。被告人顾某到案后如实供述自己的罪行，依法可从轻处罚。在法院审理期间，被告人顾某真诚悔罪，通过向被害人赔偿经济损失、赔礼道歉的方式获得被害人谅解，被害人自愿和解，双方已达成和解协议，依法可对被告人顾某从宽处罚。因本案系民间矛盾引发，被告人顾某具有法定和酌定从轻处罚情节，且双方已达成和解协议，依法可以免除被告人顾某的刑事处罚。辩护人提出对被告人免予刑事处罚的意见，予以采纳。根据被告人顾某犯罪的事实、性质、情节及对于社会的危害程度，判决如下：被告人顾某犯故意伤害罪，免予刑事处罚。[1]

思考问题

结合本案谈谈你对"刑事和解"的认识。

参考意见

和解在我国诉讼中一直存在，特别是在民事诉讼和刑事自诉案件中被普遍运用。但是，公诉案件中的刑事和解是2012年《刑事诉讼法》中增加的内容。依据《刑事诉讼法》第288条的规定，刑事和解适用的条件为在犯罪嫌疑人、被告人真诚悔罪，通过向被害人赔偿损失、赔礼道歉等方式获得被害人谅解，被害人自愿和解时，符合以下两种情况，可以进行刑事和解。这两种情况为：(1)因民间纠纷引起，涉嫌刑法分则第四章、第五章规定的犯罪案件，可能判处3年有期徒刑以下刑罚的；(2)除渎职犯罪以外的可能判处7年有期徒刑以下刑罚的过失犯罪案件。犯罪嫌疑人、被告人在5年以内曾经故意犯罪的，不适用刑事和解。

双方当事人和解的，公安机关、人民检察院、人民法院应当听取当事人和其他有关人员的意见，对和解的自愿性、合法性进行审查，并主持制作和解协议书。

对于达成和解协议的案件，公安机关可以向人民检察院提出从宽处理的建议。人民检察院可以向人民法院提出从宽处罚的建议，对于犯罪情节轻微，不需要判处刑罚的，可以作出不起诉的决定。人民法院可以依法对被告人从宽处罚。

本案中，顾某与孙某某为夫妻，其纠纷属于民间纠纷，顾某造成的轻伤事实属于《刑法》分则第四章规定的故意伤害犯罪案件，可能判处3年有期徒刑以下刑罚的情况，且顾某真诚地向孙某某赔礼道歉也得到了孙某某的理解和原谅，为此，符

---

〔1〕 案例来源：上海市普陀区人民法院刑事判决书，(2019)第268号。

合刑事和解的条件。通过刑事和解，有利于保护被害人的合法权益，有利于被破坏的社会关系的修复，有利于社会的和谐安定。

案例二

案情简介

2019年10月23日，陆某在自家小区内的一家棋牌室打牌时与同在打牌的吴某发生语言冲突，进而互相扭打。陆某在扭打过程中胫骨骨折，鉴定为轻伤。派出所立案后，在征得双方当事人同意的基础上，对案件进行调解。同年11月12日，当事人双方达成和解，但在签订和解协议时，由于吴某无法一次性给付20,000元，协议约定：吴某分期支付20,000元，协议签订当天支付2000元，其余的在15日内付清。双方在协议书上签名后，吴某当场支付陆某2000元。公安机关根据和解协议，撤销了案件。

思考问题

结合本案谈谈公安机关的做法是否正确？

参考意见

根据《刑事诉讼法》第290条的规定，对于当事人达成刑事和解的，公安机关可以向检察机关提出从宽处理的建议；检察机关可以向法院提出从宽处罚的建议，或作出不起诉决定；人民法院则可以依法对被告人从宽处罚。在本案中，犯罪嫌疑人造成被害人轻伤，构成故意伤害罪，依照《刑法》第234条的规定，应处3年以下有期徒刑、拘役或者管制；但犯罪嫌疑人赔偿了被害人的损失，获得了其谅解，当事人双方自愿和解，达成了和解协议。因此，对该案件应当从宽处理。具体对于公安机关来说，其可以向人民检察院提出从宽处理的建议，人民检察院再根据案件具体情况作出进一步的处理，但公安机关不得在侦查阶段因双方当事人达成和解协议而做出撤销案件的决定，也即本案公安机关的做法没有法律依据，是错误的行为。

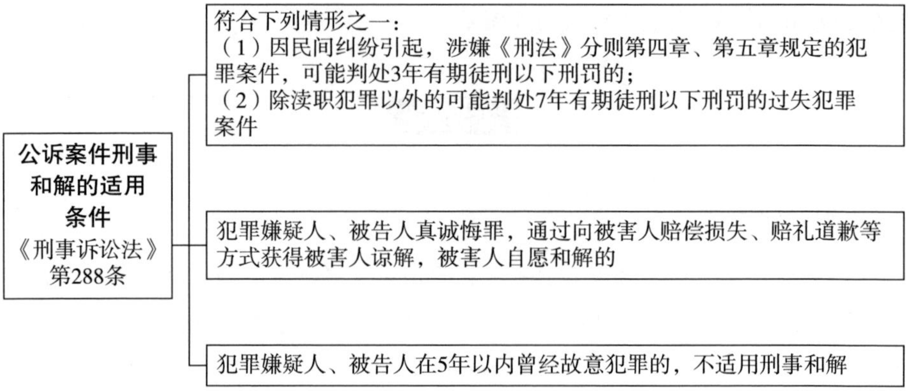

图 19.1　公诉案件刑事和解的适用条件

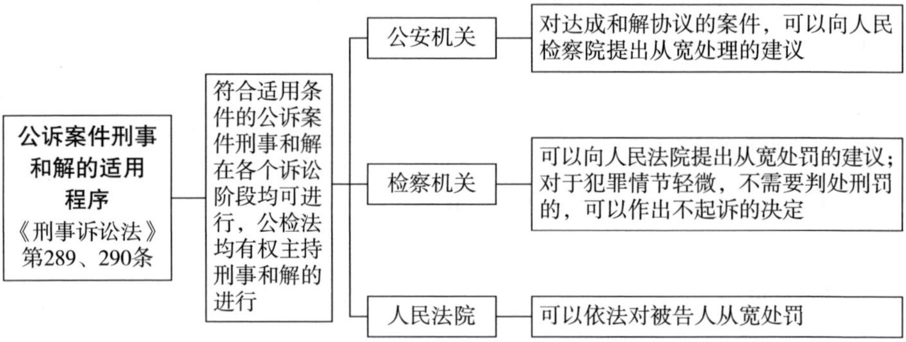

图 19.2　公诉案件刑事和解的适用程序

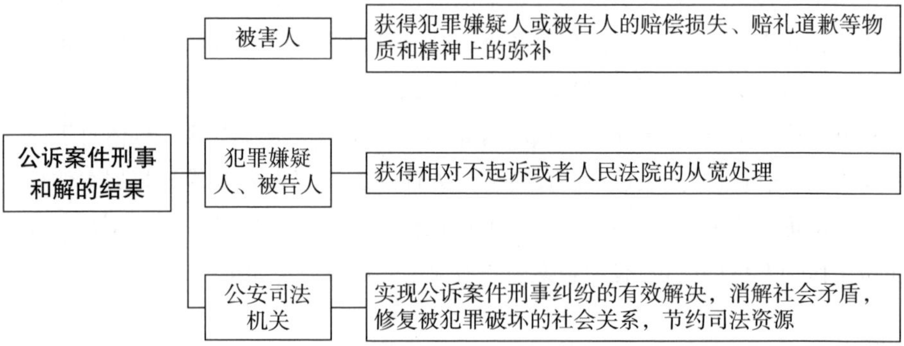

图 19.3　公诉案件刑事和解的结果

课后习题

1. 对于适用当事人和解的公诉案件诉讼程序而达成和解协议的案件，下列哪一种说法是错误的？（　　）

A. 公安机关可以撤销案件

B. 检察机关可以向人民法院提出从宽处罚的建议

C. 对于犯罪情节轻微，不需要判处刑罚的，人民检察院可以不起诉

D. 人民法院可以依法对被告人从宽处罚

2. 甲因邻里纠纷失手造成邻居死亡，甲被批捕。案件起诉后，双方拟通过协商达成和解。对于此案的和解，下列哪一选项是正确的（　　）？

A. 由于甲在押，其近亲属可自行与被害方进行和解

B. 由于乙已经死亡，可由其近亲属代为和解

C. 甲的辩护人和乙近亲属的诉讼代理人可参与和解协商

D. 由于甲在押，和解协议中约定的赔礼道歉可以由其近亲属代为履行

3. 下列公诉案件中，即使犯罪嫌疑人、被告人真诚悔罪，并通过向被害人赔偿损失、赔礼道歉等方式获得被害人谅解，被害人自愿进行和解，也不适用双方当事人和解程序的案件有哪些（　　）？

A. 张某因与李某的宅基地纠纷，雇凶砍伤李某

B. 王某为索取债务，将常某非法拘禁，并在拘禁期间殴打常某，将常某打成重伤

C. 刘某经常称霸一方，为了要威风多次无故殴打素不相识的杜某

D. 钱某因与朱某的宅基地纠纷，将朱某打成轻伤，钱某在四年前曾犯盗窃罪被判处 2 年有期徒刑

第二十章　犯罪嫌疑人、被告人逃匿、死亡案件违法所得的没收程序

学习要点

本章对犯罪嫌疑人、被告人逃匿、死亡案件违法所得的没收程序有关问题做了系统的阐述。学习本章内容应把握以下要点：(1)没收程序的适用条件；(2)没收程序的适用流程；(3)没收程序的救济方式。

案例

案情简介

犯罪嫌疑人黄某某，女，原某市物资总公司(以下简称物资总公司)总经理、法定代表人。

利害关系人施某某，黄某某朋友。

利害关系人邓某某，黄某某亲属。

利害关系人A银行股份有限公司上海分行(以下简称A银行上海分行)。

利害关系人B银行股份有限公司上海市南支行(以下简称B银行市南支行)。

利害关系人C银行股份有限公司上海市虹桥开发区支行(以下简称C银行虹桥支行)。

1993年5月至1998年8月，物资总公司用自有资金、银行贷款及融资借款经营期货等业务，由黄某某等人具体操作执行。其间，黄某某利用职务上的便利，先后控制和使用包括D商贸有限公司(以下简称D公司)等多个银行账户和证券账户进行期货交易，累计盈利人民币1.8亿余元，其中1.1亿余元未纳入物资总公司管理，由黄某某实际控制。

1997 年 7 月至 1999 年 4 月，黄某某直接或指使他人先后从 D 公司等 6 个账户转出人民币 3000.35 万元，以全额付款方式在上海购买 2 套房产，又向 A 银行上海分行、B 银行市南支行、C 银行虹桥支行按揭贷款在上海购买 50 套房产，分别登记在李某某（黄某某亲属）、施某某等人名下。在公司改制过程中，黄某某隐匿并占有上述房产。

2000 年 12 月，涉案 20 套房产因涉及民事纠纷被法院查封。为逃避债务，黄某某指使其亲属李某某将另外 32 套房产的合同权益虚假转让给施某某和高某某（施某某朋友），后又安排邓某某与施某某、高某某签订委托合同，继续由邓某某全权管理该房产。之后，黄某某指使邓某某出售 15 套，用部分售房款和剩余的 17 套房产（登记在施某某、高某某名下）出租所得款项又购买 6 套房产，其中 4 套登记在施某某名下，2 套登记在蒋某（邓某某亲属）名下，另将部分售房款和出租款存入以施某某等人名义开设的银行账户。经查，上述 23 套房产均以按揭贷款方式购买。2002 年 12 月至 2003 年 5 月，广西壮族自治区桂林市人民检察院依法查封了涉案 23 套房产，依法冻结施某某等人银行账户内存款 90 万余元人民币、2.7 万余美元。2016 年 12 月 23 日，广西壮族自治区桂林市人民检察院向广西壮族自治区桂林市中级人民法院提出没收违法所得申请。[1]

思考问题

本案人民法院对人民检察院提出的没收违法所得申请该如何处置？

参考意见

根据案情可知，黄某某所拥有的 23 套房产及其他违法所得有足够的证据证明为贪污犯罪所得，属于违法所得的财产。《刑事诉讼法》第 298 条第 1 款规定：“对于贪污贿赂犯罪、恐怖活动犯罪等重大犯罪案件，犯罪嫌疑人、被告人逃匿，在通缉一年后不能到案，或者犯罪嫌疑人、被告人死亡，依照刑法规定应当追缴其违法所得及其他涉案财产的，人民检察院可以向人民法院提出没收违法所得的申请。”可见，对于本案中依法应当追缴的违法所得，应当先由公安机关通缉 1 年，仍无法抓到犯罪嫌疑人时，再由人民检察院向人民法院提出没收的申请，由人民法院公告 6

〔1〕 案例来源：黄某某贪污违法所得没收案，最高人民检察院指导案例 129 号（2021 年）。

个月后进行审理，在证据确实、充分的基础上做出裁定。

2018 年 11 月 15 日，广西壮族自治区桂林市中级人民法院作出裁定，依法没收黄某某实施贪污犯罪所得 23 套房产、银行账户内存款 90 万余元人民币、2.7 万余美元及利息，依法向 A 银行上海分行、B 银行市南支行、C 银行虹桥支行支付贷款欠款本金、利息及实现债权的费用。利害关系人施某某、邓某某不服提出上诉。2019 年 6 月 29 日，广西壮族自治区高级人民法院驳回上诉，维持一审裁定。

由于财产权属于宪法性权利，对于财产权的剥夺需要经过正当程序方可。没收违法所得财产的程序一方面弥补了在犯罪嫌疑人、被告人无法到庭的情况下，由于我国并无刑事缺席裁判制度，使我国刑事法律中存在无法处置其财产的漏洞；另一方面，这一程序规定没收财产应由人民法院通过裁定的方式作出，允许犯罪嫌疑人、被告人的近亲属及其诉讼代理人出庭，也赋予其对作出的没收裁定进行上诉的程序救济权，这符合正当程序的要求。这一程序的设立是我国刑事诉讼的一大进步。

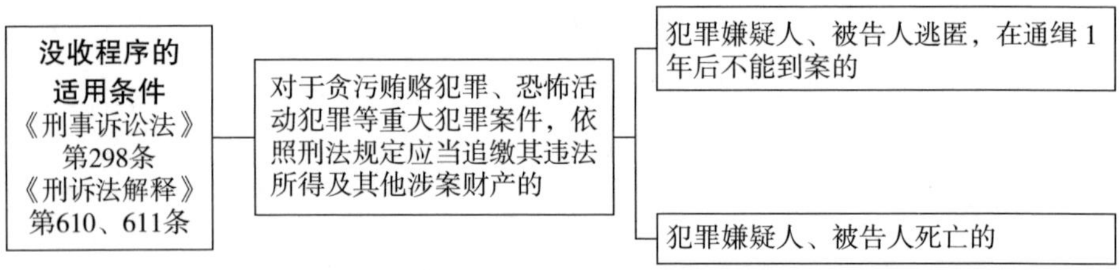

图 20.1　没收程序的适用条件

课后习题

1. 下列哪一项不属于犯罪嫌疑人、被告人逃匿、死亡案件违法所得没收程序中的“违法所得及其他涉案财产”？（　　）

A. 恐怖活动犯罪案件中从其住处搜到的枪支

B. 犯罪嫌疑人在贪污犯罪案件中将赃款存入银行所得的利息

C. 实行侵入计算机系统犯罪案件中使用的单位的设备

D. 犯罪嫌疑人在贪污案件中受贿所得股票产生的红利

2. 下列案件可以启动犯罪嫌疑人、被告人逃匿、死亡案件违法所得的没收程序的是（　　）。

A. 某甲在公安机关侦查其涉嫌的强奸罪过程中死亡

B. 某乙在检察机关审查起诉其涉嫌的贪污罪时潜逃国外，通缉 1 年后未被抓获

C. 某丙在公安机关侦查其涉嫌的诈骗罪时涉嫌潜逃外地，通缉 1 年后未被抓获

D. 某丁在检察机关侦查其涉嫌的玩忽职守罪时死亡

3. 关于犯罪嫌疑人、被告人逃匿、死亡案件违法所得的没收程序，下列说法正确的是(　　)。

A. 对于人民法院作出的裁定，只有犯罪嫌疑人、被告人的近亲属和其他利害关系人才可以提出上诉、抗诉

B. 在审理过程中，在逃的犯罪嫌疑人、被告人自动投案或者被抓获的，人民法院应当继续审理

C. 人民法院在审理犯罪嫌疑人、被告人逃匿、死亡案件违法所得的没收案件时，必要情况下，可以查封、扣押、冻结申请没收的财产

D. 审理没收犯罪嫌疑人、被告人逃匿、死亡案件违法所得案件可以由一名法官独任审判

第二十一章 依法不负刑事责任的精神病人的强制医疗程序

学习要点

本章对依法不负刑事责任的精神病人的强制医疗程序有关问题做了系统的阐述。学习本章内容应把握以下要点:(1)强制医疗程序的适用条件;(2)强制医疗程序的适用流程;(3)强制医疗程序的救济方式。

案例一

案情简介

2010年3月23日上午7时20分许,福建省南平市实验小学门口发生一起恶性案件,一名40多岁的盲人持刀沿学校周边路上一路砍杀。造成7名学生死亡,多名学生受伤。行凶者被学校门卫和路过的一名老师、一名晨练者和一名司机合力制服。行凶者是精神病患者,也就是平常所说的“武疯子”。

思考问题

结合本案谈谈你对“精神病人强制医疗程序”的认识。

参考意见

没有刑事责任能力的精神病人由于缺乏辨认能力和控制能力,属于依法不负刑事责任的群体。但是,具有攻击性的精神病人对于社会安定和公民人身安全具有很大的威胁,为此要对其进行必要的管理,包括必要时对其人身自由进行限制。鉴于人身自由的宪法权利属性,需要通过正当程序才能限制人身自由。2012 年《刑事诉讼法》修改,新设了“依法不负刑事责任的精神病人的强制医疗程序”,要求对于依法不负刑事责任的精神病人的强制医疗的决定需要经由人民法院审判来作出。对于原先《警察法》中规定由公安机关作出强制医疗决定的行政行为变为司法行为,这是正当程序的体现,也是司法进步的体现。

依据《刑事诉讼法》第 302 条的规定,强制医疗的条件为:“实施暴力行为,危害公共安全或者严重危害公民人身安全,经法定程序鉴定依法不负刑事责任的精神病人,有继续危害社会可能的,可以予以强制医疗。”本案中,行凶者为精神病人,且具有严重的人身危险性,为此,对其适用强制医疗是必要和可行的。

案例二

案情简介

徐某是武汉钢铁集团下属炼铁厂保卫科的一名工作人员。从 2003 年始,因不满“同工不同酬”问题,徐某将工作单位告上法庭。一审败诉、二审驳回;不接受调解,只要“公正判决”,从此他开始了不断上访的生涯。2006 年 12 月 30 日,徐某父母在武钢公安分局及信访部门工作人员“不签就判刑”“工作都保不住”的巨大压力下,最终在送儿子到精神病院治疗的文件上签字。自此,徐某被送进武钢职工二院精神科的特制病房,开始 4 年多的“治疗”生涯。[1]

思考问题

结合本案谈谈你对强制医疗决定程序的认识。

参考意见

对依法不负刑事责任的精神病人进行强制医疗,由此可能导致精神病人被长期剥夺人身自由,甚至超过不少刑事惩罚的力度,因此,只有经过诉讼化的强制医

---

〔1〕 案例来源:《南都社论 · 法治化解决“徐武事件”,正义才有复制可能》,载《南方都市报》2011 年 5 月 7 日,A2 版。

疗程序的过滤,才能防止具有刑事责任能力的非精神病人被非法拘禁,保证这种限制具有正当性和合理性。《刑事诉讼法》第303条规定,对精神病人强制医疗的,由人民法院决定,而检察机关只有对符合强制医疗条件的精神病人提出强制医疗的申请权。人民法院受理申请后,应当组成合议庭,开庭审理,并通知被申请人或者被告人的法定代理人到场。被申请人或者被告人没有委托诉讼代理人的,人民法院应当通知法律援助机构指派律师为其提供法律帮助。只有经过法庭调查和法庭辩论阶段,在充分听取被申请人的法定代理人、诉讼代理人和检察员的质证和辩论的基础上,人民法院才能作出是否适用强制医疗的决定。即使如此,被决定强制医疗的人、被害人及其法定代理人、近亲属对强制医疗决定不服的,还可以向上一级人民法院申请复议。此外,对于被强制治疗的精神病人,《刑事诉讼法》第306条规定了定期诊断评估制度:对于已不具有人身危险性,不需要继续强制医疗的,强制医疗机构、被强制医疗的人及其近亲属都有权申请解除强制医疗。

本案中徐某"被精神病"的情况在《刑事诉讼法》实施前也有出现,严重侵犯了公民的人身自由。《刑事诉讼法》中关于强制医疗程序的规定将扭转这种情况,也将成为我国保障人权的新的司法措施。

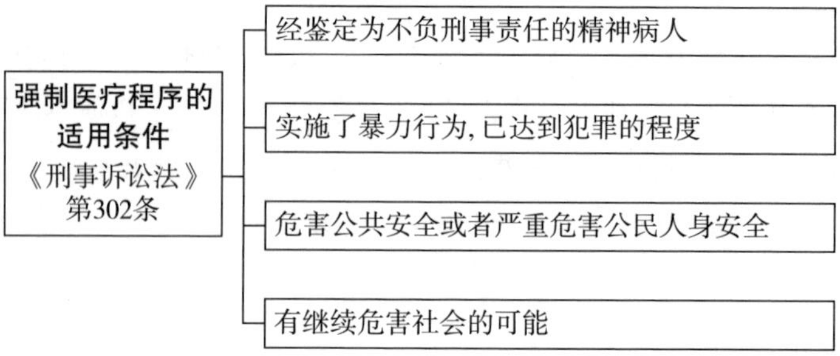

图21.1　强制医疗程序的适用条件

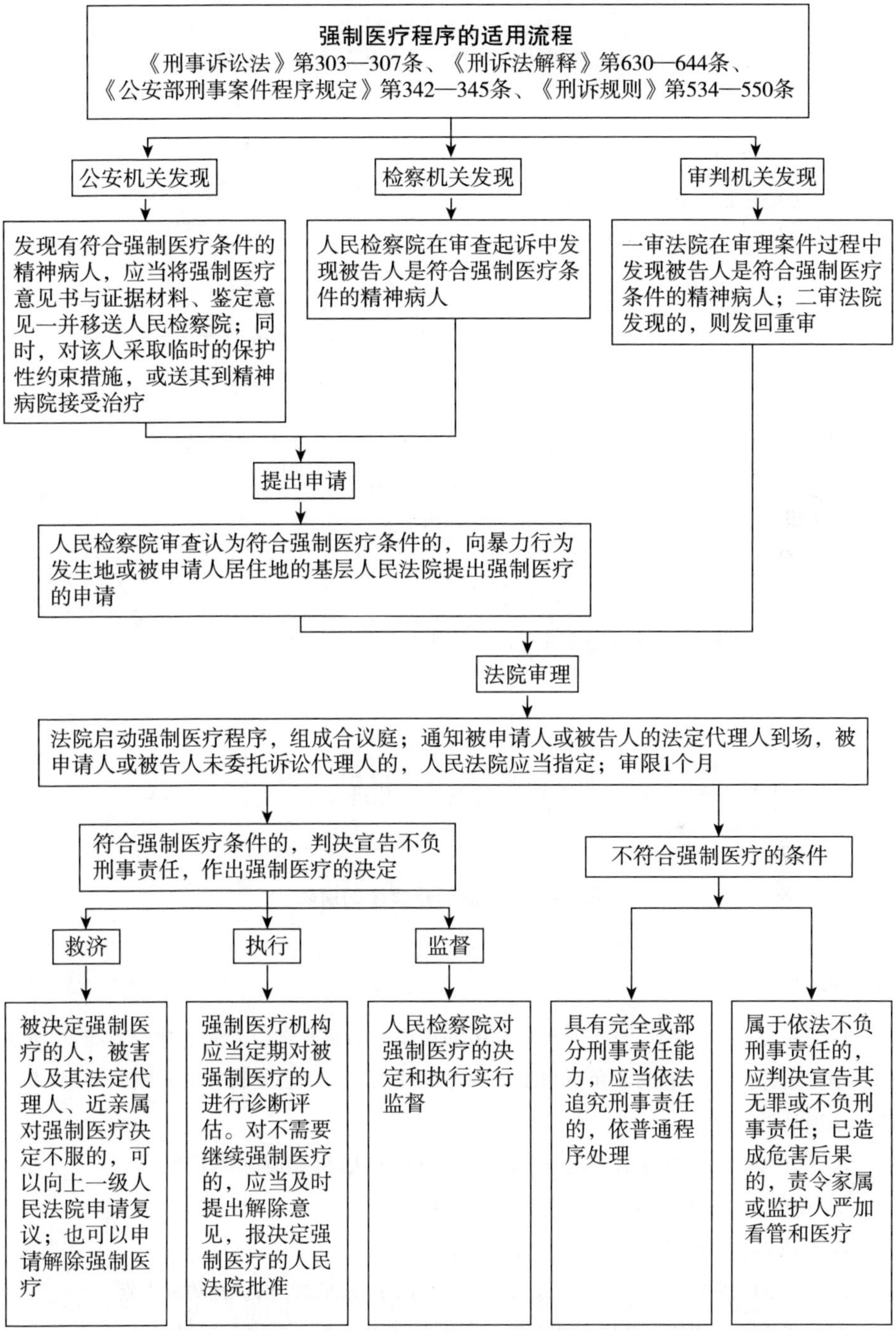

图 21.2　强制医疗程序的适用流程

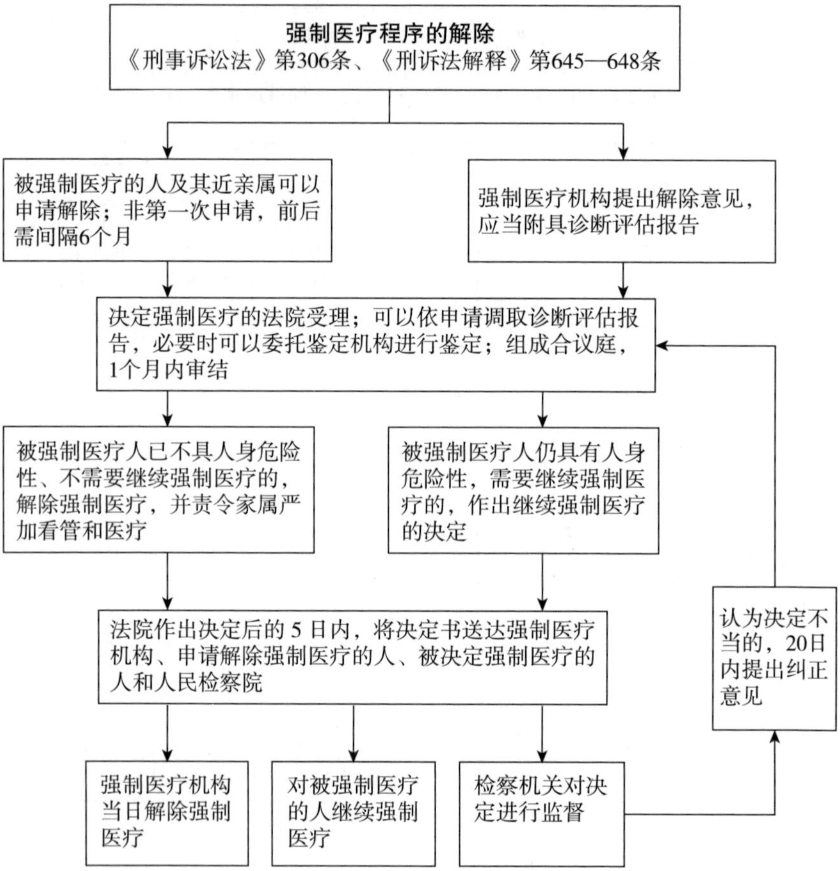

图 21.3　强制医疗程序的解除

课后习题

1. 公安机关在案件侦查中，发现打砸多辆机动车的犯罪嫌疑人何某神情呆滞、精神恍惚。经鉴定，何某属于依法不负刑事责任的精神病人。关于公安机关对此案的处理，下列哪一选项是正确的？（　　）

A. 写出强制医疗意见书，移送人民检察院向人民法院提出强制医疗申请

B. 撤销案件，将何某交付其亲属并要求其积极治疗

C. 移送强制医疗机构对何某进行诊断评估

D. 何某的亲属没有能力承担监护责任的，可以采取临时的保护性约束措施

2. 犯罪嫌疑人刘某涉嫌故意杀人被公安机关立案侦查。在侦查过程中，侦查人员发现刘某行为异常。经鉴定，刘某属于依法不负刑事责任的精神病人，需要对其实施强制医疗。

法院审理刘某强制医疗一案，下列哪些做法不符合法律规定？（　　）

A. 由审判员和人民陪审员共 3 人组成合议庭

B. 鉴于刘某自愿放弃委托诉讼代理人，法院只通知了刘某的法定代理人到场

C. 法院认为刘某符合强制医疗的条件，依法对刘某作出强制医疗的裁定

D. 本案受害人不服法院对刘某强制医疗裁定，可申请检察院依法提起抗诉

第二十二章　刑事缺席审判程序

学习要点

本章对刑事缺席审判程序有关问题做了系统的阐述。学习本章内容应把握以下要点:(1)刑事缺席审判程序的概念、类型和意义;(2)刑事缺席审判程序的适用和救济。

案例一

案情简介

2022年1月17日,河南省郑州市中级人民法院公开宣判“百名红通”人员河南省漯河市委原书记、豫港(集团)有限公司原董事长程某某贪污一案,对被告人程某某以贪污罪判处有期徒刑12年,并处罚金人民币50万元;追缴程某某贪污犯罪所得依法予以返还。

法院经审理查明,2000年12月7日至15日,被告人程某某利用担任豫港(集团)有限公司董事长的职务便利,以在新西兰设立分公司为由,先后三次指使财务人员将公款转入其名下支票账户及其在新西兰开设的个人账户,非法占有公款港元、新西兰元、美元折合人民币共计308.88万余元。程某某于2001年2月7日逃往境外。

本案是我国适用刑事缺席审判程序审理的第一起外逃被告人贪污案。程某某在境外,其近亲属代为委托两名辩护人为其出庭辩护。河南省郑州市中级人民法院在审理过程中依法充分保障了缺席被告人程某某的各项诉讼权利。

河南省郑州市中级人民法院认为,被告人程某某的行为构成贪污罪,数额特别巨大,应依法惩处。程某某逃匿境外逾20年,拒不到案接受审判,拒不退缴赃款,应予从重处罚。法院遂作出上述缺席判决。该案一审宣判后,法定上诉期内,被告人及其近亲属、辩护人均未上诉,目前判决已经发生法律效力。[1]

思考问题

结合本案谈谈你对“刑事缺席审判程序”的认识。

参考意见

刑事缺席审判程序,是指法院在被告人不出庭的情况下,对案件进行审理和判决的程序。刑事缺席审判程序,是落实党中央关于反腐败和国际追逃追赃工作以及相关法律制度建设的要求。我国《刑事诉讼法》第 291 条至第 297 条规定了缺席审判具体程序,缺席审判程序的特点包括:(1)案件范围特定化。只适用于特定的刑事案件,范围由法律直接规定,其他案件类型排除适用。(2)适用条件严格化。具有严格的适用条件,必须达到犯罪事实已经查清,证据确实、充分,依法应当追究刑事责任的标准,检察院才可以向法院提起公诉。(3)权利保障规范化。缺席审判程序是被告人未列席法庭审判,因此在诉讼权利保障和司法救济方面给予被告人特殊的程序保护。(4)诉讼程序特殊化。在文书送达、委托辩护和法律援助、特殊的上诉权、归案后提出异议及重新审判的权利等方面体现特殊性。

本案中,法院依法将传票和起诉书副本送达潜逃境外的程某某本人,以知情权、辩护权为核心保障程某某及其近亲属的合法权利。传票和起诉书副本送达后,被告人程某某未按要求到案,放弃参加庭审的权利;其近亲属代为委托的辩护人参加了庭审。庭审程序维持了“控、辩、审”的诉讼结构,法院依法组成合议庭进行审理,有利于查清案件真相、保障被告人的权利利益。本案的被告人或者近亲属放弃了《刑事诉讼法》第 294 条规定的上诉权,该案判决已经确定、具有了法律效力。

办理过程中从启动案件、介入调查、审查把关、出庭公诉各个环节严格把关,以求极致的标准高质量完成各项工作,并在工作中形成了办理此类案件的经验,严格把握证据要求和提起公诉的法律标准。针对程某某不在案的具体情况,全面梳理证据情况,针对涉案款项公款性质、转款记录、数额认定、赃款去向、证据形式、案件管辖等方面提出相关意见。综合运用各类证据,搭建出要素完备、指向明晰、层次

---

〔1〕 案例来源:河南省郑州市中级人民法院刑事判决书,(2021)豫 01 刑缺初 1 号。

清楚、逻辑严谨的控方证据体系,为出庭指控奠定扎实根基。[1]

该案与其他贪污贿赂案件比较,对程某某的指控只有确凿的三笔贪污款项,没有其他贪污贿赂的事实情节,办案机关坚守了刑事法治原则和证明标准。在缺席审判程序中,应特别注意的是,只有犯罪事实达到法定证明标准的才能提起公诉和审理,一些达不到法定标准的案件不符合刑事缺席审判的要求,从而最大化实现对被追诉人诉讼权利的保护。

案例二

案情简介

2022年5月27日下午,安徽省无为市人民法院缺席宣判一起强制猥亵案,以强制猥亵罪判处被告人曾某某有期徒刑10个月,宣告缓刑1年。该案系新修改刑事诉讼法建立刑事缺席审判制度以来,芜湖首例因被告人患有严重疾病无法出庭而进行缺席审判的刑事案件。

2020年12月9日,被告人曾某某步行至邻村被害人家中,对因病卧床的被害人实施猥亵行为,被害人受惊后大声疾呼,周围邻居发现后到达案发现场,被告人曾某某随后离开现场。当日,公安机关在家中将被告人曾某某抓获归案。

经鉴定,被告人曾某某患阿尔采末氏病性痴呆,案发时具有限制刑事责任能力。2021年10月,被告人曾某某左股骨颈骨折,长期卧床,无法正常活动。

因被告人曾某某行动受限且双耳失聪,安徽省无为市人民法院于2021年11月18日裁定中止审理,后经被告人曾某某近亲属申请,2022年5月20日裁定恢复审理。因被告人曾某某仍无法出庭,2022年5月25日,安徽省无为市人民法院在被告人不出庭的情况下进行缺席审理。根据被告人曾某某犯罪的事实、性质、情节及对于社会的危害程度,遂依法作出上述判决。[2]

---

〔1〕 徐日丹:《最高检详解我国“刑事缺席审判第一案”程三昌案的检察经验》,载正义网2022年2月14日,https://www.spp.gov.cn/spp/zdgz/202202/t20220214_544476.shtml。

〔2〕 案例来源:安徽省无为市人民法院审管办(研究室):《芜湖首例!无为法院宣判一起刑事被告人缺席审判案件》,载无为市人民法院网2022年5月23日,http://wwx.wuhucourt.gov.cn/DocHtml/162/22/05/00143573.html。

案例三

2019年4月14日16时许，被告人宋某叶将正在其家附近玩耍的本村女童李某2(殁年3岁)抱至其家，使用自家菜刀在东配房内将李某2杀死，将被害人的头颅装入一纸袋放在院中一写字台内，将被害人的身体装入一尼龙袋放在东配房床铺下。后经被害人亲属紧急寻找，找到被害人的尸体并报案，公安机关到达现场后将被告人抓获。经法医鉴定，被害人李某2系颈部完全离断死亡；经××司法鉴定机构鉴定，被告人宋某叶患有精神分裂症，案发时为限制刑事责任能力人，且无受审能力。法院认为，被告人宋某叶将被害幼童抱至自己家中使用菜刀杀死并尸首分离，非法剥夺他人生命，其行为已构成故意杀人罪。本案虽为缺席审理，但公诉机关指控被告人的犯罪事实清楚，证据确实、充分，罪名成立。判被告人宋某叶犯故意杀人罪，判处无期徒刑，剥夺政治权利终身。[1]

思考问题

结合案例二和案例三谈谈你对“刑事缺席审判程序”的认识。

参考意见

《刑事诉讼法》第296条规定：“因被告人患有严重疾病无法出庭，中止审理超过六个月，被告人仍无法出庭，被告人及其法定代理人、近亲属申请或者同意恢复审理的，人民法院可以在被告人不出庭的情况下缺席审理，依法作出判决。”这是关于因被告人患有严重疾病无法出庭，中止审理的案件，在符合一定条件时可以缺席审判的规定。

案例二中，被告人曾某某因骨折长期卧床，行动受限且双耳失聪，法院裁定中止审理超过6个月以后，经被告人曾某某近亲属申请，法院裁定恢复审理。因被告人仍无法出庭，法院对被告人进行缺席审判。

案例三中，被告人宋某叶的鉴定意见认为，宋某叶案发时及目前均为精神分裂症，案发时具有限制刑事责任能力，目前无受审能力。这种情形也属于因患严重疾病无法出庭，如果中止审理超过6个月，被告人及其法定代理人、近亲属申请或者

[1] 河北雄安新区人民法院刑事判决书，(2020)冀××号刑初5号。

同意恢复审理的,法院可以在被告人不出庭的情况下审理,依法作出判决。

需要注意的是,这种情形的缺席审判是一种非典型的缺席审判制度,与《刑事诉讼法》第 291 条至第 295 条规定的缺席审判存在较大的区别,这种情形的缺席审判是被告人因为身体原因造成客观上无法出庭。此类案件的缺席审判与《刑事诉讼法》第 291 条规定的缺席审判有很大的不同,具体来说有如下区别:(1)第 291 条规定的缺席审判情形针对的是特定案件,且嫌疑人或被告人在境外、不在司法机关的掌控之下;而第 296 条规定的缺席审判情形,没有限定案件类型,且被告人是在案的,在司法机关的掌控之中。(2)第 291 条规定的缺席审判程序的启动是司法机关的依法主动决定,无须征求嫌疑人、被告人的意见;而第 296 条规定的缺席审判情形,需要经过被告人及其法定代理人、近亲属申请或者同意。(3)第 296 条规定的缺席审判实际上可视为被告人的一种程序选择权,在"因被告人患有严重疾病无法出庭,中止审理超过六个月,被告人仍无法出庭"的情形,被告人可以选择缺席审判程序,尽快对案件进行法律的裁判,也可以继续保持中止审理状态;第 291 条规定的缺席审判情形嫌疑人或者被告人是没有如此选择权的。[1]

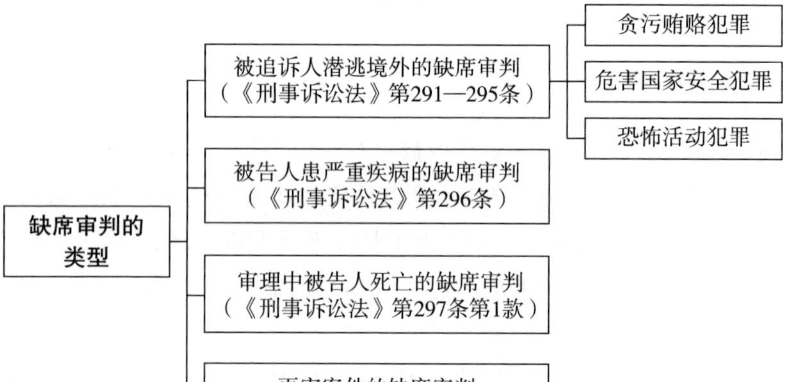

图 22.1　缺席审判的类型

---

〔1〕 参见李寿伟主编:《中华人民共和国刑事诉讼法解读》,中国法制出版社 2018 年版,第 739 页。

课后习题

1. 被告人王某在境外，没有参加国内某中级人民法院的审判，缺席审判结束交付执行刑罚前，人民法院应当告知王某有权对判决、裁定提出异议。此时，王某提出异议的，人民法院下列哪一选项的做法是正确的？（　　）

A. 可以重新审判

B. 应当重新审判

C. 应当将案件退回检察院

D. 应当立即执行，并告知罪犯

2. 某甲犯领导恐怖活动组织罪，现已潜逃境外，如果对他进行缺席审判，应满足的条件是（　　）。

A. 公安机关已查清案件事实并侦查终结

B. 人民检察院认为确有犯罪事实

C. 最高人民法院对案件已核准

D. 人民法院认为起诉书中的指控符合适用缺席审判的条件

3. 人民法院缺席审判李某涉嫌贪污贿赂犯罪案件，被告人李某及其近亲属均没有委托辩护人的，法院如何处理？（　　）

A. 人民法院应当将案件退回人民检察院

B. 人民法院应当通知值班律师出庭

C. 人民法院应当通知法律援助机构指派律师为其辩护

D. 人民法院应当告知被告人及其近亲属委托律师出庭为其辩护

附　　则

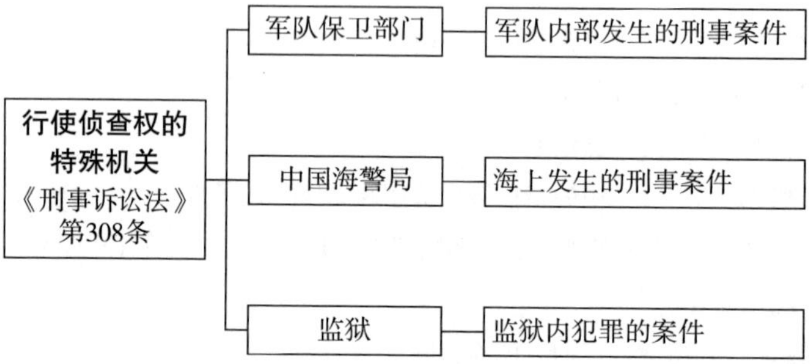

图附　行使侦查权的特殊机关

参考答案及解析

第一章　刑事诉讼法学概论

1.【正确答案】 C

【答案解析】 刑事诉讼构造集中体现为控辩审三方在刑事诉讼中的地位及相互间的法律关系。立法者总是基于实现一定刑事诉讼目的的需要,设计适合于该目的实现的诉讼构造。而刑事诉讼目的的提出与实现,也必须以刑事诉讼构造本身所具有的功能为前提。一个国家特定时期的刑事诉讼目的与构造具有内在的一致性,二者都受当时占主导地位的关于刑事诉讼的法律价值观的深刻影响。可见,刑事诉讼构造是由刑事诉讼目的决定的,而非刑事诉讼价值决定。

大陆法系国家采职权主义,英美法系国家采当事人主义。混合式诉讼构造是在职权主义背景下大量吸收当事人主义因素,从而形成了以当事人主义为主,以职权主义为补充的混合式诉讼构造。可见,混合式诉讼构造是职权主义吸收当事人主义因素形成的。

职权主义诉讼将诉讼的主动权委于国家专门机关,适用于实体真实的诉讼目的。

当事人主义诉讼将开始和推动诉讼的主动权委于当事人,控辩双方当事人在诉讼中居于主导地位,适用于程序上保障人权的诉讼目的。当事人主义诉讼构造并不反对控制犯罪,只是更加注重保障人权,所以会在一定程度上抑制控制犯罪功能的发挥。

因此,本题的正确答案为C。

2.【答案解析】 狭义的刑事诉讼法指国家立法机关制定的成文的刑事诉讼法法典;广义的刑事诉讼法指一切与刑事诉讼有关的法律规范,即刑事诉讼法的各类法律渊源,在我国的法律体系中表现为《宪法》、《刑事诉讼法》及其关联性法律规范、立法解释与法律解释、国际公约、国际条约与国际准则。

第二章　刑事诉讼理论基本范畴

1.【正确答案】 D

【答案解析】 为了实现惩罚犯罪,保护人民,保障国家安全和社会公共安全,维护社会主义社会秩序这一立法目的。在刑事诉讼中应当坚持打击犯罪与保护人权的统一,认真保障当事人和其他诉讼参与人,特别是犯罪嫌疑人、被告人和被害人的诉讼权利,严禁刑讯逼供和以其他非法手段取证。司法机关依法独立行使职权,保障诉讼程序的公开和透明,按法定期限办案、结案。

在刑事诉讼中效率和公正是一对矛盾。如果没有公正,效率就失去它应有的价值。当公正与效率发生冲突时,应当坚持公正放在首位,效率次之。在刑事司法中,应当在保证司法公正的前提下追求效率,不能草率办案,损害实体公正和程序公正。如果片面追求效率而违背诉讼规律,则违背了刑事诉讼法的立法目的。

第三章　刑事诉讼的基本原则

1.【正确答案】 A

【答案解析】 尊重和保障人权,保护公民的人身权利、财产权利、民主权利和其他权利,保障社会主义建设事业的顺利进行,这是刑诉讼法的任务之一,A 项正确。刑事诉讼法中尊重和保障人权的核心是尊重和保障犯罪嫌疑人、被告人的人权,但是并非犯罪嫌疑人、被告人权利至上,也并未体现实体公正与程序公正并重的理念,以及公正优先、兼顾效率的理念,故 B、C、D 项错误。

2.【正确答案】 BCD

【答案解析】 本题综合考查刑事诉讼法的多项基本原则。A 项,在我国,检察院是国家的法律监督机关,检察院的监督权跨越立案、侦查、起诉、审判、执行各诉讼阶段。因此,检察院对于重大、复杂案件,提前介入侦查活动进行监督,是检察院行使法律监督权的体现。检察院介入侦查工作并非代替公安机关进行侦查,只是监督侦查工作,不会对公安机关的侦查权造成侵犯。A 项错误。B 项,公、检、法三机关进行刑事诉讼,应当分工负责,互相配合,互相制约,以保证准确有效地执行法律。这一原则调整公安机关在侦查活动中,检察院在审查批捕、审查起诉活动中,法院在审判活动中的相互关系。本题中,检察院提前介入侦查,体现了检察院对公安机关的分工负责和相互制约,B 项正确。C 项,检察院依法对刑事诉讼实行法律监督。检察院是国家的法律监督机关,在刑事诉讼活动中有权对公安机关的立案侦查活动进行监督,提前介入侦查工作属于检察院监督工作的应有之义。C

项正确。D 项,在我国,严格遵守法律程序原则要求,人民法院、人民检察院和公安机关在进行刑事诉讼活动时,必须严格遵守《刑事诉讼法》和其他有关法律的规定,不得违反法律规定的程序和规则,更不得侵犯诉讼参与人的合法权益。本题中检察院提前介入侦查,对公安机关的侦查工作进行监督和制约,有利于公安机关严格遵守法律程序,有利于保障犯罪嫌疑人的诉讼权利,D 项正确。综上所述,本题正确答案为 BCD。

第四章　刑事诉讼的基本制度

1.【正确答案】 A

【答案解析】 本题考核辩护人相关知识点。《刑诉法解释》第 43 条第 2 款规定,一名辩护人不得为两名以上的同案被告人,或者未同案处理但犯罪事实存在关联的被告人辩护。本案中,鲁某与洪某属于同案的两名犯罪嫌疑人,沈律师已经担任了鲁某的辩护人,则不得再担任洪某的辩护人。

2.【正确答案】 B

【答案解析】 《刑事诉讼法》第 31 条规定:“审判人员、检察人员、侦查人员的回避,应当由院长、检察长、公安机关负责人决定;院长的回避,由本院审判委员会决定;检察长和公安机关负责人的回避,由同级人民检察院检察委员会决定。”《刑诉法解释》第 38 条规定,法官助理、书记员、翻译人员和鉴定人适用审判人员回避的有关规定,其回避问题由院长决定。法医属鉴定人,因此由法院院长决定回避。

3.【正确答案】 A

【答案解析】 本题考核有关管辖制度的知识点。根据《刑事诉讼法》第 21 条的规定,中级人民法院管辖下列第一审刑事案件:(1)危害国家安全、恐怖活动案件;(2)可能判处无期徒刑、死刑的案件。另外,根据《刑法》的规定,私藏枪支、弹药罪和妨碍公务罪都不属于可能判处无期徒刑以上刑罚的案件。因此,本案全案由犯罪地的基层人民法院审判。

第五章　刑事诉讼证据

1.【正确答案】 A

【答案解析】 根据证据与案件主要事实的证明关系,可以将证据分为直接证据和间接证据。其中,直接证据是能够直接证明案件主要事实的证据,间接证据是不能直接证明需要和其他证据一起证明案件主要事实的证据。题目中,水果刀属于实物证据,无法单独和直接证明冯某持刀行凶,其属于间接证据;证人王某提供的证言属于言词证据,但是其只能证明冯某和被害人之间的经营纠纷,不能证明冯某行凶过程,其属于间接证据;麻将馆老板唐某作为目击证人,其目睹了行凶经过,其提供的关于案发现场争执过程的证言和冯某行凶相关,其属于直接证据;牟某死亡原因的法医报告从专业的角度证明了牟某的死亡原因,如果要证明牟某死亡结果和冯某行凶行为之间的因果关系还需要其他证据共同证明,其属于间接证据。

2.【正确答案】 ABC

【答案解析】 《刑诉法解释》第 93 条规定,对被告人供述和辩解应当着重审查的内容包括讯问的时间、地点,讯问人的身份、人数以及讯问方式等是否符合法律、有关规定;疲劳审讯、单人审讯和在规定办案场所外审讯均违反了法律规定,所以需要排除。第 95 条规定,讯问人没有签名的属于瑕疵讯问笔录,经补正或者作出合理解释的,可以采用。

3.【正确答案】 C

【答案解析】 《刑诉法解释》第 93 条规定,讯问未成年被告人时,需要着重审查是否通知其法定代理人或者合适成年人到场,有关人员是否到场。所以,讯问未成年犯罪嫌疑人时,其法定代理人或者合适成年人需要在场。被害人陈述和证人证言同属言词证据,从内容上看,均为知情人提供的情况,所以审查规则基本相同。证人证言作为言词证据,和犯罪嫌疑人、被告人供述相同,如果存在非法取证的情形,需要绝对排除。《刑诉法解释》第 113 条对瑕疵电子数据的审查规则作了明确规定,其中就包括对电子数据的名称、类别、格式等注明不清的情形,对此,如果可以补正或者作出合理解释,可以采用。

第六章　刑事强制措施

1.【正确答案】 C

【答案解析】 在监视居住期间,如果犯罪嫌疑人发生严重情节,例如,指使他人威胁证人作假证,侦查机关可以对其进行逮捕。选项 C 中的行为,是对证人进行威胁和干扰,严重违反了《刑事诉讼法》的规定。这种行为可能会影响证人的真实陈述,进而影响案件的公正审理,因此,侦查机关有权对其进行逮捕。其他选项 A、B 和 D,不构成对侦查工作的妨碍或者干扰,因此,其行为符合法律规定。

2.【正确答案】 D

【答案解析】 根据《刑事诉讼法》第 119 条的规定,对在现场发现的犯罪嫌疑人,经出示工作证件,可以口头传唤,但应当在讯问笔录中注明。传唤、拘传持续的时间不得超过12个小时;案情特别重大、复杂,需要采取拘留、逮捕措施的,传唤、拘传持续的时间不得超过24小时。不得以连续传唤、拘传的形式变相拘禁犯罪嫌疑人。传唤、拘传犯罪嫌疑人,应当保证犯罪嫌疑人的饮食和必要的休息时间。综上规定,D选项是正确的。

3.【正确答案】 D

【答案解析】 《刑事诉讼法》第75条规定,监视居住应当在犯罪嫌疑人、被告人的住处执行;无固定住处的,可以在指定的居所执行。对于涉嫌危害国家安全犯罪、恐怖活动犯罪,在住处执行可能有碍侦查的,经上一级公安机关批准,也可以在指定的居所执行。但是,不得在羁押场所、专门的办案场所执行。因此正确答案为D选项。

第七章 刑事附带民事诉讼

1.【正确答案】 D

【答案解析】 《刑诉法解释》第176条规定:被告人非法占有、处置被害人财产的,应当依法予以追缴或者责令退赔;被害人提起附带民事诉讼的,人民法院不予受理。韩某抢走手机,属于非法占有被害人财产,应当予以追缴或者责令退赔,不能提起附带民事诉讼;A项错误。《刑事诉讼法》第101条规定:被害人由于被告人的犯罪行为而遭受物质损失的,在刑事诉讼过程中,有权提起附带民事诉讼;被害人死亡或者丧失行为能力的,被害人的法定代理人、近亲属有权提起附带民事诉讼。《刑事诉讼法》第108条第6项规定:"近亲属"是指夫、妻、父、母、子、女、同胞兄弟姊妹。祖父母不是刑诉法规定的近亲属;故B项错误。《刑诉法解释》第183条规定:共同犯罪案件,同案犯在逃的,不应列为附带民事诉讼被告人;逃跑的同案犯到案后,被害人或者其法定代理人、近亲属可以对其提起附带民事诉讼,但已经从其他共同犯罪人处获得足额赔偿的除外。故C项错误。《刑诉法解释》185条规定:侦查、审查起诉期间,有权提起附带民事诉讼的人提出赔偿要求,经公安机关、人民检察院调解,当事人双方已经达成协议并全部履行,被害人或者其法定代理人、近亲属又提起附带民事诉讼的,人民法院不予受理,但有证据证明调解违反自愿、合法原则的除外。故D项正确。

2.【正确答案】 C

【答案解析】 《刑诉法解释》第177条规定:国家机关工作人员在行使职权

时，侵犯他人人身、财产权利构成犯罪，被害人或者其法定代理人、近亲属提起附带民事诉讼的，人民法院不予受理，但应当告知其可以依法申请国家赔偿。本案属于国家机关工作人员在行使职权时的人身伤害情形，只能依法申请国家赔偿，故只能选C。

3.【正确答案】　B

【答案解析】　《刑诉法解释》第195条第1款规定：附带民事诉讼原告人经传唤，无正当理由拒不到庭，或者未经法庭许可中途退庭的，应当按撤诉处理。因此，A项错误，B项正确。《刑诉法解释》第195条第2款规定：刑事被告人以外的附带民事诉讼被告人经传唤，无正当理由拒不到庭，或者未经法庭许可中途退庭的，附带民事部分可以缺席判决。王三属于刑事被告人以外的附带民事诉讼被告人，法律没有规定可以采取强制措施；C项错误。李二父母属于刑事被告人以外的附带民事诉讼被告人，未经法庭许可中途退庭，法律规定附带民事部分“可以”缺席判决；D项错误。

第八章　期间和送达

1.【正确答案】　A

【答案解析】　期日是指公安、司法机关和诉讼参与人共同进行诉讼活动的特定时间。审判实务中常见的期日有庭审日、调解日、宣判日、证据交换日等。本题中只有A项属于共同进行活动的一个特定时间，故正确答案为A项。

2.【正确答案】　C

【答案解析】　A项错误：重新计算期限，是指由于发生了法定的情况，原来已进行的期间归于无效，而从新发生情况之时起计算期间。这仅适用于公、检、法的办案期限，不适用于当事人行使诉讼权利的期限的情形。B项错误：上诉状或者其他文件在期满前已经交邮的，不算过期。上诉状或其他文件是否在法定期限内交邮以当地邮局所盖邮戳为准，并非以“递交邮局或投入邮筒内”的时间为准。C项正确：根据《刑事诉讼法》第105条第3款的规定，法定期间不包括路途上的时间，有关诉讼文书材料在公安、司法机关之间传递过程中的时间，也应当在法定期间内予以扣除。D项错误：该项表述的期间若从法定羁押期间内予以扣除，则犯罪嫌疑人、被告人在之后量刑时折抵刑罚的期限便会减少，相比于暂予监外执行的保外就医期间计入服刑期限的规定，这对犯罪嫌疑人、被告人明显不公。综上，正确答案为C项。

3.【正确答案】 ABCD

【答案解析】《刑诉规则》第420条规定,法庭审判过程中遇有下列情形之一的,公诉人可以建议法庭延期审理:(1)发现事实不清、证据不足,或者遗漏罪行、遗漏同案犯罪嫌疑人,需要补充侦查或者补充提供证据的;(2)被告人揭发他人犯罪行为或者提供重要线索,需要补充侦查进行查证的;(3)发现遗漏罪行或者遗漏同案犯罪嫌疑人,虽不需要补充侦查和补充提供证据,但需要补充、追加起诉的;(4)申请人民法院通知证人、鉴定人出庭作证或者有专门知识的人出庭提出意见的;(5)需要调取新的证据,重新鉴定或者勘验的;(6)公诉人出示、宣读开庭前移送人民法院的证据以外的证据,或者补充、追加、变更起诉,需要给予被告人、辩护人必要时间进行辩护准备的;(7)被告人、辩护人向法庭出示公诉人不掌握的与定罪量刑有关的证据,需要调查核实的;(8)公诉人对证据收集的合法性进行证明,需要调查核实的。在人民法院开庭审理前发现具有上述情形之一的,人民检察院可以建议人民法院延期审理。该规则第421条规定,法庭宣布延期审理后,人民检察院应当在补充侦查的期限内提请人民法院恢复法庭审理或者撤回起诉,公诉人在法庭审理过程中建议延期审理的次数不得超过2次,每次不得超过1个月。根据上述规定可知,本题的正确答案是ABCD四项。

4.【正确答案】 ACD

【答案解析】《刑诉法解释》第204条第2款规定:"收件人或者代收人拒绝签收的,送达人可以邀请见证人到场,说明情况,在送达回证上注明拒收的事由和日期,由送达人、见证人签名或者盖章,将诉讼文书留在收件人、代收人的住处或者单位;也可以把诉讼文书留在受送达人的住处,并采用拍照、录像等方式记录送达过程,即视为送达。"故本题答案为ACD三项。

第九章 立案程序

1.【正确答案】 D

【答案解析】《刑事诉讼法》第113条规定,人民检察院认为公安机关对应当立案侦查的案件而不立案侦查的,或者被害人认为公安机关对应当立案侦查的案件而不立案侦查,向人民检察院提出的,人民检察院应当要求公安机关说明不立案的理由,人民检察院认为公安机关不立案理由不能成立的,应当通知公安机关立案,公安机关接到通知后应当立案。故正确答案为D项。

2.【正确答案】 B

【答案解析】 报案,往往不知道犯罪嫌疑人为何人。举报,除了能够提供犯罪事实以外,通常还能提供谁是犯罪嫌疑人以及犯罪嫌疑人的有关情况,并且举报的事实及证据材料也比较详细。控告,特指被害人就其人身、财产权益遭受侵害向司法机关告发。扭送,虽然具有强制性,但不是司法机关为主体,不是强制措施。故正确答案为 B 项。

第十章 侦查程序

1.【正确答案】 A

【答案解析】 《刑事诉讼法》第 149 条规定,对犯罪嫌疑人作精神病鉴定的期间不计入办案期限。其他的鉴定时间都需要计入办案期限。因此,A 选项正确。

2.【正确答案】 C

【答案解析】 《刑事诉讼法》第 175 条规定,对于补充侦查的案件,应当在一个月以内补充侦完毕。补充侦查以二次为限。补充侦查完毕移送人民检察院后,人民检察院重新计算审查起诉期限。《刑诉规则》第 350 条规定,对于在审查起诉期间改变管辖的案件,改变后的人民检察院对于符合《刑事诉讼法》第 175 条第 2 款规定的案件,可以经原受理案件的人民检察院协助,直接退回原侦查案件的公安机关补充侦查,也可以自行侦查。改变管辖前后退回补充侦查的次数总共不得超过二次。因此表述错误的选项为 C。

3.【正确答案】 C

【答案解析】 《刑事诉讼法》第 141 条规定,在侦查活动中发现的可用以证明犯罪嫌疑人有罪或者无罪的各种财物、文件,应当查封、扣押;与案件无关的财物、文件,不得查封、扣押。第 144 条规定,人民检察院、公安机关根据侦查犯罪的需要,可以依照规定查询、冻结犯罪嫌疑人的存款、汇款、债券、股票、基金份额等财产。有关单位和个人应当配合。第 145 条规定,对查封、扣押的财物、文件、邮件、电报,经查明确实与案件无关的,应当在三日以内解除查封、扣押。对于被告人死亡的,应当按照犯罪嫌疑人、被告人逃匿、死亡案件违法所得的没收程序处理,检察院无权直接处置。因此正确答案为 C 项。

第十一章 起诉程序

1.【正确答案】 CD

【答案解析】 起诉或者不起诉有具体的法定标准和程序予以规范,人民检察院应当依法作出决定,其不得超越法律规定执行。认罪认罚是犯罪嫌疑人的权利,自愿性是其重要特征,这样才能发挥认罪认罚的诉讼功效,同时避免冤错案件发生。犯罪嫌疑人认罪认罚之后,如果其反悔,人民检察院和人民法院应当调查了解情况,明确是否存在强迫等情形。法院享有独立的审判权,在犯罪嫌疑人认罪认罚的案件中,检察院提出的量刑建议对于审判而言仅具有参考价值。

2.【正确答案】 ACD

【答案解析】 犯罪情节轻微,依法不需要判处刑罚或者免除刑罚和犯罪嫌疑人、被告人死亡均是不予追究刑事责任的法定事由,所以,人民检察院可以作出不起诉决定。《刑事诉讼法》第 175 条规定,对于二次补充侦查的案件,人民检察院仍然认为证据不足,不符合起诉条件的,应当作出不起诉的决定。《刑事诉讼法》第 182 条规定,犯罪嫌疑人自愿如实供述涉嫌犯罪的事实,有重大立功或者案件涉及国家重大利益的,经最高人民检察院核准,公安机关可以撤销案件,人民检察院可以作出不起诉决定,也可以对涉嫌数罪中的一项或者多项不起诉。由此来看,对于犯罪嫌疑人认罪而不予起诉的要求比较高,同时有相关限制,并不是只要犯罪嫌疑人认罪认罚,人民检察院就不予起诉。

第十二章　审判程序概述

1.【正确答案】 ABD

【答案解析】 A 项错误。涉及商业秘密的案件并非绝对不公开审判,而是要在当事人申请不公开审理的情况下,才可以不公开审理。本案中,被告人盗窃 A 公司的设备图纸,属于涉及商业秘密的案件,但只有在 A 公司申请不公开审理的情形下,才由法院根据案件具体情况最终决定是否公开审理。

B 项错误。本案中,丙为司法局工作人员,属于《人民陪审员法》第 6 条规定的不能担任人民陪审员的人员,不符合人民陪审员的选任条件。丁的年龄在 28 周岁以上,且达到了高中学历,符合人民陪审员的选任条件。

C 项正确。辩论原则是指刑事审判中,控方和辩方应当公开以口头方式进行充分的、对立的辩论。未经控辩双方充分辩论,法院不能作出裁决。因此,合议庭限制辩护律师充分发表意见的时间有违辩论原则,不利于充分保障被告人的合法权益。

D 项错误。上诉不加刑原则是指第二审人民法院在审理仅由被告人一方提出的上诉案件时,不得加重被告人刑罚。但本案中,被告人乙上诉的同时,人民检察院也提起了抗诉,不受上诉不加刑原则的限制。

2.【正确答案】 BCD

【答案解析】 A项错误。集中审理原则又称不间断审理原则,指法院对刑事案件进行审判时,原则上应连续而无间断地进行。我国刑事诉讼法未明确规定集中审理原则。我国《刑事诉讼法》第196条法庭审理过程中,合议庭对证据有疑问的,可以宣布休庭,对证据进行调查核实。

B项正确。根据《刑诉法解释》第216条的规定,高级人民法院、中级人民法院拟判处死刑立即执行的案件,以及中级人民法院拟判处死刑缓期执行的案件,合议庭应当提请院长决定提交审判委员会讨论决定。本案合议庭拟判处死刑,应当提请院长决定提交审判委员会讨论决定。

C项正确。《刑事诉讼法》第183条规定,人民法院审判上诉和抗诉案件,由审判员三人或者五人组成合议庭进行。因此本案二审合议庭组成方式错误。

D项正确。两审终审制是指案件最多经过两级人民法院的审判便告终结,但这一规定有两种特殊例外:第一,最高人民法院按照第一审程序审理的案件为一审终审;第二,判处死刑或法定刑以下刑罚的案件,必须经最高人民法院或高级人民法院核准后方能发生法律效力。本案中,一审和二审法院均判处甲死刑立即执行,根据《刑事诉讼法》第247条的规定,必须报最高人民法院核准后才发生法律效力,属于两审终审制的例外情形。

第十三章　第一审程序

1.【正确答案】 (1)证人乙无法定的特殊情况,应当出庭作证,否则该证人证言不得作为定案的根据。《刑事诉讼法》第62条规定:"凡是知道案件情况的人,都有作证的义务。"《刑诉法解释》第91条规定:"证人当庭作出的证言,经控辩双方质证、法庭查证属实的,应当作为定案的根据。……经人民法院通知,证人没有正当理由拒绝出庭或者出庭后拒绝作证,法庭对其证言的真实性无法确认的,该证人证言不得作为定案的根据。"《刑事诉讼法》第192条第1款规定:"公诉人、当事人或者辩护人、诉讼代理人对证人证言有异议,且该证人证言对案件定罪量刑有重大影响,人民法院认为证人有必要出庭作证的,证人应当出庭作证。"在本案中,证人乙的证词无疑对此案的定罪量刑具有重大意义,且被告人甲对证人乙证言的可信度质疑,法院应该通知乙到庭接受质证。根据《刑事诉讼法》第193条的规定,经人民法院通知,证人没有正当理由不出庭作证的,人民法院可以强制其到庭。即若证人乙无特殊情况拒不到庭，法院可以强制乙到庭作证。

（2）丙不到庭符合法律规定。我国《刑事诉讼法》第193条第1款明文规定："证人没有正当理由不出庭作证，法院可强制其出庭作证，但被告人的配偶、父母、子女除外。"根据本案案情来看，证人丙虽然是整个案件的关键证人，但她作为被告人的配偶，明确表示拒绝出庭作证，法庭当然不能强制其到庭。因此，公诉人当庭宣读和播放了她的书面证言以及视频资料，是符合法律规定的。

2.【正确答案】　（1）本案不适用简易程序审理。《刑事诉讼法》第214条规定："基层人民法院管辖的案件，符合下列条件的，可以适用简易程序审判：（一）案件事实清楚、证据充分的；（二）被告人承认自己所犯罪行，对指控的犯罪事实没有异议的；（三）被告人对适用简易程序没有异议的。"本案中，被告人甲否认自己有罪，对检察机关指控的犯罪事实予以否认，因此，本案不应适用简易程序审理。

（2）简易程序案件也能组织合议庭进行审理。《刑事诉讼法》第216条规定："适用简易程序审理案件，对可能判处三年有期徒刑以下刑罚的，可以组成合议庭进行审判，也可以由审判员一人独任审判；对可能判处的有期徒刑超过三年的，应当组成合议庭进行审判。"根据该条，对于采用简易程序的案件，法律规定仍然可以组成合议庭进行审理。这主要是考虑到适用简易程序的个别案件事实、证据会难以认定，合议庭能够在这些方面发挥更大的作用。因此，法律没有强求在简易程序中一律由审判员一人独任审判。

（3）有。法庭没有准许被告人甲在判决宣告前进行最后陈述是错误的。根据《刑事诉讼法》第219条的规定，适用简易程序审理案件在判决宣告前，仍然应当听取被告人的最后陈述意见。何况本案并不适用简易程序审理，被告人最后陈述的权利是不能被任意剥夺的。

第十四章　第二审程序

1.【正确答案】　本案涉及两个问题。（1）林律师应以谁的名义提起上诉。这涉及谁享有独立上诉权的问题。根据我国《刑事诉讼法》第227条的规定，享有独立上诉权的主体是被告人、自诉人、附带民事诉讼的当事人和他们的法定代理人。被告人的辩护人和近亲属是非独立上诉主体。所谓非独立上诉主体，是指附条件才能上诉的主体。即要经过被告人同意才能提起上诉。因此，在本案中，林律师在征得张某同意提起上诉的做法是符合法律规定的。因律师没有独立的上诉权，在这种情况下，林律师只能以被告人张某的名义提起上诉，即代行上诉权。

(2)二审法院在审理本案时,应当裁定撤销原判,发回原审法院重新审判。根据我国《刑事诉讼法》第 39 条、第 40 条的规定,辩护律师可以同在押的犯罪嫌疑人、被告人会见和通信,辩护律师会见犯罪嫌疑人、被告人时不被监听;辩护律师自人民检察院对案件审查起诉之日起,可以查阅、摘抄、复制本案的案卷材料。本案中,法院以涉及个人隐私为由不让林律师查阅案件材料,是剥夺了律师的查阅案件材料的权利。同时,在律师会见在押被告人时,法警在场也是违反法律规定的。因此,鉴于原审法院在审理过程中,限制和剥夺辩护律师的诉讼权利,实际上是剥夺和限制了当事人的辩护权,严重违反了诉讼程序。根据我国《刑事诉讼法》第 238 条的规定,二审法院应当撤销原判,发回重审。

2.【正确答案】 (1)不符合法律规定。《刑事诉讼法》第 237 条第 1 款规定:"第二审人民法院审理被告人或者他的法定代理人、辩护人、近亲属上诉的案件,不得加重被告人的刑罚。"本案中只有被告人甲提起上诉,应当适用"上诉不加刑"原则,因此二审法院的判决不符合法律规定。

根据《刑事诉讼法》第 237 条第 2 款的规定,如果检察机关同时也提起了抗诉,二审法院的审理则不适用上诉不加刑原则。

(2)由于本案只有被告人提出上诉,二审法院不能够加重被告人所受的刑罚。又根据相关的司法解释,对事实清楚、证据确实充分,但判处的刑罚畸轻,或者应当适用附加刑而没有适用的案件,不得撤销第一审判决,直接加重被告人的刑罚或者适用附加刑,也不得以事实不清或者证据不足发回第一审人民法院重新审理。因此,如果必须对于一审判决改判的,应当在第二审作出维持原判决的裁定后,按照审判监督程序重新审判。

(3)根据《刑事诉讼法》的规定,被告人上诉的途径有两个。一是向原审人民法院提出,二是向第二审人民法院提出。

如果被告人通过原审人民法院提出上诉的,原审人民法院应当在 3 日内将上诉状连同案卷、证据移送上一级人民法院,同时将上诉状副本送交同级人民检察院和其他当事人。

如果被告人直接向第二审人民法院提起上诉的,第二审人民法院应当在 3 日内将上诉状交原审人民法院送交同级人民检察院以及其他当事人。

3.【正确答案】 略

第十五章　死刑复核程序

1.【答案解析】 根据《刑诉法解释》第 428 条的有关规定,复核死刑缓期执行案件,原判认定事实正确,但适用法律有错误,或者量刑过重的,应当改判,但不得加重被告人的刑罚。本案在没有上诉、抗诉的情况下,高级法院直接从死刑缓期执行改判为死刑立即执行,是加重被告人的刑罚,做法错误。

2.【正确答案】 BCD

【答案解析】 A 项没有在案件中体现,不选。《刑事诉讼法》第 247 条规定,中级人民法院判处死刑的第一审案件,被告人不上诉的,应当由高级人民法院复核后,报请最高人民法院核准。

B 项是案件中的错误,应选。《刑事诉讼法》第 251 条规定,最高人民法院复核死刑案件,应当讯问被告人。

C 项是案件中的错误,应选。《刑事诉讼法》第 230 条规定,不服判决的上诉和抗诉的期限为 10 日,不服裁定的上诉和抗诉的期限为 5 日,从接到判决书、裁定书的第 2 日起算。《刑诉法解释》第 423 条规定,中级人民法院判处死刑的第一审案件,被告人未上诉、人民检察院未抗诉的,在上诉、抗诉期满后 10 日以内报请高级人民法院复核。本案并没有明确 10 月 11 日送达,也即该中级人民法院应在 20 日内报请复核,11 月 3 日应该超过了法定期限。

D 项是案件中的错误,应选。《刑诉法解释》第 429 条规定,原判认定的某一具体事实或者引用的法律条款等存在瑕疵,但判处被告人死刑并无不当的,可以在纠正后作出核准的判决、裁定;原审违反法定诉讼程序,可能影响公正审判的,应当裁定不予核准。本案中,最高人民法院只是存在程序瑕疵,纠正后予以核准更为合适。

3.【正确答案】 BD。

【答案解析】 A 项错误,不选。《刑诉法解释》第 434 条规定,死刑复核期间,辩护律师要求当面反映意见的,最高人民法院有关合议庭应当在办公场所听取其意见,并制作笔录;辩护律师提出书面意见的,应当附卷。对复核开庭问题,没有权利提出,当前复核也不以开庭形式进行。

B 项正确,应选。《刑诉法解释》第 436 条规定,最高人民法院应当根据有关规定向最高人民检察院通报死刑案件复核结果。

C 项错误,不选。我国刑事诉讼法只规定了被告人及其辩护律师、检察机关参与复核程序的权利,被害人近亲属及其代理人无权参与复核程序。

D 项正确,应选。《刑诉法解释》第 429 条规定了一种情形下最高人民法院可以改判,即"原判认定事实正确、证据充分,但依法不应当判处死刑的,应当裁定不予核准,并撤销原判,发回重新审判;根据案件情况,必要时,也可以依法改判。"

第十六章 审判监督程序

1.【正确答案】 AD

【答案解析】 A 项正确。根据《刑事诉讼法》第 252 条的规定,不同于民事诉讼的申诉,刑事申诉没有时间限制。

B 项错误。根据《刑诉法解释》第 451 条的规定,申诉可以委托律师代为进行,但律师参与并非必需的。

C 项错误。根据《刑诉法解释》第 453 条的规定,申诉由终审人民法院审查处理。但是,第二审人民法院裁定准许撤回上诉的案件,申诉人对第一审判决提出申诉的,可以由第一审人民法院审查处理。

D 项正确。根据《刑事诉讼法》第 257 条的规定,人民法院按照审判监督程序审判的案件,可以决定中止原判决、裁定的执行。

2.【正确答案】 BC

【答案解析】 根据《刑诉法解释》第 453 条的规定,上一级人民法院对未经终审人民法院审查处理的申诉,可以告知申诉人向终审人民法院提出申诉,或者直接交终审人民法院审查处理,并告知申诉人;案件疑难、复杂、重大的,也可以直接审查处理。对未经终审人民法院及其上一级人民法院审查处理,直接向上级人民法院申诉的,上级人民法院应当告知申诉人向下级人民法院提出。第 454 条规定,最高人民法院或者上级人民法院可以指定终审人民法院以外的人民法院对申诉进行审查。

据此,AD 项错误,不选;BC 项正确,应选。

3.【正确答案】 AD

【答案解析】 A 项错误,应选;根据《刑诉规则》第 595 条,人民法院开庭审理时,同级人民检察院应当派员出席法庭。

B 项正确,不选;根据《刑诉规则》第 597 条,最高人民检察院发现各级人民法院已经发生法律效力的判决或者裁定,上级人民检察院发现下级人民法院已经发生法律效力的判决或者裁定确有错误时,可以直接向同级人民法院提出抗诉,或者指令作出生效判决、裁定人民法院的上一级人民检察院向同级人民法院提出抗诉。

C 项正确,不选;根据《刑诉规则》第 591 条,对于同级人民法院已经发生法律效力的判决、裁定,人民检察院认为可能有错误的,应当另行指派检察官或者检察官办案组进行审查。

D 项错误,应选。根据《刑诉规则》第 594 条,对不服人民法院已经发生法律效力的判决、裁定的申诉,经两级人民检察院办理且省级人民检察院已经复查的,如果没有新的证据,人民检察院不再复查,但原审被告人可能被宣告无罪或者判决、裁定有其他重大错误可能的除外。

第十七章　执行程序的变更程序

1.【正确答案】 A

【答案解析】《刑诉法解释》第 504 条规定:"最高人民法院对停止执行死刑的案件,应当按照下列情形分别处理:(一)确认罪犯怀孕的,应当改判;(二)确认罪犯有其他犯罪,依法应当追诉的,应当裁定不予核准死刑,撤销原判,发回重新审判;(三)确认原判决、裁定有错误或者罪犯有重大立功表现,需要改判的,应当裁定不予核准死刑,撤销原判,发回重新审判;(四)确认原判决、裁定没有错误,罪犯没有重大立功表现,或者重大立功表现不影响原判决、裁定执行的,应当裁定继续执行死刑,并由院长重新签发执行死刑的命令。"

A 项正确。

B 项的错误在于,有重大立功表现的,并非"应当改判",而是"需要改判的,应当裁定不予核准死刑,撤销原判,发回重新审判"。

C 项的错误在于,确认罪犯有其他犯罪,应当追诉的,并非"在审理后合并执行死刑",而是"应当裁定不予核准死刑,撤销原判,发回重新审判"。

D 项的错误在于,确认罪犯怀孕的,并非"裁定撤销原判,发回原审法院重新审理",而是"应当改判"。

2.【正确答案】 ABCD

【答案解析】《刑事诉讼法》第 265 条规定:"对适用保外就医可能有社会危险性的罪犯,或者自伤自残的罪犯,不得保外就医。对罪犯确有严重疾病,必须保外就医的,由省级人民政府指定的医院诊断并开具证明文件。在交付执行前,暂予监外执行由交付执行的人民法院决定;在交付执行后,暂予监外执行由监狱或者看守所提出书面意见,报省级以上监狱管理机关或者设区的市一级以上公安机关批准。"因此 ABC 项正确。

D 项正确。《刑事诉讼法》第 267 条规定："决定或者批准暂予监外执行的机关应当将暂予监外执行决定抄送人民检察院。"

3.【正确答案】 BCD

【答案解析】 A 项正确。《关于减刑、假释案件审理程序的规定》第 3 条规定，人民法院审理减刑、假释案件，应当在立案后 5 日内将执行机关报请减刑、假释的建议书等材料依法向社会公示。

B 项错误。《刑诉法解释》第 538 条规定："审理减刑、假释案件，应当组成合议庭，可以采用书面审理的方式，但下列案件应当开庭审理：……（三）被提请减刑、假释罪犯系职务犯罪罪犯，组织、领导、参加、包庇、纵容黑社会性质组织罪犯，破坏金融管理秩序罪犯或者金融诈骗罪犯的。"本案中张某涉嫌贷款诈骗罪，是金融诈骗罪犯，人民法院应当开庭审理甲减刑案件。

C 项错误。《刑诉法解释》第 538 条规定，审理减刑、假释案件，应当组成合议庭。因此本案应当由合议庭审理，而不能由审判员一人独任审判。

D 项错误。《关于减刑、假释案件审理程序的规定》第 7 条规定："人民法院开庭审理减刑、假释案件，应当通知人民检察院、执行机关及被报请减刑、假释罪犯参加庭审。"

第十八章　未成年人犯罪案件诉讼程序

1.【正确答案】 AC

【答案解析】《人民检察院办理未成年人刑事案件的规定》第 17 条第 5 款规定：未成年犯罪嫌疑人明确拒绝法定代理人以外的合适成年人到场，人民检察院可以准许，但应当另行通知其他合适成年人到场。A 项正确。《刑事诉讼法》第 281 条规定：到场的法定代理人可以代为行使未成年犯罪嫌疑人、被告人的诉讼权利。乙的伯父不是其法定代理人，不能代行乙的控告权。B 项错误。根据《刑事诉讼法》第 281 条第 5 款的规定，询问未成年被害人，应当通知法定代理人到场；C 项正确。根据《刑事诉讼法》第 281 条第 1 款的规定，所有未成年人的审判程序，皆需有合适的成年人到场；D 项错误。

2.【正确答案】 AB

【答案解析】《刑事诉讼法》第 283 条规定：未成年犯罪嫌疑人的监护人，应当对未成年犯罪嫌疑人加强管教，配合人民检察院做好监督考察工作；附条件不起诉的考验期为 6 个月以上 1 年以下，从人民检察院作出附条件不起诉的决定之日起计算。A 项和 B 项正确。A 县检察院是附条件不起诉监管主体,不能更改,C 项错误。《刑事诉讼法》第 283 条规定附条件不起诉的考验期为 6 个月以上 1 年以下,不能超出此区间,D 项错误。

第十九章　当事人和解的公诉案件诉讼程序

1.【正确答案】 A

【答案解析】 《刑事诉讼法》第 290 条规定:"对于达成和解协议的案件,公安机关可以向人民检察院提出从宽处理的建议。人民检察院可以向人民法院提出从宽处罚的建议;对于犯罪情节轻微,不需要判处刑罚的,可以作出不起诉的决定。人民法院可以依法对被告人从宽处罚。"因此,公安机关是不可以撤销案件的。

2.【正确答案】 C

【答案解析】 本题主要考查刑事和解的适用程序。本案甲虽然在押,但甲并非限制行为能力人,其近亲属必须经过甲的同意才可以与被害方进行和解。因此,A 项是错误的。由于乙已经死亡,此时参与和解的一方当事人已经缺失。因此其近亲属是以自己的名义参与和解,而不是代为和解。因此,B 项是错误的。被告人的近亲属需要经过被告人同意才能代为和解,同时,赔礼道歉因涉及人身性,只能由被告人本人履行才是有效的,才能得到被害方的谅解。因此 D 项也是错误的。

3.【正确答案】 ABCD

【答案解析】 A 项不属于民间纠纷,不适用刑事和解。B 项不符合"因民间纠纷引起,涉嫌《刑法》分则第四章、第五章规定的犯罪案件,可能判处三年有期徒刑以下刑罚的"条件。C 项涉嫌寻衅滋事,不属于民间纠纷,不适用刑事和解。D 项钱某在 5 年内曾经故意犯罪,根据刑事诉讼法的规定,犯罪嫌疑人、被告人在 5 年以内曾经故意犯罪的,不适用刑事和解。

第二十章　犯罪嫌疑人、被告人逃匿、死亡案件违法所得的没收程序

1.【正确答案】 C

【答案解析】 本题考查犯罪嫌疑人、被告人逃匿、死亡案件违法所得没收程序的没收对象。根据司法解释的规定,实施犯罪行为所取得的财物及其孳息,以及被告人非法持有的违禁品、供犯罪所用的本人财物,应当认定为"违法所得及其他涉案财产"。A 项从其住处搜出的枪支属于供犯罪所用的本人财物,应认定为"违法所得及其他涉案财产"。B 项,所得利息属于实施犯罪行为所取得的财物的孳

息，应认定为“违法所得及其他涉案财产”。C 项，侵入计算机系统犯罪案件中使用的单位的设备，并非本人所有而是其所在单位所有，不是“违法所得及其他涉案财产”。D 项受贿所得股票产生的红利属于实施犯罪行为所取得的财物，应认定为“违法所得及其他涉案财产”。本题选 C 项。

2.【正确答案】　B

【答案解析】　《刑事诉讼法》第 298 条规定：“对于贪污贿赂犯罪、恐怖活动犯罪等重大犯罪案件，犯罪嫌疑人、被告人逃匿，在通缉一年后不能到案，或者犯罪嫌疑人、被告人死亡，依照刑法规定应当追缴其违法所得及其他涉案财产的，人民检察院可以向人民法院提出没收违法所得的申请。”可见，只有 B 项符合条件。

3.【正确答案】　C

【答案解析】　《刑事诉讼法》第 300 条规定：“对于人民法院依照前款规定作出的裁定，犯罪嫌疑人、被告人的近亲属和其他利害关系人或者人民检察院可以提出上诉、抗诉。”可见 A 项遗漏了人民检察院。第 301 条规定：“在审理过程中，在逃的犯罪嫌疑人、被告人自动投案或者被抓获的，人民法院应当终止审理。”因此 B 项错误。第 298 条第 4 款规定：“人民法院在必要的时候，可以查封、扣押、冻结申请没收的财产。”所以 C 项正确。第 299 条第 1 款规定：“没收违法所得的申请，由犯罪地或者犯罪嫌疑人、被告人居住地的中级人民法院组成合议庭进行审理。”所以 D 项错误。

第二十一章　依法不负刑事责任的精神病人的强制医疗程序

1.【正确答案】　B

【答案解析】　本题考查强制医疗。《刑事诉讼法》第 302 条规定，实施暴力行为，危害公共安全或者严重危害公民人身安全，经法定程序鉴定依法不负刑事责任的精神病人，有继续危害社会可能的，可以予以强制医疗。据此可知，何某的行为还不满足强制医疗的条件，公安机关应撤销案件，将何某交付其亲属并要求其积极治疗。

2.【正确答案】　BCD

【答案解析】　本题考查强制医疗程序的审理。A 项说法正确，B 项说法错误。《刑事诉讼法》第 304 条规定，人民法院受理强制医疗的申请后，应当组成合议庭进行审理。人民法院审理强制医疗案件，应当通知被申请人或者被告人的法定代理人到场。被申请人或者被告人没有委托诉讼代理人的，人民法院应当通知法律援助机构指派律师为其提供法律帮助。C 项、D 项说法错误。《刑事诉讼法》第 305 条规定，人民法院经审理，对于被申请人或者被告人符合强制医疗条件的，应当在 1 个月以内作出强制医疗的决定。被决定强制医疗的人、被害人及其法定代理人、近亲属对强制医疗决定不服的，可以向上一级人民法院申请复议。据此可知，强制医疗应用“决定”而非用“裁定”。被害人不服的，可以申请复议，而非提起抗诉。

第二十二章　刑事缺席审判程序

1.【正确答案】 B

【答案解析】 本题考查判决、裁定发生法律效力后到案并提出异议的情形。依据《刑事诉讼法》第 295 条第 2 款的规定，罪犯在判决、裁定发生法律效力后到案的，人民法院应当将罪犯交付执行刑罚。交付执行刑罚前，人民法院应当告知罪犯有权对判决、裁定提出异议。罪犯对判决、裁定提出异议的，人民法院应当重新审理。

2.【正确答案】 D

【答案解析】 本题考查缺席审判应满足的条件，根据《刑事诉讼法》第 291 条的规定，对于贪污贿赂案件，以及需要及时进行审判，经最高人民检察院核准的严重危害国家安全犯罪、恐怖活动犯罪案件，犯罪嫌疑人、被告人在境外，监察机关、公安机关移送起诉后，人民检察院认为犯罪事实已经查清，证据确实、充分，依法应当追究刑事责任的，可以向人民法院提起公诉。人民法院进行审查后，对于起诉书中有明确的指控犯罪事实，符合缺席审判程序适用条件的，应当决定开庭审判。故 D 项正确。

3.【正确答案】 C

【答案解析】 贪污贿赂犯罪案件，被告人李某及其近亲属均没有委托辩护人出庭参加法庭审理，人民法院从保障被告人、缺席被告人辩护权的角度，应当为其强制辩护，即人民法院应当通知法律援助机构指派律师为其提供辩护。根据《刑事诉讼法》第 293 条的规定，人民法院缺席审判案件，被告人有权委托辩护人，被告人的近亲属可以代为委托辩护人。被告人及其近亲属没有委托辩护人的，人民法院应当通知法律援助机构指派律师为其提供辩护。